Angewandte Informatik
Band 11

Angewandte Informatik

Die Reihe für Theorie und Praxis
Herausgegeben von
Prof. Dr.-Ing. habil. Helmut Balzert

Band 1: Nullmeier, E./
K.-H. Rödiger (Hrsg.)
Dialogsysteme in der Arbeitswelt
ISBN 3-411-03303-7

Band 2: Wix, B./H. Balzert (Hrsg.)
Softwarewartung
ISBN 3-411-03304-5

Band 3: Rupietta, W.
Benutzerdokumentation für
Softwareprodukte
ISBN 3-411-03301-0

Band 4: Liggesmeyer, P.
Modultest und Modulverifikation
ISBN 3-411-14361-4

Band 5: Englisch, J.
Ergonomie von Softwareprodukten
ISBN 3-411-16061-6

Band 6: Boedicker, D.
Handbuch-Knigge
ISBN 3-411-03221-9

Band 7: Balzert, H. (Hrsg.)
CASE – Systeme und Werkzeuge
5., vollständig überarbeitete
Auflage 1993
ISBN 3-411-14685-0

Band 8: Knöll, H.-D./J. Busse
Aufwandsschätzung von Software-
Projekten in der Praxis
ISBN 3-411-14341-X

Band 9: Balzert, H./H. Balzert/
P. Liggesmeyer
Systematisches Testen mit
TENSOR
ISBN 3-411-16041-1

Band 10: Balzert, H. (Hrsg.)
CASE – Auswahl, Einführung,
Erfahrungen
ISBN 3-411-16031-4

Band 11: Hüsener, Th.
Entwurf komplexer Echtzeit-
systeme
ISBN 3-411-16441-7

Band 12: Stein, W.
Objektorientierte Analyse-
methoden
ISBN 3-411-16911-7

Entwurf komplexer Echtzeitsysteme

State of the Art

von
Dipl.-Inform. Thomas Hüsener
Ruhr-Universität Bochum

Wissenschaftsverlag
Mannheim · Leipzig · Wien · Zürich

Die Deutsche Bibliothek – CIP-Einheitsaufnahme

Hüsener, Thomas:
Entwurf komplexer Echtzeitsysteme: state of the art /
Thomas Hüsener. – Mannheim; Leipzig; Wien; Zürich:
BI-Wiss.-Verl., 1994
  (Angewandte Informatik; Bd. 11)
  ISBN 3-411-16441-7
NE: GT

Autor und Verlag übernehmen für die Fehlerfreiheit der
Programme keine Gewährleistung oder Haftung.

Der Verlag übernimmt keine Gewähr dafür, daß die beschriebenen
Verfahren, Programme usw. frei von Schutzrechten Dritter sind.

Alle Rechte, auch die der Übersetzung in fremde Sprachen,
vorbehalten. Kein Teil dieses Werkes darf ohne schriftliche
Einwilligung des Verlages in irgendeiner Form (Fotokopie,
Mikrofilm oder ein anderes Verfahren), auch nicht für Zwecke
der Unterrichtsgestaltung, reproduziert oder unter Verwendung
elektronischer Systeme verarbeitet, vervielfältigt oder verbreitet
werden.
© Bibliographisches Institut & F.A. Brockhaus AG, Mannheim 1994
Satz: H. Balzert, Herdecke
Druck: Druckerei RK Offsetdruck GmbH, Speyer
Bindearbeit: Ludwig Fleischmann, Fulda
Printed in Germany
ISBN 3-411-16441-7

Editorial

In vielen Lebensbereichen sind wir auf das fehlerfreie Funktionieren von Software-Systemen angewiesen. Flugzeuge und medizinische Geräte werden durch Software-Systeme gesteuert und geregelt, ebenso Kraftwerke und chemische Anlagen.

Bei vielen dieser Anwendungen handelt es sich um Echtzeitsysteme, d.h. Systeme bei denen die Einhaltung von Zeitbedingungen essentiell ist.

Voraussetzung für ein qualitativ hochwertiges Echtzeitsystem ist ein softwaretechnisch guter Entwurf.

Da der Entwurf von Echtzeitsystemen traditionell von verschiedenen Informatik-Disziplinen behandelt wird – Betriebssysteme, Programmiersprachen – freut es mich besonders, daß in diesem Buch eine softwaretechnisch-zentrierte Sicht des Echtzeitentwurfs vorgestellt wird.

Neben allgemeinen Grundlagen werden spezielle Prinzipien für den Entwurf von Echtzeitsystemen vorgestellt und anhand von Beispielen erläutert. Dadurch erhält der Echtzeitentwurf eine Zielrichtung, an der er sich orientieren kann. Anschließend werden die heute bekannten Echtzeit-Entwurfsmethoden klassifiziert und beschrieben. Den Abschluß bilden ausgewählte Aspekte des Feinentwurfs.

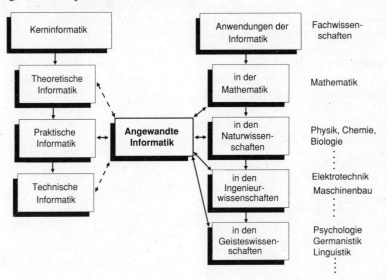

Dieses Buch faßt alle wesentlichen Aspekte des nebenläufigen und des Echtzeit-Entwurfs systematisch und kompakt zusammen und ermöglicht somit einen Überblick über das aktuelle Gebiet des Echtzeitentwurfs.

Dieses Buch unterstützt damit in ausgezeichneter Weise das Ziel der Buchreihe *Angewandte Informatik*, nämlich Themengebiete zwischen der **Kerninformatik** und den **Anwendungen der Informatik** zu behandeln. Der Wissenstransfer zwischen diesen Gebieten spielt eine immer wichtigere Rolle: eine Aufgabe für die **Angewandte Informatik**.

Die Bücher dieser Reihe zeichnen sich aus durch
- wissenschaftlich fundierte Darstellung,
- praxis- und anwendungsrelevante Themen,
- Autoren mit Forschungs- und Praxiserfahrung,
- gesetzte und gebundene Buchausstattung.

Um einen hohen Aktualitätsgrad bei gleichzeitig hohem Qualitätsstandard zu erreichen, wurde dieses Buch – bis auf wenige Abbildungen – vollständig mit *Desktop Publishing* (DTP) erstellt. Zwischen der redaktionellen Fertigstellung des Buches und der Buchauslieferung lagen nur vier Wochen.

Zur Erzielung einer guten „Buch-Ergonomie" wurde die gut lesbare Schrift *Galliard* gewählt.

Die Filme für den Druck wurden mit 1270 Punkten/Inch, d. h. 50 Punkten/mm belichtet, um ein gestochen scharfes Schriftbild zu erhalten.

Um den Kontrast zwischen dem Papier und der schwarzen Schrift für das Auge angenehm zu gestalten, wurde leicht abgetöntes Papier (chamois) gewählt und kein reinweißes Papier.

Ziel ist es, Form und Inhalt in Übereinstimmung zu bringen.

Ich wünsche mir, daß dieses Buch dazu beiträgt, das Wissen über den Entwurf komplexer Echtzeitsysteme zu verbreiten. Insbesondere hoffe ich, daß Sie als Leser Anregungen erhalten, um Ihre Echtzeitsysteme systematisch und methodisch zu entwickeln.

Prof. Dr.-Ing. habil. Helmut Balzert
Herausgeber der Reihe *Angewandte Informatik*

Inhaltsverzeichnis

Editorial 5

Vorwort 13

Teil I: Einleitung

1 Einführung 17
  1.1 Echtzeitsysteme 17
      1.1.1 Definition Echtzeitsystem 17
  1.2 Literatur 20

2 Entwurf komplexer Echtzeitsysteme 21
  2.1 Ziele des Systementwurfs 22
  2.2 Der Entwurfsprozeß 25
      2.2.1 Entwurfsprinzipien 25
      2.2.2 Entwurfsmethoden 26
  2.3 Literatur 27

Teil II: Grobentwurf

3 Grundkonzepte nebenläufiger Echtzeitsysteme 31
  3.1 Prozesse 33
      3.1.1 Prozeßerzeugung und Propzeßaktivierung 35
      3.1.2 Zeitschranken von zeitkritischen Prozessen 36
      3.1.3 Prozeßzustände bei Echtzeitsystemen 39
      3.1.4 Prozeßdarstellungsformen 40
          3.1.4.1 Prozeßdeklaration 41
          3.1.4.2 Anweisungen *(Statements)* zur Prozeßerzeugung 41
          3.1.4.3 Koroutinen 44
          3.1.4.4 Hierarchische Koroutinen 46
  3.2 Kommunikation und Synchronisation 49

3.2.1 Kommunikation und Synchronisation mit gemeinsamen
     Speicherbereichen 51
     3.2.1.1 Aktives Warten (Busy Waiting) 53
     3.2.1.2 Semaphore 56
     3.2.1.3 Bedingte kritische Gebiete *(conditional critical
             sections)* 61
     3.2.1.4 Monitore 63
     3.2.1.5 Pfadausdrücke *(Path expressions)* 66
3.2.2 Botschaftenkonzept *(message passing)* 69
     3.2.2.1 Kommunikationskanäle 70
     3.2.2.2 Synchrone Kommunikation *(synchronous message
             passing)* 74
     3.2.2.3 Asynchrone Kommunikation *(asynchronous message
             passing)* 80
3.2.3 Tupelraumkonzept 83
3.3 Literatur 88

4 **Prinzipien für den Entwurf von Echtzeitsystemen** 93
4.1 Prinzip der problemgerechten Prozeßidentifikation 96
   4.1.1 Aktionsabstraktion 97
   4.1.2 Ressourceabstraktion 101
   4.1.3 Abstrakte Ressourceabstraktion 105
   4.1.4 Prinzip der starken Prozeßbindung 109
        4.1.4.1 Zeitliche Bindung 110
        4.1.4.2 Sequentielle Bindung 111
        4.1.4.3 Bindung durch starke Kommunikation 113
        4.1.4.4 Bindung nach Zeitschranken 113
        4.1.4.5 Aktionsbindung 114
        4.1.4.6 Informale Bindung 115
4.2 Prinzip der problemgerechten Prozeßkommunikation 118
   4.2.1 Auswahl einer problemgerechten Kommunikations- und
         Synchronisationsart 119
        4.2.1.1 Einschränkungen der Kommunikations- und
                Synchronisationsarten 120
        4.2.1.2 Bewertung und Vergleich der Kommunikations- und
                Synchronisationsarten 121
   4.2.2 Problemgerechte Anwendung der Kommunikations- und
         Synchronisationsarten 126
        4.2.2.1 Schmale Datenkopplung 126

4.2.2.2 Problemgerechte Kommunikationsrichtung beim Rendezvouskonzept und dem Konzept der entfernten Prozeduraufrufe 128
4.2.2.3 Richtlinien für die Vermeidung von Verklemmungen beim Rendezvouskonzept 136
4.3 Strukturierung 140
    4.3.1 Strukturen 141
        4.3.1.1 Keine Explizite Strukturierung 142
        4.3.1.2 Schichtenstrukturierung 142
        4.3.1.3 Netz- und Baumstrukturierung 143
        4.3.1.4 Virtuelle Strukturierung 144
    4.3.2 Prozeßgruppen 144
        4.3.2.1 Geschlossene Prozeßgruppen 145
        4.3.2.2 Deterministische und nichtdeterministische Prozeßgruppen 147
        4.3.2.3 Daten- und operationshomogene Prozeßgrupen 148
    4.3.3 Prozeßgruppen und Prozeßtypen für Echtzeitsysteme 150
        4.3.3.1 Serverstruktur 151
        4.3.3.2 Servergruppe 152
        4.3.3.3 *Master-Slave*-Prozeßgruppe 154
        4.3.3.4 Verteilerprozesse *(Scheduler, Dispatcher, Agent, Manager)* 157
        4.3.3.5 Puffer- und Transportprozesse 158
4.4 Fehlertolerante Echtzeitsysteme 159
    4.4.1 Begriffsbildung und Definitionen 162
    4.4.2 Fehlertoleranz in Echtzeit- und nebenläufigen Systemen 164
        4.4.2.1 Fehlerdiagnose 165
        4.4.2.2 Fehlerbehandlung 167
    4.4.3 Verfahren zur Erstellung von fehlertoleranter Software 168
        4.4.3.1 N-Versionen-Programmierung 169
        4.4.3.2 *Recovery Block* 172
        4.4.3.3 *Conversation*-Konzept 175
        4.4.3.4 *Exchange*-Konzept 177
        4.4.3.5 *Consensus Recovery Block*-Verfahren 178
4.5 Literatur 180

5 Methoden der Entwurfsphase 183
5.1 Einführung 183
5.2 Synchronisationsgraphen 190
    5.2.1 Zeitloser Synchronisationsgraph 191
    5.2.2 Zeitbehafteter Synchronisationsgraph 192

5.3 SDL   195
　　5.3.1 Methodik   196
5.4 CASDA   203
　　5.4.1 Methodik   205
5.5 DARTS   211
　　5.5.1 Methodik   212
5.6 MASCOT   216
　　5.6.1 Methodik   218
5.7 HOOD   226
　　5.7.1 Methodik   226
5.8 Entwurfsmethode nach Buhr   234
　　5.8.1 Methodik   235
5.9 Entwurfsmethode für verteilte Echtzeitsysteme nach Nielsen   242
　　5.9.1 Methodik   243
5.10 Objektorientierter Entwurf nach Booch   250
　　5.10.1 Methodik   251
5.11 OSDL   265
　　5.11.1 Methodik   266
5.12 Literatur   272

Teil III: Ausgewählte Aspekte des Feinentwurfs

6 Prozeßkoordinierung *(Scheduling)*   277
　6.1 Problemdefinition   277
　6.2 Graphische Darstellungen von Prozeßkoordinationen   280
　　6.2.1 Gantt-Chart   280
　　6.2.2 Zeitdiagramme   280
　6.3 Klassifikation von Scheduling-Algorithmen   282
　　6.3.1 Statische Scheduling-Algorithmen   282
　　6.3.2 Dynamische Scheduling-Algorithmen   283
　　6.3.3 Scheduling-Algorithmen für einen Prozessor oder für mehrere Prozessoren   285
　　　6.3.3.1 Zentrales Prozeß-Scheduling   285
　　　6.3.3.2 Verteiltes Prozeß-Scheduling   286
　　6.3.4 Prozeßmodell   289
　6.4 Allgemeingültige Aussagen zum Prozeß-Scheduling   290
　6.5 Scheduling-Algorithmen   293
　　6.5.1 *Rate-Monotonic*-Prozeß-Scheduling   294

      6.5.1.1 Rate Monotonic Prozeß-Scheduling und transiente Prozessorüberlastung *(Overload)* 299
      6.5.1.2 Koordination von periodischen und nichtperiodischen Prozessen mit dem *Rate-Monotonic*-Scheduling-Algorithmus 301
      6.5.1.3 *Rate-Monotonic*-Prozeß-Scheduling und abhängige Prozesse 303
  6.5.2 Prozeß-Scheduling nach Zeitschranken *(earliest deadline scheduling algorithm)* 307
      6.5.2.1 Kombination des *Rate-Monotonic*-Scheduling-Algorithmus mit dem Scheduling-Algorithmus nach Zeitschranken 311
  6.5.3 Prozeß-Scheduling nach Spielraum 314
  6.5.4 *Branch-and-Bound*-Scheduling-Algorithmus 319
  6.5.5 Scheduling-Algorithmen basierend auf Flußanalysen 327
  6.5.6 Prozeß-Scheduling und Fehlertoleranz 332
6.6 Literatur 334

Weiterführende Literatur 337

Kurzbiographie 346

Personenregister 347

Sachregister 349

Vorwort

Echtzeitsysteme gewinnen immer mehr an Bedeutung. Medizinische Apparaturen, Flugzeuge, Kraftwerke und die meisten technischen Anlagen werden durch sie geregelt und gesteuert. Das korrekte Funktionieren der Anlagen ist von höchster Bedeutung. Bereits kleinste Störungen innerhalb des Systems können zur Schädigung von Mensch und Anlage führen.

Die Entwicklung von Echtzeitsystemen stellt somit für den Softwareentwerfer eine anspruchsvolle Tätigkeit dar.

Der Entwurf von komplexen Echtzeitsystemen erfordert die Einhaltung von anerkannten Entwurfprinzipien und den Einsatz adäquater Entwurfsmethoden.

Echtzeitsysteme sind nebenläufige Softwaresysteme. Mehrere nebenläufige Prozesse realisieren das Gesamtsystem. Einige Prozesse sind hierbei Zeitschranken unterworfen. Bei ihrer Ausführung kommunizieren sie und synchronisieren sich untereinander.

Fehler durch die Kommunikation und Synchronisation sind nicht auszuschließen. Das Nicht-Funktionieren des Softwaresystems ist beim Entwurf einzuplanen. Es sind konstruktive Maßnahmen zum Schutze von Mensch und Anlage zu berücksichtigen.

Das vorliegende Buch gibt allen Wissenschaftlern, Ingenieuren aber auch Studenten der Ingenieur-Disziplinen einen umfassenden Überblick über die Entwicklung von komplexen Echtzeitsystemen.

Die bekannten und veröffentlichten Konzepte zur Realisierung von Prozessen, Kommunikation und Synchronisation werden dargestellt.

Entwurfsprinzipien werden beschrieben und an kleinen Beispielen verdeutlicht.

Fehlertolerante Softwaressysteme sind solche Systeme, die mit einer begrenzten Anzahl von Fehlern, zuverlässig funktionieren. Die Entwicklung solcher Systeme stellt einen Schwerpunkt dieses Buches dar.

Die Anwendung von Prinzipien erfolgt durch Entwurfsmethoden. Es werden neun Entwurfsmethoden für komplexe Echtzeitsysteme klassifiziert und an kleinen Beispielen vorgestellt.

Zur Ausführung von Echtzeitsystems wird eine Systemeinheit, welche die Prozeßkoordinierung abwickelt, benötigt. Bekannte Verfahren für die echtzeitfähige Prozeßkoordinierung werden aus der Sicht des Entwurfs beschrieben. Kombinationen der echtzeitfähigen Prozeßkoordinierung und der Entwicklung von fehlertoleranter Software werden aufgezeigt.

Am Ende jedes Kapitels befindet sich jeweils ein Literaturverzeichnis. Es beinhaltet die referenzierte Literatur. Am Ende des Buches befindet sich für den interessierten Leser ein Literaturverzeichnis mit weiterführender Literatur.

Das vorliegende Buch ist im Rahmen meiner Forschungsarbeiten am Lehrstuhl für Software-Technik der Ruhr-Universität Bochum entstanden.

Meinen besonderen Dank möchte ich Herrn Prof. Dr.-Ing. Helmut Balzert für die Anregung zur Erstellung dieses Buches, für die genaue Durchsicht des Manuskripts und für die vielen Anregungen und Verbesserungsvorschläge aussprechen.

Allen Kollegen und Studenten, die durch zahlreiche Diskussionen und Korrekturvorschlägen zum Gelingen des Buches beigetragen haben, sowie Herrn Gregor Schenkel, der die orthographische Durchsicht des Manuskripts durchführte, bin ich zu Dank verpflichtet.

Bochum, im November 1993   Thomas Hüsener

Teil I
Einleitung

1 Einführung

1.1 Echtzeitsysteme

Echtzeitsysteme sind Softwareanwendungen, die in vielen Lebensbereichen einen weiten Verbreitungsgrad haben. Sie übernehmen Aufgaben wie das *Steuern* und *Regeln* von technischen Prozessen, das Überwachen von medizinischen Apparaturen und vieles mehr. Ein großer Anteil der Anwendungsgebiete von Echtzeitsystemen liegt in sicherheitskritischen Bereichen. Das Versagen eines Echtzeitsystems kann zur Schädigung von Material und Personen führen. Echtzeitsysteme müssen deshalb mit besonderer Sorgfalt und mit einer bewährten und ingenieursmäßigen Methodik entwickelt werden.

1.1.1 Definition Echtzeitsystem

Nach /DIN 44300/ ist der Echtzeitbetrieb folgendermaßen definiert:

> Echtzeitbetrieb ist ein Betrieb eines Rechensystems, bei dem Programme zur Verarbeitung anfallender Daten ständig betriebsbereit sind derart, daß die Verarbeitungsergebnisse innerhalb einer vorgegebenen Zeitspanne verfügbar sind.
> Die Daten können je nach Anwendungsfall nach einer zufälligen zeitlichen Verteilung oder zu vorbestimmten Zeitpunkten auftreten.

/Laplante 93, S. 10/ vertritt eine allgemeinere Auffassung von Echtzeitsystemen, die auch im weiteren Verlauf des Buches vertreten wird. Nach Laplante sind Echtzeitsysteme solche Softwaresysteme, die folgende Besonderheit aufweisen:

> „A real-time-system is a system that must satisfy explicit (bounded) response-time constraints or risk severe consequences, including failure.
> A failed system is a system which cannot satisfy one or more of the requirements laid out in the formal system specification."

Echtzeitsysteme sind somit durch das Vorliegen von Zeitbedingungen gekennzeichnet, wobei jedoch nicht jede Komponente eines Echtzeitsystems Zeitschranken unterworfen sein muß.

Beide Definitionen sind sehr allgemein gehalten und benötigen weitere Erläuterungen. Bevor diese angeführt werden, muß jedoch auf einige Vorurteile bzw. Mißverständnisse über Echtzeitsysteme eingegangen werden (/Stankovic 88/).

Mißverständnisse über Echtzeitsysteme
Echtzeitsysteme und der Entwurf von Echtzeitsystemen sind von mehreren Mißverständnissen umgeben, die sich bei Systementwicklern festgesetzt haben. Hierzu zählen:

○ Die Entwicklung von Echtzeitsystemen bedeutet *Performance-Engineering*. Der Entwurf von Echtzeitsystemen ist nur gekennzeichnet durch Assembler-Programmierung, *Device*-Programmierung, Interruptprogrammierung und Prioritätenvergabe.

○ Das Einhalten von Zeitschranken ist nicht die Aufgabe des Softwareentwurfs. Die fortschreitende Hardwareentwicklung muß das Einhalten von Zeitschranken sicherstellen.

○ Das Gewährleisten von Zeitbedingungen macht keinen Sinn, da die Funktionalität der Programmstücke und die Hardware nicht fehlerfrei sind.

○ Der Entwurf von Echtzeitsystemen ist planlos. Es existieren keine Richtlinien für den Entwurfsprozeß. Der Entwurf von Echtzeitsystemen ist eine nicht bewertbare *Kunst*.

Heutige komplexe Echtzeitsysteme widersprechen diesen Mißverständnissen. Komplexe Echtzeitsysteme sind mit diesen Vorurteilen nicht zu entwickeln.

Komplexe Echtzeitsysteme sind durch eine hohe **Lebensdauer** gekennzeichnet. Häufig müssen Änderungen vorgenommen und neue Systemkomponenten hinzugefügt werden. Dies muß z.T. im laufenden Betrieb geschehen. Echtzeitsysteme sind somit nicht nur Softwaresysteme bei denen die Effizienz im Vordergrund steht. Ziel des Entwurfs ist es, eine verständliche und wartbare Systemarchitektur für ein Echtzeitsystem zu erstellen.

1.1 Echtzeitsysteme

Das vorliegende Buch versucht in den weiteren Kapiteln diese Mißverständnisse zu beseitigen, indem es existierende Prinzipien und Methoden für den Entwurf von komplexen Echtzeitsystemen erläutert und klassifiziert.

Komplexe Echtzeitsysteme
Heutige komplexe Echtzeitsysteme stellen nicht einfache Softwaresysteme dar, bei denen einige Komponenten Zeitschranken unterworfen sind. Heutige komplexe Echtzeitsysteme haben weiterführende Kennzeichen und Merkmale:

○ Ein komplexes Echtzeitsystem stellt ein **nebenläufiges Softwaresystem** dar, in dem die einzelnen Prozesse untereinander abhängen. Einfache sequentielle echtzeitfähige Verfahren, wie z.B. das *Polling* oder die Verwendung von Koroutinen, sind i. allg. für komplexe Echtzeitsysteme nicht oder nur bedingt geeignet.

○ Komplexe Echtzeitsysteme bestehen nicht aus einzelnen unabhängigen Systemkomponenten, die jeweils eigenen Zeitschranken unterworfen sind. Vielmehr bestehen Echtzeitsysteme aus einzelnen Komponenten, die miteinander durch **Kommunikation und Synchronisation** gekoppelt sind. Im Echtzeitsystementwurf muß das korrekte Zusammenspiel der einzelnen Prozesse berücksichtigt werden. Das zeitliche Versagen einer Systemkomponente darf nicht zum Versagen anderer Systemkomponenten führen.

○ Komplexe Echtzeitsystme bestehen aus einer Kombination von zeitkritischen und nicht zeitkritischen Systemkomponenten.

Der Entwurf von komplexen Echtzeitsystemen ist verbunden mit:

○ Systemspezifikation mit Berücksichtigung von Zeitbedingungen
○ Entwurfsprinzipien und Entwurfsmethoden
○ Echtzeitfähige Erweiterungen von Programmiersprachen und Betriebssystem
○ Prozeßkoordinierung
○ Verteilten Systemen
○ Echtzeitfähigen Datenbanken usw.

In diesem Buch können nicht alle aufgeführten Aspekte berücksichtigt werden. Es wird sich auf die Bereiche

○ Kommunikations- und Synchronisationskonzepte,
○ Entwurfsprinzipien und Entwurfsmethoden und
○ Prozeßkoordinierung
spezialisiert.

1.2 Literatur

/DIN 44300/
    DIN 44300, *Informationsverarbeitung, Begriffe*, Beuth-Verlag, Berlin, 1985

/Laplante 93/
    P. A. Laplante, *Real-time systems design and analysis – an engineer's handbook*, IEEE Computer society Press, 1993

/Stankovic 88/
    J. A. Stankovic, *A serious problem for next-generation systems*, IEEE Computer Nr. 10, 1988

2 Entwurf komplexer Echtzeitsysteme

Die Entwurf stellt das Bindeglied zwischen der Definition und der Implementierung dar. Beim Entwurf wird für das bei der Definition spezifizierte Problem eine softwaretechnische Lösung in Form einer Systemarchitektur erstellt. Diese Systemarchitektur dient dann wieder der Implementierung als Ausgangspunkt.

Das Zusammenspiel der Definitions-, Entwurfs- und Implementierungsphase ist abhängig vom Softwareentwicklungsmodell. Man unterscheidet das

- Wasserfallmodell,
- Spiralmodell /Boehm 88/ und das
- inkrementelle Entwicklungsmodell /Gilb 88/.

Im Rahmen dieses Buches wird nicht näher auf ein spezielles Softwareentwicklungsmodell eingegangen. Der Entwurf von komplexen Echtzeitsystemen wird weitgehend unabhängig vom Entwicklungsmodell dargestellt. Die hier vorgestellten Richtlinien, Prinzipien und Methoden sind bei allen drei Entwicklungsmodellen einsetzbar.

Bei komplexen Echtzeitsystemen bzw. bei komplexen nichtsequentiellen Softwaresystemen wird die Entwurfsphase in zwei einzelne aufeinanderfolgende Entwicklungsphasen aufgeteilt. Die erste von diesen beiden Phasen ist der „eigentliche Entwurf". Er wird im weiteren Verlauf mit dem Begriff Grobentwurf bezeichnet.

Definition: Grobentwurf von komplexen Echtzeitsystemen
Entwicklung einer softwaretechnischen Lösung für ein Problem in Form einer Systemarchitektur. Es werden Daten, Operationen auf den Daten, Zusammenfassungen von Daten und Operationen zu Moduln, Prozesse sowie die Beziehungen zwischen Daten, Operationen, Moduln und Prozessen untereinander spezifiziert.

Hardwarespezifische Besonderheiten des Systems werden im Grobentwurf *nicht* festgelegt. Hierzu gehören:
- Identifikation von Hardwarekomponenten innerhalb der Systemarchitektur.
- Prozeßkoordinierung
  Verteilung der Systemkomponenten auf eine Hardware

In der Implementierung werden die Systemkomponenten des Entwurfs auf der Ebene einer Programmiersprache realisiert. Der Implementierung wird bei der Entwicklung von Echtzeitsystemen und nichtsequentiellen Softwaresystemen der Feinentwurf vorgeschaltet.

Definition: Feinentwurf von komplexen Echtzeitsystemen
Der Feinentwurf legt bei Echtzeitsystemen bzw. nichtsequentiellen Softwaresystemen alle hardwarespezifischen Entwurfsentscheidungen fest. Zu diesen Entwurfsentscheidungen gehören:
○ Identifikation von Hardwarekomponenten in der Systemarchitektur
○ Abbildung der Systemarchitektur auf eine Hardware. Hierbei kann die Wahl der Hardware frei oder eingeschränkt sein.
○ Prozeßkoordinierung bei quasi paralleler Ausführung von mehreren Prozessen
○ Programmiersprachenauswahl
○ Analyse von Zeitbedingungen

Der Feinentwurf und die Implementierung überlagern sich. Trotzdem ist es sinnvoll zwischen Feinentwurf und Implementierung streng zu unterscheiden, da sich der Feinentwurf mit dem gesamten Softwaresystem beschäftigt. Innerhalb des Feinentwurfs müssen Kenntnisse über die gesamte Systemarchitektur (oder über ein gesamtes Subsystem) vorliegen. In der Implementierungsphase werden alle Komponenten des Softwaresystems einzeln realisiert. Der Entwickler eines Moduls, eines Prozesses oder einer integrierten Hardwareeinheit muß keine Kenntnisse über das Gesamtsystem haben.

2.1 Ziele des Systementwurfs

In der Entwurfsphase werden die folgenden Entwurfsziele verfolgt:

Erfüllen der Systemspezifikation
Die in der Entwurfsphase entwickelte Systemarchitektur muß dem gestellten Problem gerecht werden. Die Systemarchitektur muß der Spezifikation aus der Definitionsphase genügen.

2.1 Ziele des Systementwurfs

Zuverlässigkeit und Sicherheit
Bei Echtzeitsystemen muß zwischen den beiden Zielen Zuverlässigkeit und Sicherheit unterschieden werden. Unter Zuverlässigkeit und Sicherheit wird hier verstanden (/Etzrodt 84/ und /Syrbe 84/):

Zuverlässigkeit *(reliability)*
Die Zuverlässigkeit eines technischen Systems ist der Grad seiner Eignung (z.B. Wahrscheinlichkeit), die vorgesehenen Aufgaben unter bestimmten Betriebsbedingungen während einer bestimmten Zeitspanne zu erfüllen.

Sicherheit *(safety)*
Die Sicherheit eines technischen Systems ist der Grad der Nichtgefährdung von Mensch, System und Umwelt in bestimmten Bereichen von Betriebszuständen, unter anderem auch bei Störungen und Fehlerbedingungen.

Es muß somit eine Systemarchitektur entwickelt werden, die nicht nur den geforderten Aufgaben im *Normalbetrieb*, sondern auch in Ausnahmefällen, wie Störungen oder Fehler, gerecht wird. Das entwickelte System muß eine gewisse **Fehlertoleranz** bzgl. seiner Umgebung aufweisen. Es müssen frühzeitig Fehlerzustände erkannt und Möglichkeiten der Fehlerbehebung bereitgestellt werden. Insbesondere ist zu beachten, daß eine Großzahl von Echtzeitsystemen zur *Steuerung* und *Regelung* von großen technischen Anlagen, wie z.B. Kraftwerke oder Fertigungsstrassen, eingesetzt werden. Solche Systeme können nicht einfach zur Fehlerbehebung abgestellt werden. Die Fehlerbehebung muß im laufenden Betrieb vorgenommen werden. Ferner muß auch beim Ausfall von einzelnen Teilkomponenten des Systems ein akzeptables Verhalten des Gesamtsystems gewährleistet werden.

Die beiden Ziele Zuverlässigkeit und Sicherheit lassen sich nicht nachträglich zu einem System „hinzuprogrammieren". Sie müssen vielmehr in der Systementwicklung eingeplant werden. Dies gilt nicht nur für die Entwurfsphase. Auch in der Definitionsphase muß eine gewisse Fehlertoleranz durch eine genaue Analyse von möglichen Fehlerzuständen integriert werden.

Wartbarkeit, Änderbarkeit und Verständlichkeit
Die Ziele Wartbarkeit, Änderbarkeit und Verständlichkeit bedingen sich gegenseitig. Echtzeitsysteme haben eine lange Lebensdauer. Betrachtet man technische Prozesse, so werden die dazugehörenden Echtzeitsysteme

solange verwendet wie der technische Prozeß selbst. Der technische Prozeß wird weiterentwickelt und verändert sich im Laufe der Zeit. Das entsprechende Softwaresystem muß mit diesen Änderungen Schritt halten. Dies kann jedoch nur dann erfolgreich und effizient durchgeführt werden, wenn das ganze System wartbar und änderbar ist. Durch die lange Lebensdauer von Echtzeitsystemen sind die Entwickler zumeist nicht diejenigen, die das System warten oder nachträglich ändern. Somit muß durch den Entwurf und durch die Entwurfsunterlagen sichergestellt werden, daß ein System verständlich ist. Die Komplexität eines Systems muß so aufgeteilt werden, daß einzelne kleinere Komponenten entstehen, die unabhängig vom Gesamtsystem bearbeitet werden können.

Das Ziel Verständlichkeit spielt nicht nur eine Rolle beim Entwurf, sondern spiegelt sich in allen Phasen der Softwareentwicklung wider. Um das Ziel Verständlichkeit zu erreichen müssen im Softwareentwicklungsprozeß entsprechende Werkzeuge, die speziell zur Verständlichkeit des Systems beitragen, bereitgestellt werden. Hierzu gehört z.B. der Einsatz von CASE-Werkzeugen aber auch die Verwendung von höheren Programmiersprachen, die speziell verständliche Echtzeitkonstrukte bereitstellen.

Effektivität
Das zu entwickelnde System muß bzgl. seiner Laufzeit, seines Speicherplatzbedarfs und seiner Hardwareanforderungen effizient sein. Es muß ein Kompromiß zwischen Laufzeit und hardwarespezifischen Anforderungen getroffen werden. Die Effektivität muß jedoch den oben genannten Zielen untergeordnet werden, insofern es sich um Echtzeitsysteme handelt, die sicherheitstechnische Aufgaben erfüllen.

Effektivität im Großen und im Kleinen
Bei der Effektivität kann zwischen einer Effektivität im Großen und im Kleinen unterschieden werden. Geschickte Implementierung oder die Wahl eines besonders effizienten Algorithmus zählen zur Effektivität im Kleinen. Sie wird der Implementierungsphase zugeordnet. Die Effektivität im Großen zielt darauf ab, eine effiziente Systemarchitektur für das Echtzeitsystems zu identifizieren. Hierzu zählt z.B. die Vermeidung von sogenannten „Flaschenhälsen" beim Zugriff von mehreren Prozessen auf gemeinsame Daten oder die Minimierung der Prozeßkommunikation. Die Effektivität im Großen betrifft die Entwurfsphase.

2.2 Der Entwurfsprozeß

Zum Erreichen der oben aufgeführten Ziele existiert kein allgemeines und sicheres Verfahren, das aus den Ergebnissen der Definitionsphase eine gute Systemarchitektur kreiert.

Es existieren jedoch allgemeine anerkannte softwaretechnische Prinzipien und Methoden, die sich zum Erreichen der Ziele als sinnvoll herausgestellt haben. Dabei handelt es sich bei diesen Prinzipien und Methoden nur um Richtlinien. Ihr Einsatz kann durch die Aufgabe selbst, durch die zur Verfügung stehenden Hilfsmittel (z.B. Programmiersprache) eingeschränkt sein. Ist es jedoch möglich die Richtlinien einzuhalten, wird man i. allg. eine *zuverlässige Systemarchitektur* im Sinne der definierten Ziele erhalten.

2.2.1 Entwurfsprinzipien

Prinzip
Ein Prinzip für den Softwareentwurf ist eine allgemeine Handlungsvorschrift, die beim Entwurf einer Systemarchitektur eingehalten werden sollte (s. Kapitel 4 *Prinzipien für den Entwurf von Echtzeitsystemen*).

Das Einhalten der Prinzipien stellt im Entwurfsprozeß die Entwurfsziele sicher. Zwar ist nicht sichergestellt, daß die Anwendung der Prinzipien stets sofort zu einer dem Problem angepaßten Systemarchitektur führt, aber durch den Verstoß gegen diese Prinzipien wird zumindest immer eines der oberen Ziele nicht erreicht.

Bekannte Prinzipien für die Entwurfsphase
In dem Bereich der Entwicklung von sequentieller Software existieren allgemein anerkannte Prinzipien für die Erstellung einer Systemarchitektur. Echtzeitsysteme bestehen aus mehreren Prozessen. Jeder einzelne Prozeß stellt ein sequentielles Programm dar, so daß sich die bekannten Prinzipien des sequentiellen Systementwurfs direkt übertragen lassen. Für die Prozeßidentifikation, Prozeßkommunikation und Prozeßsynchronisation müssen noch zusätzliche Aspekte durch Prinzipien abgedeckt werden.

Die bekannten Prinzipien des sequentiellen Entwurfs werden hier kurz angeführt. Sie werden nicht näher erläutert und werden beim Leser als

bekannt vorausgesetzt. Eine ausführliche Beschreibung befindet sich in
/Balzert 82/, /Booch 87/, Booch 91/ und /Myers 78/.

Prinzipien für den gesamten Softwareentwicklungsprozeß
○ Hierarchisierung
○ Lokalität
○ Integrierte Dokumentation
○ Mehrfachverwendung
○ Standards

Zusätzliche Prinzipien für die Entwurfsphase
○ Abstraktion
  – Datenabstraktion
  – funktionale Abstraktion
○ Geheimnisprinzip
○ Modularisierung
○ Funktionale und informale Bindung
○ Schmale Datenkopplung
○ Schnittstellenspezifikation
○ Strukturierung

2.2.2 Entwurfsmethoden

Die Anwendung der Prinzipien wird durch eine Entwurfsmethode unterstützt.

Eine Entwurfsmethode ist ein schrittweises Verfahren zur Entwicklung einer Systemarchitektur für ein vorliegendes Problem. Innerhalb der Entwurfsmethode werden die Prinzipien berücksichtigt. Eine Entwurfsmethode stellt jedoch keinen *Entwurfs-Algorithmus* dar. Sie ist lediglich ein guter Leitfaden durch den Entwurfsprozeß.

In den weiteren Kapiteln des Buches wird der Entwurfsprozeß beschrieben. Hierbei ist das Buch in zwei Teile unterteilt.

○ Grobentwurf von komplexen Echtzeitsystemen
○ Feinentwurf von komplexen Echtzeitsystemen

In dem ersten Teil werden die Grundkonzepte komplexer Echtzeitsysteme, die Prinzipien für den Entwurf von Echtzeitsystemen und die

Entwurfsmethoden behandelt. Im zweiten Teil wird die Prozeßkoordinierung behandelt.

2.3 Literatur

/Balzert 82/
  H. Balzert, *Die Entwicklung von Software-Systemen – Prinzipien, Methoden, Sprachen, Werkzeuge*, B.I.-Wissenschaftsverlag, 1982

/Boehm 88/
  B. Boehm, *A spiral model of software development and enhancement*, IEEE Computer, Mai 1988

/Booch 87/
  G. Booch, *Software engineering with Ada*, Benjamin/Cummings Publishing Company, 1984

/Booch 91/
  G. Booch, *Object oriented design with applications*, Benjamin/Cummings Publishing Company, 1991

/Etzrodt 84/
  A. Etzrodt, *Technische Zuverlässigkeit – Ein Überblick*, Technische Zuverlässigkeit in Einzeldarstellungen, R. Oldenbourg, 1984

/Gilb 88/
  T. Gilb, *Principals of software engineering management*, Addison-Wesley, 1988

/Myers 78/
  G. J. Myers, *Composite/structured design*, Van Nostrand/Reinhold, 1978

/Syrbe 84/
  M. Syrbe, *Zuverlässigkeit von Realzeitsystmen: Fehlermanagement*, Informatik-Spektrum, Nr. 7, 1984

Teil II
Grobentwurf

Innerhalb des Grobentwurfs von Echtzeitsystemen werden

○ die Grundkonzepte nebenläufiger Echtzeitsysteme,
○ die Prinzipien für den Entwurf von Echtzeitsystemen und
○ die Entwurfsmethoden von Echtzeitsystemen

behandelt.

In dem Kapitel *Grundkonzepte* nebenläufiger Echtzeitsysteme wird das Konzept des Prozesses und die existierenden Kommunikations- und Synchronisationskonzepte für nebenläufige Softwaresysteme klassifiziert und überblicksgebend dargestellt.

Anschließend werden die Prinzipien für die Entwicklung von Echtzeitsystemen angeführt. Das Einhalten dieser Prinzipien führt zu einer verständlichen, wartbaren und problemangemessenen Systemarchitektur des Echtzeitsystems. Die Prinzipien, die für die Entwicklung von sequentieller Software gelten, werden nicht angeführt. Sie können ebenfalls direkt auf den internen Entwurf von einzelnen Prozessen übertragen werden.

Das Ergebnis des Grobentwurfs ist eine Systemarchitektur, die die einzelnen Komponenten des Echtzeitsystems festlegt und ihre Schnittstellen definiert. Methoden unterstützen eine planmäßige Vorgehensweise zum Erreichen einer Systemarchitektur. Hierbei wird insbesondere das Einhalten der Prinzipien sichergestellt.

Abb. 1 verdeutlicht die einzelnen Unterpunkte des Grobentwurfs und stellt den Zusammenhang von Grundkonzepten, Prinzipien und Methoden für den Echtzeitsystementwurf dar.

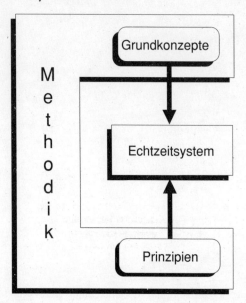

Abb. 1: Grobentwurf – Zusammenhänge

3 Grundkonzepte nebenläufiger Echtzeitsysteme

Prozesse sowie die **Prozeßkommunikation** und die **Prozeßsynchronisation** stellen die existierenden Grundkonzepte für nebenläufige Echtzeitsysteme dar. Mit Hilfe der Prozesse werden einzelne nebenläufige Aktivitäten eines Echtzeitsystems beschrieben.

Zwei oder mehrere Aktivitäten sind **nebenläufig**, wenn
○ die Aktivitäten parallel zueinander ausgeführt werden können, und wenn,
○ die Aktivitäten in einer beliebigen Folge sequentiell ausgeführt werden können.

Nebenläufige Aktivitäten beeinflussen sich nicht untereinander durch ihre Programmausführung.

Die gegenseitige Beeinflussung der Prozesse untereinander wird durch die Prozeßkommunikation und Prozeßsynchronisation realisiert.

Abb. 3-1 zeigt die existierenden Prozeßarten und Kommunikations- und Synchronisationskonzepte.

Prozesse unterscheidet man nach der Art der Aktivierung (bzw. Erzeugung). Sie können ereignisgesteuert durch das Umfeld einer Echtzeitanwendung oder statisch durch den Programmablauf aktiviert (bzw. erzeugt) werden. Bei beiden Möglichkeiten muß zwischen zyklischen und nichtzyklischen Prozessen unterschieden werden. Bei der Betrachtung von Zeitschranken ist zwischen **harten** und **weichen Zeitschranken** zu unterscheiden. Im folgenden Abschnitt werden das Konzept Prozeß und die vorgestellte Prozeßklassifikation weitergehend erläutert.

Für das Zusammenspiel mehrerer nebenläufiger Prozesse eines Echtzeitsystems existieren für die Prozeßkommunikation und Prozeßsynchronisation die Konzepte
○ gemeinsame Speicherbereiche,
○ Botschaftenkonzept und das
○ Tupelraumkonzept.

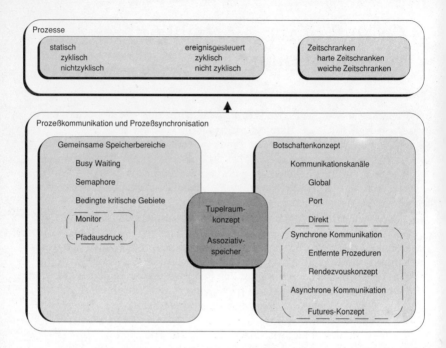

Abb. 3-1: Klassifikation von Prozessen, Prozeßkommunikation und Prozeßsynchronisation

Gemeinsame Speicherbereiche
Gemeinsame Speicherbereiche stellen ein häufiges Kommunikations- und Synchronisationskonzept für Prozesse dar. Es existieren die folgenden fünf Mechanismen zur Verwendung von gemeinsamen Speicherbereichen:
○ Aktives Warten *(Busy Waiting)*
○ Semaphore
○ Bedingte kritische Gebiete
○ Monitore
○ Pfadausdrücke

In dem entsprechenden Abschnitt über die Prozeßkommunikation und Prozeßsynchronisation mit gemeinsamen Speicherbereichen werden alle fünf Verfahren erläutert. Im weiteren Verlauf des Buches werden jedoch nur noch die höheren Konzepte Monitor bzw. Pfadausdruck weitergehend betrachtet.

Botschaftenkonzept
Die Kommunikation und Synchronisation über Botschaften kann unterteilt werden in die **synchrone** und **asynchrone Kommunikation**. Bei der synchronen Kommunikation findet mit der Kommunikation eine explizite Synchronisation statt, die in den spezialisierten Formen der *Entfernten Prozeduren* und des *Rendezvouskonzepts* realisiert ist. Parallel zu der Einteilung der Kommunikation in die synchrone und die asynchrone Kommunikation kann eine Einteilung nach Kommunikationskanälen vorgenommen werden. Je nachdem wieviele Prozesse *gleichzeitig* miteinander kommunizieren und sich synchronisieren, existieren die Kanaltypen *Global*, *Port* und *Direkt*.

Tupelraumkonzept
Das Tupelraumkonzept ist ein hybrides Verfahren der Prozeßkommunikation und Prozeßsynchronisation. Es vereint die Eigenschaften des Konzepts Gemeinsame Speicherbereiche und des Botschaftenkonzepts in sich.

Nachfolgend werden Prozesse, die vorgestellten Prozeßklassifikationen und die Prozeßkommunikations- und Prozeßsynchronisationsarten einzeln erläutert.

3.1 Prozesse

Echtzeitsysteme bestehen i. allg. aus mehreren unabhängigen Komponenten. Diese Komponenten können nebenläufig ausgeführt werden. Die Nebenläufigkeit wird nur durch die Kommunikation und Synchronisation unter den Komponenten beschränkt. Jede der Komponenten stellt einen Prozeß dar. Ein Prozeß und ein System aus mehreren Prozessen wird nach /Gehani, McGettrich 88/ folgendermaßen definiert:

Definition: Prozeß
A sequential program specifies sequential execution of a list of statements; it's execution is called process.

Definition: System von Prozessen
A concurrent program specifies two or more sequential programs that may be executed concurrently as parallel processes.

Der Begriff Prozeß ist abzusetzen von der Definition *Technischer Prozeß* aus der /DIN 66201/. Eine Großzahl von Echtzeitsystemen wird eingesetzt, um technische Prozesse zu steuern bzw. zu regeln, wobei zwischen Prozeß und einem technischen Prozeß streng unterschieden werden muß. Unter einem technischen Prozeß wird folgendes verstanden:

Definition: Technischer Prozeß
Unter einem Technischen Prozeß wird ein Vorgang verstanden, der Materie, Energie oder Informationen in ihrem Zustand verändert.

Prozeßmodell für Echtzeitsysteme
Prozesse in Echtzeitsystemen zeichnen sich durch mehrere Randbedingungen aus. Zum einen sind sie durch die Art und Weise ihrer Aktivierung bzw. Erzeugung und durch das Vorhandensein von Zeitschranken bzgl. ihrer Aktivierung, Ausführung und Terminierung gekennzeichnet. Zum anderen ist ihre Abarbeitung in einem Echtzeitsystem durch unterschiedliche Prozeßzustände gekennzeichnet.

In den nächsten Abschnitten werden die Prozeßaktivierung, die Prozeßerzeugung, die Zeitschranken zeitkritischer Prozesse, die Prozeßzustände sowie die Prozeßzustandswechsel und die Prozeßdarstellungsformen auf der Ebene der Programmiersprachen und Betriebssysteme beschrieben.

Beim Entwurf von Echtzeitsystemen treten neben den Prozessen, die durch die oben beschriebenen Randbedingungen gekennzeichnet sind, Prozesse auf, die keinen Zeitschranken unterworfen sind und nicht mit zeitkritischen Prozessen kommunizieren. Diese Prozesse unterliegen nicht der vorgestellten Klassifizierung.

Treten in einem Echtzeitsystem zeitkritische und nichtzeitkritische Prozesse auf, so ist durch den Entwurf sicherzustellen, daß die Beeinflussung der beiden *Prozeßarten* gering gehalten wird. Prozesse, die zeitkritische Prozesse in ihrer Ausführung unterbrechen können, sind ebenfalls als zeitkritische Prozesse zu behandeln, auch wenn keine expliziten Zeitschranken vorliegen.

3.1.1 Prozeßerzeugung und Propzeßaktivierung

Ein Prozeß ist durch die Art und Weise seiner Aktivierung (Erzeugung) gekennzeichnet. Bei dieser Klassifizierung findet kein Bezug zur eigentlichen *Echtzeit* statt. In einem Echtzeitsystem unterliegt mindestens ein Prozeß Zeitschranken, so daß zur ausreichenden Klassifizierung von Prozessen für Echtzeitsysteme neben der Prozeßaktivierung (Prozeßerzeugung) auch das Zeitschrankenverhalten berücksichtigt werden muß.

Im wesentlichen lassen sich zwei Klassen von Prozessen unterscheiden (Abb. 3-2). Zum einen existieren **zyklische Prozesse,** die innerhalb einer festen Periode genau einmal durch das Laufzeitsystem ausgeführt werden. Zum anderen existieren Prozesse, die *nicht zyklisch* ausgeführt werden. Die letzteren können mehrmals oder auch nur einmal während der Laufzeit des Echtzeitsystems ausgeführt werden. Die eigentliche Aktivierung dieser beiden Prozeßklassen kann einerseits durch das Eintreffen eines Ereignisses (ereignisgesteuerte Prozesse) oder durch den Kontrollfluß des Echtzeitsystems (Programmablauf) bestimmt sein. Hierbei widerspricht sich auch nicht die Verbindung von zyklischem und ereignisgesteuertem Prozeß. Die eigentliche Startzeit des ereignisgesteuerten zyklischen Prozesses wird

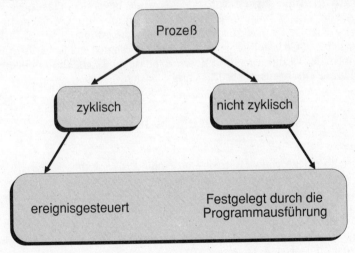

Abb. 3-2: Klassifikation nach Prozeßaktivierung

nicht näher innerhalb der Periode bestimmt. Der zyklische Prozeß muß nur einmal innerhalb seiner Periode ausgeführt werden.

Beispiel: Zyklischer ereignisgesteuerter Prozeß
Ein Meßsensor liefert jede 100 ms ein Signal. Um dieses Signal in einem Echtzeitsystem zu verarbeiten wird ein Prozeß geschaffen, der jeweils die Signale des Sensors ereignisgesteuert einliest und für die Weiterverwendung aufbereitet. Beim Entwurf muß somit ein zyklischer Prozeß mit Periode 100 ms und variabler Startzeit innerhalb der Periode eingeplant werden. Für die Startzeit muß lediglich folgende Randbedingung für die i-te Periode gegeben sein:

$$\text{Startzeit}_i + \text{Berechnungszeit} \leq \text{Periodenendschranke}_i \qquad \square$$

Innerhalb eines Echtzeitsystems können alle oben beschriebenen Arten von Prozessen Verwendung finden, wobei insbesondere zyklische Prozesse eine besondere Bedeutung spielen. Über Echtzeitsysteme mit zyklischen Prozessen, die eine bekannte Zeit für ihre Berechnungen benötigen, lassen sich Aussagen über das Zeitverhalten des Gesamtsystems machen. Es zeigt sich, daß für solche Prozesse einfache mathematische Aussagen über die Laufzeit in Abhängigkeit von der zugrunde liegenden Hardware – ein Prozessor oder mehrere Prozessoren – getroffen werden können. Im Gegensatz dazu lassen ereignisgesteuerte Echtzeitsysteme i. allg. Fall keine Aussagen über das zeitliche Verhalten des Gesamtsystems zu. Es müssen bereits in der Definitions- und Entwurfsphase die Fehler durch Nichterreichen von Zeitschranken berücksichtigt werden.

3.1.2 Zeitschranken von zeitkritischen Prozessen

Innerhalb eines Echtzeitsystems sind einige Prozesse durch Zeitschranken bzgl. ihrer Aktivierung und Terminierung gekennzeichnet. Die folgende Abb. 3-3 zeigt den zeitlichen Verlauf einer Prozeßausführung. In ihr sind die für Echtzeitanwendungen relevanten Zeiten eingetragen.

Die Ausführung eines Prozesses ist durch die folgenden Zeiten gekennzeichnet (/Herrtwich, Hommel 89/, /Xu, Parnas 90/):

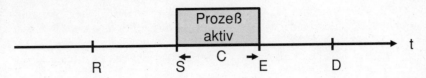

Abb. 3-3: Prozeßzeiten

R: frühester Startzeitpunkt *(release time)*
D: spätester Endzeitpunkt *(deadline)*
S: tatsächlicher Startzeitpunkt *(start time)*
E: tatsächlicher Endzeitpunkt *(completion time)*
C: Laufzeit *(computation time)*

Der **früheste Startzeitpunkt** ist die Zeitmarke, an der der Prozeß frühstens aktiviert werden kann. Diese Aktivierung kann wie oben beschrieben durch externe Ereignisse oder durch den Programmablauf ausgelöst werden.

Der **späteste Endzeitpunkt** ist der Zeitpunkt, an dem der Prozeß vollkommen ausgeführt sein muß. Ein Prozeß muß so aktiviert werden, daß er nach seinem frühesten Startzeitpunkt aktiviert und vor seinem spätesten Endzeitpunkt beendet sein muß.

Anstelle des spätesten Endzeitpunktes kann auch die **Restantwortzeit** $a(t)$ betrachtet werden. Die Restantwortzeit gibt zu einem Zeitpunkt t die Zeitdauer an, die ein Prozeß maximal für seine Prozeßausführung benötigen darf. Sie ergibt sich aus der Subtraktion des spätesten Endzeitpunktes und der Zeit t.

Der **tatsächliche Startzeitpunkt** eines Prozesses kennzeichnet den Zeitpunkt, an dem der Prozeß aktiviert wird. Der früheste Startzeitpunkt und der tatsächliche Startzeitpunkt können zusammenfallen.

Der Zeitpunkt, der mit der Beendigung eines Prozesses verbunden ist, wird **tatsächlicher Endzeitpunkt** genannt. Sie muß vor dem Endzeitpunkt des Prozesses liegen.

Die **Laufzeit** gibt die Zeitdauer an, die ein Prozeß zur Berechnung benötigt. In dieser Zeitdauer sind *keine* Wartezeiten für Kommunikation und Synchronisation enthalten. Nur in Spezialfällen gilt, daß sich der tatsächliche Endzeitpunkt aus der Addition des tatsächlichen Startzeitpunktes und der Laufzeit ergibt (ohne Berücksichtigung des *Overheads* durch Prozeßwechsel). Der tatsächliche Endzeitpunkt ist zumindest größer als oder gleich der Addition des tatsächlichen Startzeitpunktes und der Laufzeit.

Anstelle der Laufzeit kann auch die **Restlaufzeit** eines Prozesses zum Zeitpunkt t betrachtet werden. Die Restlaufzeit gibt an, wielange ein Prozeß zum Zeitpunkt t für seine Ausführung noch benötigt.

Die Subtraktion aus der Restantwortzeit und der Restlaufzeit wird **Spielraum** *(laxity)* genannt. Der Spielraum erlangt eine besondere Bedeutung beim Prozeß-Scheduling (s. Kapitel 6, *Prozeßkoordinierung*).

Bei den aufgezeigten Zeiten müssen zwei Sonderfälle unterschieden werden. Erstens können die Zeitschranken unterteilt werden in **weiche** und **harte Zeitschranken**, und zweitens kann es vorkommen, daß die Berechnungszeit nicht bekannt ist. Der letztere Fall kann insbesondere dann vorliegen, wenn die Laufzeit von Eingabedaten oder anderen Prozessen, mit denen kommuniziert wird, abhängt.

Klassifikation nach harten und weichen Zeitschranken
Harte Zeitschranken liegen genau dann vor, wenn ein Prozeß zu einer bestimmten Zeit beendet sein muß. Bereits bei der kleinsten Zeitverzögerung ist das Ergebnis wertlos.
Muß der Prozeß bzw. mehrere Prozesse nur innerhalb eines vorgegebenen Rahmens (z.B. statistisch) die Zeitschranke erfüllen, spricht man von weichen Zeitschranken.
Prozesse mit weichen Zeitschranken kommen z.B. bei dem Entwurf von Benutzungsoberflächen vor. Innerhalb einer gewissen weichen Zeitschranke muß auf eine Eingabe von der Tastatur, von der Maus oder von anderen Eingabegeräte reagiert werden. Bei Echtzeitsystemen im technischen Bereich liegen meistens harte Zeitschranken vor.

Problematik der Berechnungszeit
Können die Berechnungszeiten von Prozessen nicht von vornherein bestimmt werden, ist es unmöglich, Aussagen über das zeitliche Verhalten des Gesamtsystems zu machen. In solchen Fällen muß insbesondere das Nichteinhalten von Zeitschranken mit eingeplant werden. Es muß ein fehlertolerantes System entworfen werden, das nicht durch das Nichterreichen einer Zeitschranke in seiner Gesamtfunktion beeinträchtigt wird.

3.1 Prozesse

Ein praxisbezogener Ansatz ist es in solchen Fällen, in denen die Laufzeiten von Prozessen nicht bestimmt werden können, mit Hilfe einer *Worst-Case*-Abschätzung zu arbeiten. Es wird die maximale Laufzeit eines Prozesses ermittelt und mit diesem Wert findet die weitere Planung des Echtzeitsystems statt. Bei dieser Vorgehensweise muß jedoch mit einem erhöhten Hardwarebedarf gerechnet werden.

3.1.3 Prozeßzustände bei Echtzeitsystemen

Während der Ausführung eines Echtzeitsystems nehmen die Prozesse unterschiedliche Zustände ein. Die einzelnen Zustände sind abhängig von dem Ablauf des Gesamtsystems, von dem Prozeß selbst, von der Kommunikation und Synchronisation unter Prozessen und von äußeren Ereignissen aus der Echtzeitsystemumgebung (Abb. 3-4).

Zuerst muß ein Prozeß erzeugt werden. Ist seine Anfangszeitschranke überschritten, ist der Prozeß im Zustand *bereit*, und er kann aktiviert werden. Im einfachsten Fall führt er seine Berechnungen aus und wird nach seiner Beendigung entweder beseitigt, oder er steht dem Echtzeitsystem weiterhin zur Verfügung. Er durchläuft hierbei die Zustände *aktiv* und *beendet*. Bei der Ausführung eines Prozesses können Fehler auftreten. Zeitschranken können nicht erfüllt werden, oder die von einem Prozeß benötigten Daten liegen nicht zeitgerecht vor. In diesem Fall wird der Prozeß deaktiviert und geht in einen Fehlerzustand über. Von dort aus kann der Prozeß beendet werden. Er steht dann für eine erneute Ausführung bereit oder er kann beseitigt werden. Ist ein Prozeß aktiv und benötigt noch nicht verfügbare Daten von anderen Prozessen oder kann wegen einer Synchronisation mit einem anderen Prozeß nicht weiter ausgeführt werden, so geht dieser Prozeß in einen Wartezustand über. Aus diesem Zustand heraus kann er einerseits aktiviert werden, sobald seine Eingabedaten vorliegen oder die Synchronisation vollzogen wurde. Andererseits kann dieser Prozeß in dem Wartezustand seine Zeitschranke durchbrechen. In diesem Fall ändert sich der Prozeßzustand von *wartend* auf *Fehler*. Aus dem Fehlerzustand wird eine Zustandsänderung wie oben beschrieben durchgeführt.

Bei den Zustandsänderungen aus dem Fehlerzustand sind hier keine Möglichkeiten der Fehlertoleranz berücksichtigt worden. Aspekte der Fehlertoleranz werden zu einem späteren Zeitpunkt betrachtet.

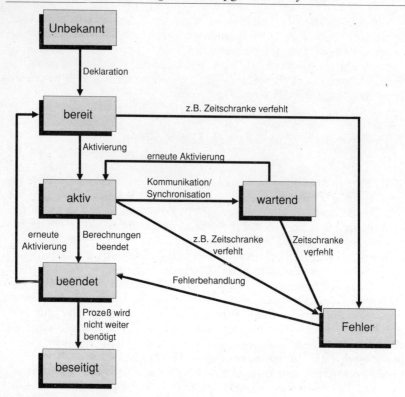

Abb. 3-4: Prozeßzustände

3.1.4 Prozeßdarstellungsformen

Die Programmiersprache und das darunterliegende Betriebssystem müssen Prozesse zur Verfügung stellen. Für die Darstellung von Prozessen existieren die drei grundlegenden Darstellungsformen

○ Prozeßdeklaration,
○ Anweisungen *(Statements)* und
○ Koroutinen.

3.1.4.1 Prozeßdeklaration

Die softwaretechnisch beste Lösung zur Darstellung von Prozessen ist durch eine Prozeßdeklaration in einem *Programm* gegeben. Es wird ein sequentielles Programmstück mit entsprechenden **Kommunikations-** und **Synchronisationsschnittstellen** als Prozeß innerhalb eines Programms definiert. Ein Programm mit Prozeßdeklarationen hat folgenden prinzipiellen Aufbau:

> *Program* Beispiel;
> ...
> *Process* Prozeß1;
>   -- Definitionen und Deklarationen
> *Begin*
>   ...
> *End* Prozeß1;
> ...
> *End* Beispiel;

Eine Prozeßdefinition kann auch als Typdefinition ausgeführt werden. Es wird dann ein **Prozeßtyp** definiert, der eine Schablone für Prozesse ist.

Kennzeichen
○ Gute Prozeßabstraktion
○ Hohe Verständlichkeit und Wartbarkeit.
○ Parallelität im Kleinen ist nicht ausdrückbar. So ist z.B das parallele Berechnen von Parametern einer Prozedur nicht möglich.

3.1.4.2 Anweisungen *(Statements)* zur Prozeßerzeugung

Neben der direkten Prozeßdeklaration können in Programmiersprachen Anweisungen zur Erzeugung von Prozessen verwendet werden. Innerhalb eines Programms werden durch einfache Anweisungen Prozesse **dynamisch** erzeugt und wieder vernichtet. Mit der Erzeugung und Vernichtung der Prozesse kann eine **implizite Synchronisation** verbunden sein. Prinzipiell existieren zwei unterschiedliche Realisierungsformen zur Prozeßerzeugung:

3 Grundkonzepte nebenläufiger Echtzeitsysteme

○ *Fork-* und *Join-*Anweisung und
○ *Cobegin-*Anweisung

Von diesen beiden generellen Realisierungsformen existieren mittlerweile eine große Anzahl unterschiedlicher Ausprägungen. Im folgenden werden die wesentlichen Kennzeichen der beiden Realisierungsformen vorgestellt.

Fork- und *Join-*Anweisung

Die Grundidee bei der *Fork-*Anweisung liegt darin, daß mit der Ausführung ein Prozeß dynamisch erzeugt wird. Es findet eine **Prozeßabzweigung** statt (/Dennis, van Horn 66/ und /Convay 63/). Der zu erzeugende Prozeß wird bei der *Fork-*Anweisung mit angegeben. Eine Prozeßerzeugung mit der *Fork-* und *Join-*Anweisung hat folgende generelle Form:

    Process Prozeß$_1$;
      ...
    Fork Prozeß$_2$;
      ...
    Join Prozeß$_2$;
      ...
    End Prozeß$_1$;

mit:

    Process Prozeß$_2$;
      ...
    End Prozeß$_2$;

Eine *Fork-*Anweisung kommt gewöhnlich dual mit einer entsprechenden *Join-*Anweisung vor. *Fork* Prozeß$_2$ erzeugt im obigen Beispiel einen Prozeß mit der Prozeßbeschreibung Prozeß$_2$. Nach der *Fork-*Anweisung werden Prozeß$_1$ und Prozeß$_2$ nebenläufig ausgeführt. Dies gilt solange, bis entweder Prozeß$_2$ beendet ist oder Prozeß$_1$ eine *Join-*Anweisung ausführt. Mit der *Join-*Anweisung ist eine *implizite Synchronisation* verbunden. Führt ein Prozeß eine *Join-*Anweisung durch, so wird der ausführende Prozeß solange blockiert, bis der in der *Join-*Anweisung angegebene Prozeß beendet ist.

Die *Fork*- und die *Join*-Anweisungen können in einer Prozeßbeschreibung beliebig verwendet werden. Sie können somit auch in komplexeren Anweisungen wie Schleifen und Bedingungsanweisungen auftreten. Hieraus ergibt sich, daß der dynamischen Prozeßerzeugung und -vernichtung *keine Grenzen* gesetzt sind.

In realen System werden die *Fork*- und *Join*-Anweisungen um Prozeßidentifikationen erweitert. Die *Fork*-Anweisung erzeugt einen Prozeß und liefert die Prozeßidentifikation des erzeugten Prozesses als Ergebnis. Bei der *Join*-Anweisung muß die Prozeßidentifikation mit angegeben werden.

Fork- und *Join*-Anweisung finden in dem Betriebssystem UNIX (/Ritchie, Thompson 74/) Verwendung. In diesem Betriebssystem werden unterschiedliche Ausprägungen der *Fork*- und *Join*-Anweisungen genutzt.

Kennzeichen
○ Dynamische Prozeßerzeugung
○ Ein und derselbe Prozeß kann mehrfach erzeugt werden, ohne den Prozeß mehrfach zu beschreiben (Prozeßtyp).
○ Anwendung auch in komplexen Anweisungen wie Schleifen und Bedingungsanweisungen möglich. Unsachgemäßiger Gebrauch führt dabei meist zu schlechter Verständlichkeit und Wartbarkeit. Bestimmung der zu einem Zeitpunkt aktiven Prozesse ist schwierig.
○ Mit der *Fork*- und *Join*-Anweisung ist eine implizite Synchronisation verbunden.

Cobegin-Anweisung

Bei der *Cobegin*-Anweisung werden innerhalb der Anweisung die nebenläufig auszuführenden Prozesse beschrieben und die entsprechenden Prozeßbeschreibungen angegeben. Es werden somit **nebenläufige Blöcke** nach /Dijkstra 68/ beschrieben. Die *Cobegin*-Anweisung hat folgende generelle Form:

Cobegin
   Anweisung$_1$ ||
   Anweisung$_2$ ||
   ...
   Anweisung$_N$
End Cobegin;

Mit dieser *Cobegin*-Anweisung werden N Prozesse erzeugt, die nebenläufig ausgeführt werden. Die entsprechenden Prozeßbeschreibungen sind *Anweisung$_1$* für Prozeß$_1$, *Anweisung$_2$* für Prozeß$_2$ usw.. Nach Beendigung **aller** N Prozesse kann der Prozeß, der die *Cobegin*-Anweisung ausgeführt hat, mit der Berechnung der Anweisung, die dieser Anweisung folgen, fortfahren. Mit der *Cobegin*-Anweisung ist ebenfalls wie bei der *Fork*- und *Join*-Anweisung eine implizite Synchronisation verbunden.

Kennzeichen
O Dynamische Prozeßerzeugung.
O Ausdrucksstärke der *Cobegin*-Anweisung ist schwächer als die der *Fork*- und *Join*-Anweisung. Die wesentliche Beschränkung liegt darin, daß mit der *Cobegin*-Anweisung eine implizite Synchronisation verbunden ist. Im Gegensatz dazu kann eine *Fork*-Anweisung ohne eine entsprechenden *Join*-Anweisung verwendet werden.
O Hohe Verständlichkeit durch direkte Angabe der nebenläufigen Prozesse. Da jedoch die Prozeßerzeugung in dem ganzen Quelltext verteilt ist, ist die Verständlichkeit nicht optimal.
O Mit der *Cobegin*-Anweisung ist eine implizite Synchronisation verbunden.

3.1.4.3 Koroutinen

Prozesse stellen ein Hilfsmittel dar, um Parallelität auszudrücken. Viele Programmiersprachen und Betriebssysteme für Ein-Prozessorrechner erlauben es jedoch nicht auf Grund der fehlenden parallelen Hardware, mehrere Prozesse zu formulieren. Um jedoch voneinander unabhängige Befehlsfolgen in einem Programm auszudrücken, ist früh das Konzept der Koroutinen entwickelt worden (/Convay 63/). Mit diesem Konzept lassen sich voneinander unabhängige Aktionen eines Programms darstellen und quasi parallel ausführen. Der Prozessor wird einer einzelnen Teilaktion zeitweise zugeordnet. Es entsteht eine ineinander verzahnte Ausführung der einzelnen Teilaktionen eines Programms. Bekannte Programmiersprachen, die über das Koroutinenkonzept verfügten, sind z.B. Simula (/Nygaard, Dahl 78/) und Modula-2 (/Wirth 82/).

Definition Koroutine

Eine Koroutine ist ein Unterprogramm, das nach Verlassen an einer beliebigen Stelle nach erneutem Aufruf an diese Stelle wieder zurückkehrt, um dort in der Ausführung fortzufahren.

Somit kann eine Koroutine als ein Prozeß aufgefaßt werden. Durch explizites Umschalten von einer Koroutine zur anderen Koroutine findet ein Prozeßwechsel statt. Wird erneut die alte Koroutine aktiviert, wird wie bei einem Prozeß, der durch Synchronisation blockiert wurde, an der alten Stelle die Programmausführung fortgeführt. Dies wird durch die folgende Abb. 3-5 verdeutlicht.

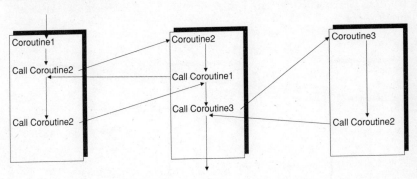

Abb. 3-5: Koroutinenkonzept

Koroutinen lassen sich nach
○ symmetrischen Koroutinen,
○ hierarchischen Koroutinen und
○ Koroutinen mit Parametern
klassifizieren.

Symmetrische Koroutinen

Von symmetrischen Koroutinen wird gesprochen, wenn keine Koroutine weitere Koroutinen beinhalten kann.

Ein spezielles Problem, das sich bei symmetrischen Koroutinen ergibt, ist das Beenden einer Koroutine (Abb. 3-5). Wird die Koroutine *Coroutine2* beendet, existieren zwei Möglichkeiten für den Rücksprung:
○ *Coroutine1* setzt die Berechnungen fort bzw. die Koroutine, die als erstes aktiviert wurde, oder
○ *Coroutine3* setzt die Berechnung fort bzw. die zuletzt aktiv gewesene Koroutine.

Beide Arten sind denkbar, wobei jedoch der Rücksprung zu der zuletzt aktiven Koroutine Probleme mit sich bringt. Liegt ein Koroutinenverhältnis wie in Abb. 3-6 vor, so kann nach Beendigung der *Coroutine3* die *Coroutine2* nicht mehr angesprungen werden, da sie nicht mehr existiert. In solchen Fällen entsteht ein Fehlerabbruch bzw. es wird zu *Coroutine1* gesprungen.

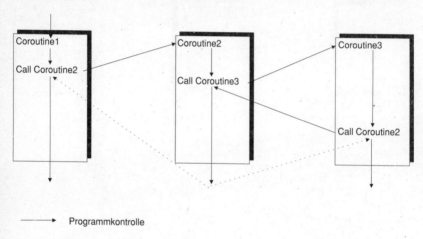

Abb. 3-6: Beenden einer Koroutine

3.1.4.4 Hierarchische Koroutinen

Durch den Aufruf einer *Call*-Anweisung wird zur nächsten Koroutine gesprungen. Hierbei muß der Name dieser Koroutine angegeben werden. Um eine direkte Benennung von Koroutinen beim „Prozeß"-Wechsel zu vermeiden, sind hierarchische Koroutinen *(hierarchical coroutines)* entwickelt worden. Bei diesem Ansatz ist es möglich, Koroutinen hierarchisch zu schachteln (Abb. 3-7).

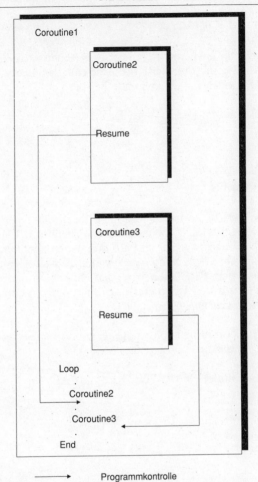

Abb. 3-7: Hierarchische Koroutinen

Wird eine Koroutine verlassen, wird die Programmkontrolle automatisch zu der überrgeordneten Koroutine übergeben. Es ist somit möglich, Koroutinen analog zu Prozeduren zu behandeln. Der Sprung zu einer übergeordneten Koroutine spiegelt somit eine *Return*-Anweisung wider.

Koroutinen mit Parametern

Koroutinen können auch mit Parametern versehen werden. Zu diesem Zweck erhält die Definition einer Koroutine eine Parameterliste analog zu Prozeduren. Man betrachte das folgende Beispiel:

Coroutine Coroutine$_1$ (VAR Wert: Real);
Begin
..
suspend;
..
End Coroutine$_1$;

Beim ersten Aufruf von *Coroutine$_1$* wird dem Parameter *Wert* eine Speicheradresse zugewiesen. Beim zweiten Aufruf von *Coroutine$_1$* muß diese Adresse verändert werden und auf den neuen Parameter *umgebogen* werden. Man spricht von *rebinding parameters*. Hat eine Koroutine lokale Speicher, die von dem Parameter (bzw. den Parametern) abhängt, ist eine Anpassung an den neuen Parameter nur durch eine erneute Ausführung des Koroutinenanweisungsteils möglich.

Hierarchische Koroutinen können um Ergebniswerte erweitert werden. Eine Koroutine hat dann die folgende Form:

Coroutine Coroutine$_1$ (VAR Wert: Real): REAL;
Begin
...
...
Coroutine$_1$:= ....;
suspend;
...
...
End Coroutine$_1$;

Bei jedem Aufruf von *Suspend*c wird der Wert von *Coroutine$_1$* an die übergeordnete Koroutine weitergegeben.

Vor- und Nachteile des Koroutinenkonzepts

Vorteile
- Koroutinen stellen für kleinere Probleme auf Ein-Prozessorrechnern eine einfache Lösung dar, mehrere quasi-parallele Prozesse zu realisieren.
- Kommunikation durch gemeinsame Variablen oder Parameter.
- Koroutinenkonzept ist stark an das Prozedurkonzept angelehnt.

Nachteile
- Parameterübergabemechanismen sind nicht effizient zu realisieren. Insbesondere gilt dies für den Fall, daß eine Koroutine lokale Speicher besitzt, die von dem Koroutinenparameter abhängen.
- Bei symmetrischen Koroutinen muß beim Koroutinenwechsel die neue Koroutine genannt werden (direkte Adressierung).
- Programme mit symmetrischen Koroutinen sind schwer verständlich. Es ist nur aus dem gesamten Programmtext ersichtlich, von wo aus eine Koroutine angesprungen wird.
  Die Kommunikation und die Synchronisation sind über das gesamte Programm verstreut. Die Entwurfsziele Wartbarkeit und Verständlichkeit sind nicht zufriedendstellend gelöst.
- Koroutinen mit Parametern sind schwer verständlich.

3.2 Kommunikation und Synchronisation

Innerhalb eines komplexen Echtzeitsystems können die einzelnen Prozesse nicht unabhängig voneinander gesehen werden. Zwischen ihnen muß zum einen ein Informationsaustausch und zum anderen, bedingt durch Einschränkungen der Prozeßausführung, eine Synchronisation stattfinden.

Für die Kommunikation und Synchronisation unter Prozessen existieren die grundlegend verschiedenen Konzepte:

- **Gemeinsame Speicherbereiche**
- **Botschaftenkonzept**
- **Tupelraumkonzept**.

Die Synchronisation von Prozessen dient dazu, die Nebenläufigkeit von Prozessen einzuschränken. Bei der Prozeßsynchronisation unterscheidet man bei den oben aufgeführten Konzepten zur Kommunikation und Synchronisation den

- **wechselseitigen Ausschluß** und
- die **Bedingungssynchronisation**.

Wechselseitiger Ausschluß

Prozesse befinden sich im wechselseitigen Ausschluß, wenn nur einer der Prozesse mit seinen Ausführungen fortfahren darf. Alle anderen Prozesse müssen so lange mit ihren Ausführungen warten, bis der wechselseitige Ausschluß aufgehoben ist. Der wechselseitige Ausschluß bezieht sich nicht auf die gesamte Prozeßausführung. Vielmehr existieren innerhalb von Prozessen Gebiete (Abschnitte), die untereinander im wechselseitigen Ausschluß stehen. Diese Prozeßabschnitte nennt man **kritische Gebiete**.

Bedingungssynchronisation

Im Gegensatz zum wechselseitigen Ausschluß wird bei der Bedingungssynchronisation die Prozeßsynchronisation nicht allein durch den Programmablauf der Prozesse gesteuert. Die Prozeßsynchronisation ist abhängig von Bedingungen, die während der Prozeßausführung berechnet werden. Die Bedingungen können beliebig komplex sein. Der Bedingungszustand wird z.B. durch gemeinsame Variablen, durch das Versenden von Botschaften oder durch einen Tupel im Tupelraum realisiert.

Im folgenden werden nun die existierenden Konzepte für die Kommunikation und Synchronisation an Hand der Einteilung

- Kommunikation und Synchronisation mit **gemeinsamen Speicherbereichen**,
- **Botschaftenkonzept** und
- **Tupelraumkonzept**

vorgestellt. Bei allen vorgestellten Konzepten werden der wechselseitige Ausschluß und die Bedingungssynchronisation behandelt. Abb 3-8 zeigt in Anlehnung an Abb. 3-1 nochmals die betrachteten Konzepte und ihre Zusammenhänge auf.

3.2 Kommunikation und Synchronisation

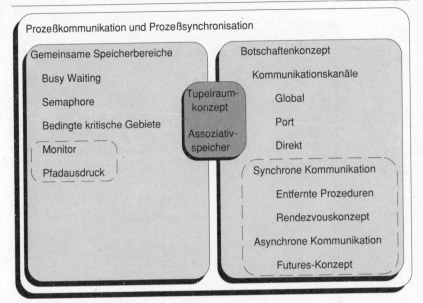

Abb. 3-8: Kommunikations- und Synchronisationskonzepte

3.2.1 Kommunikation und Synchronisation mit gemeinsamen Speicherbereichen

Die Kommunikation zwischen Prozessen wird durch die Verwendung von gemeinsamen Daten sichergestellt. Zur Kommunikation werden die gemeinsamen Daten gelesen und verändert (Abb. 3-9).

Bei diesem Vorgang ist insbesondere die Synchronisation durch einen wechselseitigen Ausschluß zu beachten. Während ein Prozeß die gemeinsamen Daten manipuliert, muß er exklusiven Zugriff auf den gemeinsamen Datenbereich haben. Alle anderen Prozesse dürfen in dieser Zeitspanne nicht auf diese Daten zugreifen. Findet kein wechselseitiger Ausschluß bei dem Zugriff auf gemeinsame Daten statt, so können Änderungen der Daten verloren gehen. Dies zeigt Abb. 3-10.

Für die Kommunikation und Synchronisation mit gemeinsamen Daten existieren die Konzepte:

3 Grundkonzepte nebenläufiger Echtzeitsysteme

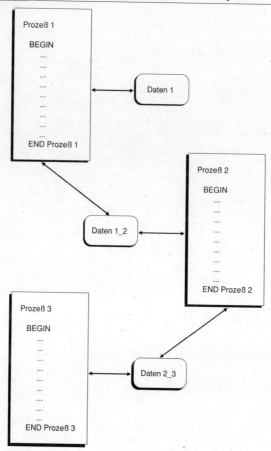

Abb. 3-9: Prozeßkommunikation über gemeinsame Daten

○ Aktives Warten *(Busy waiting)*
○ Semaphorkonzept,
○ Monitorkonzept,
○ Bedingte kritische Gebiete und
○ Pfadausdrücke.

3.2 Kommunikation und Synchronisation

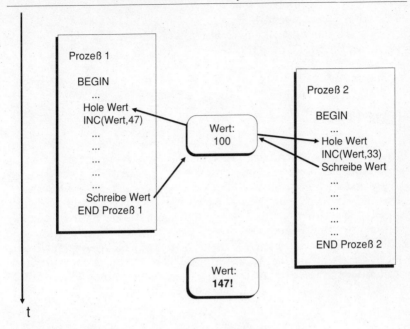

Abb. 3-10: Wechselseitiger Ausschluß – Problematik

3.2.1.1 Aktives Warten *(Busy Waiting)*

Es existieren Zustandsvariablen, die eine **Schloßvariable** *(spin lock)* realisieren. Ein kritisches Gebiet eines Prozesses wird durch eine Schloßvariable geschützt. Will ein Prozeß sein kritisches Gebiet betreten, so testet er diese Schloßvariable. Ist das Schloß frei – d.h. kein anderer Prozeß befindet sich in seinem entsprechenden kritischen Gebiet – so betritt der Prozeß sein kritisches Gebiet und verriegelt das Schloß für alle anderen Prozesse. Nach dem Verlassen seines kritischen Gebiets öffnet er das Schloß, so daß andere Prozesse in das kritische Gebiet eintreten können. Findet ein Prozeß ein Schloß verriegelt vor, so testet er das Schloß solange, bis es frei wird *(busy waiting)*.

Mit Hilfe der Schloßvariablen können der wechselseitige Ausschluß und die Bedingungssynchronisation realisiert werden.

Wechselseitiger Ausschluß

Ein wechselseitiger Ausschluß, realisiert mit Schloßvariablen, hat folgende allgemeine Form:

> Eingangsprotokoll
> > Kritisches Gebiet
>
> Ausgangsprotokoll

In dem Eingangs- und Ausgangsprotokoll werden Schloßvariablen bearbeitet. Existieren **unteilbare Operationen** für das Testen und für das Testen mit gleichzeitiger Änderung von Schloßvariablen, kann das Eingangs- und Ausgangsprotokoll durch diese Operationen einfach realisiert werden. Bei einem Mehr-Prozessorsystem ist jedoch die Unteilbarkeit kein hinreichendes Kriterium für den wechselseitigen Ausschluß. In diesem Fall muß bei der Bearbeitung von Schloßvariablen durch einen Prozeß allen anderen Prozessoren der Zugriff auf die Schloßvariable verweigert werden.

Das Eingangs- und das Ausgangsprotokoll können auch ohne unteilbare Operationen realisiert werden. Entsprechende Algorithmen können z.B. in /Peterson 81/ und /Shaw 74/ gefunden werden.

Problematik bei der Realisierung von Schloßvariablen

Die Schloßvariablen stellt selbst gemeinsame Variablen dar. Die Operation *Sperren einer Schloßvariable* muß ebenfalls im wechselseitigen Ausschluß ausgeführt werden.

Beispiel: Erzeuger–Verbraucher–System

Zwei Prozesse kommunizieren über einen gemeinsamen Puffer. Der Puffer kann nur im wechselseitigen Ausschluß gelesen oder beschrieben werden. In der Abb. 3-11 wird eine Realisierung auf einem Ein-Prozessorsystem nach /Peterson 81/ beschrieben.

Mit Hilfe der Variablen *SpinLock1*, *SpinLock2* und *AktuellerProzeß* wird sichergestellt, daß entweder der Verbraucher oder der Erzeuger in ihrem kritischen Gebiet aktiv sind. Hierbei wird die Variable *AktuellerProzeß* speziell für den Fall benötigt, in dem beide Prozesse ihre Synchronisationsanweisungen vor ihrem kritischen Gebiet gleichzeitig ausführen. Durch diese Variable wird dann festgelegt, welcher der beiden Prozesse den Vorrang erhält. ❑

3.2 Kommunikation und Synchronisation

```
type  Prozesse is (Verbraucher, Erzeuger);
      PufferTyp is -- beliebige Puffervereinbarung

SpinLock1: boolean:=false;
SpinLock2: boolean:=false;
AktuellerProzess: Prozesse;
Puffer: PufferTyp;

task Erzeuger is
    ...
    -- Beginn der Synchronisation
    spinlock1:=true;
    AktuellerProzeß:=Verbraucher;
    while spinlock2 and AktuellerProzess=Verbraucher loop
        busy waiting;
    end loop;
        -- Zutritt zum kritischen Gebiet
        ...
        -- Eintrag in den Puffer
        ...
    -- Freigabe des kritischen Gebiets
    spinlock1:=false;
    ...
end Erzeuger;

task Verbraucher is
    ...
    -- Beginn der Synchronisation
    spinlock2:=true;
    AktuellerProzeß:=Erzeuger;
    while spinlock1 and AktuellerProzess=Erzeuger loop
        busy waiting;
    end loop;
        -- Zutritt zum kritischen Gebiet
        ...
        -- Pufferelement auslesen
        ...
    -- Freigabe des kritischen Gebiets
    spinlock2:=false;
    ...
end Verbraucher;
```

Abb. 3-11: Erzeuger–Verbraucher–System realisiert mit Schloßvariablen

Bedingungssynchronisation

Die Bedingungssynchronisation läßt sich einfach mit Schloßvariablen realisieren. Die Bedingung selbst wird durch eine Schloßvariable dargestellt. Diese Schloßvariable ist verriegelt und wird beim Erfüllen der Bedingung entriegelt. Prozesse, die auf diese Bedingung warten, testen solange die Schloßvariable, bis das Schloß frei ist.

Vorteil
○ Wechselseitiger Ausschluß und Bedingungssynchronisation lassen sich realisieren

Nachteile
○ Die Synchronisation ist über das gesamte Quellprogramm verteilt.
○ Es ist nicht sofort ersichtlich, welche Programmvariablen für Synchronisation oder Programmdaten verwendet werden.
○ Die eigentliche Verwirklichung der Synchronisation muß selbständig programmiert werden.
○ Es ist schwierig, Prozesse mit Hilfe von Schloßvariablen zu synchronisieren. Man erhält schwer verständliche und kaum zu überprüfende Programme.
○ Das dauernde Testen von Zustandsvariablen beim *Busy waiting* ist mit einem erhöhten *Overhead* verbunden.

3.2.1.2 Semaphore

Semaphore stellen ein allgemein verwendbares primitives *(low level)* Synchronisationsmittel dar. Sie sind von /Dijkstra 68/ vorgestellt worden. Ein Semaphor S ist eine nicht negative ganze Zahl, auf der genau die beiden folgenden Operationen P und V definiert sind:

P(S) entspricht:
  if S > 0 **then**
    S := S-1;
  else
    blockiere den ausführenden Prozeß bis S > 0
  end if;

V(S) entspricht:
  S := S+1;

P ist hierbei die Abkürzung für das holländische Wort *passeeren* (betreten) und V für *vrijgeven* (freigeben).

3.2 Kommunikation und Synchronisation

Beide Operationen stellen unteilbare Operationen dar. Als Sonderform existieren die sogenannten **binären Semaphore**. In diesem Fall ist der Semaphor S eine Boolesche Variable und die Operationen P(S) und V(S) sind folgendermaßen definiert:

P(S) entspricht:
   if S **then**
      S := False;
   else
      blockiere den ausführenden Prozeß bis S = True
   end if;

V(S) entspricht
   S := True

Zum Realisieren von Semaphoren verwendet man Listenstrukturen. Jedem Semaphor wird eine Liste zugeordnet, in der alle Prozesse gespeichert sind, die auf diesen Semaphor „warten" müssen. Wird der Semaphor durch die Operation *V(Semaphor)* frei, wird ein Element, i. allg. das erste, aus der Semaphorliste entfernt und in eine Liste der nicht blockierten Prozesse eingehängt. Durch die zusätzliche Verwaltung der blockierten Prozesse in Listen, verbrauchen die blockierten Prozesse keine Prozessorzeit.

Selbstverständlich läßt sich das Semaphorkonzept auch mit Hilfe des Synchronisationskonzepts Aktives Warten *(Busy waiting)* realisieren.

Wechselseitiger Ausschluß
Mit Hilfe eines Semaphors läßt sich ein wechselseitiger Ausschluß durch eine Einkapselung der entsprechenden kritischen Gebiete mit den Operationen *P(Semaphor für das kritische Gebiet)* und *V(Semaphor für das kritische Gebiet)* realisieren. Somit wird ein wechselseitiger Ausschluß in einem Prozeß folgendermaßen realisiert:

S: Binärer Semaphor; Initialisiert mit True

Prozeß
   ...
   P(S)
      kritisches Gebiet
   V(S)

...
end Prozeß

Der Semaphor ist einem gemeinsamen Objekt zugeordnet, das nur im wechselseitigen Ausschluß bearbeitet werden kann. Die Aktionen, die ein Prozeß auf diesem Objekt ausführen möchte, werden zu einem kritischen Gebiet zusammengefaßt. Dies wird durch das Voranstellen von *P(Semaphor für das Objekt)* und das Nachstellen von *V(Semaphor für dieses Objekt)* gekennzeichnet. Jeder Prozeß der ein solches kritisches Gebiet hat, darf dieses nur dann betreten, wenn der Semaphor *True* ist. Ist er *False*, so ist bereits ein Prozeß dabei das gemeinsame Objekt innerhalb seines kritischen Gebiets zu bearbeiten. Abb. 3-12 verschaulicht den Sachverhalt.

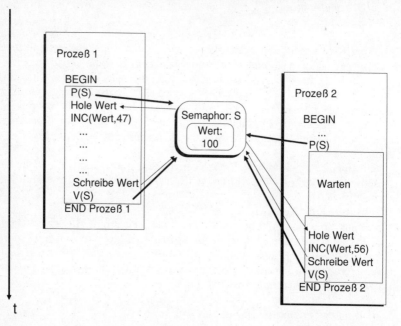

Abb. 3-12: Das Semaphorkonzept

Wird der Semaphor nicht als binärer Semaphor definiert, sondern als ein Semaphor, der maximal die Größe N hat, so können N Prozesse gleichzeitig auf dem durch diesen Semaphor geschützten Objekt arbeiten. Jeder weitere Prozeß wird solange blockiert, bis nur noch N-1 Prozesse in ihrem

3.2 Kommunikation und Synchronisation

entsprechenden kritischen Gebieten aktiv sind. Erst dann darf dieser Prozeß sein kritisches Gebiet betreten.

Analog zum *Busy Waiting* ergibt sich die Problematik, daß die Operationen P und V selber im wechselseitigen Ausschluß ausgeführt werden müssen.

Bedingungssynchronisation
Die Bedingungssynchronisation läßt sich einfach mit Semaphoren realisieren. Die Bedingung selbst wird durch einen Semaphor dargestellt. Dieser Semaphor ist verriegelt und wird beim Erfüllen der Bedingung entriegelt. Prozesse, die auf eine Bedingung warten, führen eine P-Operation auf dem entsprechenden Semaphor aus. Ist die Bedingung erfüllt, so kann der Prozeß in seiner Ausführung fortfahren.

Beispiel: Erzeuger–Verbraucher–Problem
Das oben beschriebene Erzeuger–Verbraucher–System kommuniziert über einen begrenzten Puffer. Eine Realisierung mit binären Semaphoren ist in der Abb. 3-13 vorgestellt. In diesem Beispiel sind die Synchronisationsformen wechselseitiger Ausschluß und Bedingungssynchronisation vorhanden. Durch den Semaphor *SemaphorPuffer* wird der wechselseitige Ausschluß zwischen dem Erzeugen und dem Verbrauchen sichergestellt. Die beiden Semaphore *SemaphorLeer* und *Semaphorvoll* realisieren eine Bedingungssynchronisation. Sie schützen den Puffer vor einem *Over-* und *Underflow*. ❑

Vorteil
○ Allgemein verwendbares Synchronisationsmittel.

Nachteile
○ Unstrukturiertes Synchronisationsmittel.
○ Die Synchronisation ist im gesamten Quellprogramm verteilt, was sich in einer verminderten Verständlichkeit und Wartbarkeit niederschlägt.
○ Es ist schwer zu erkennen, ob ein Semaphor für einen wechselseitigen Ausschluß oder für eine Bedingungssynchronisation verwendet wird. Sinnvoll ist es, die Synchronisationsarten durch explizite Konstrukte zu unterscheiden.
○ Aus den oben angeführten Nachteilen folgen eine hohe Fehleranfälligkeit und Schwierigkeiten beim Testen.

N: **constant**:= 100;

subtype AnzahlTyp **is** 0..N;
type PufferTyp = -- beliebiger Typ

SemaphorPuffer: boolean:=true;
SemaphorLeer: boolean:=false;
SemaphorVoll: boolean:=true;

Puffer: PufferTyp;
ElementAnzahl: AnzahlTyp;

task Erzeuger **is**
    ...
    P(SemaphorVoll);
    P(SemaphorPuffer);
    --Eintrag in den Puffer; Inkrementieren der Elemetanzahl;
    if ElemetAnzahl = 1 **then**
        V(SemaphorLeer);.
    end if;
    if ElementAnzahl < N **then**
        V(SemaphorVoll);.
    end if;
    V(SemaphorPuffer);
    ...
end Erzeuger;

task Verbraucher **is**
    ...
    P(SemaphorLeer);
    P(SemaphorPuffer);
    -- Lesen aus dem Puffer; Dekrementieren der Elemetanzahl;
    if ElemetAnzahl = N-1 **then**
        V(SemaphorVoll);.
    end if;
    if ElemetAnzahl > 0 **then**
        V(SemaphorLeer);.
    end if;
    V(SemaphorPuffer);
    ...
end Verbraucher;

Abb. 3-13: Erzeuger–Verbraucher–System mit dem Semaphorkonzept

3.2.1.3 Bedingte kritische Gebiete *(conditional critical sections)*

Das Konzept der bedingten kritischen Gebiete stammt von /Hansen 72/, /Hansen 73/ und /Hoare 72/. In diesem Konzept wird bereits durch notationelle Maßnahmen der wechselseitige Ausschluß von der Bedingungssynchronisation getrennt, um ein besseres Verständnis als die oben dargestellten Synchronisationsmittel zu erreichen. Gemeinsame Variablen werden zu einer Gruppe von Betriebsmitteln zusammengefaßt. Eine Variable darf nicht zu mehreren **Betriebsmittelgruppen** gehören. Sie ist genau einer Gruppe zugeordnet. Der Zugriff auf solche gemeinsame Variablen kann nur innerhalb eines **bedingten kritischen Gebiets** vorgenommen werden. Für die Definition von Betriebsmittelgruppen und bedingten kritischen Gebieten steht folgende Notation zur Verfügung:

> **resource** Betriebsmittelgruppe: Variable$_1$, ..., Variable$_N$ und
> **resource** Betriebsmittelgruppe **when** Bedingung **do** Anweisungen

Mit dem ersten Konstrukt werden N gemeinsame Variablen einer Betriebsmittelgruppe zugeordnet. Das zweite Konstrukt erlaubt einen Prozeß nur dann die *Anweisungen*, die einer Betriebsmittelgruppe zugeordnet sind, auszuführen, wenn die Bedingung wahr ist und kein anderer Prozeß zur Zeit innerhalb eines bedingten kritischen Gebiets derselben Betriebsmittelgruppe ist. Ist die Boolesche Bedingung falsch wird der Prozeß solange blockiert bis die Bedingung wahr ist. Somit können die Variablen einer Prozeßgruppe jeweils nur durch einen Prozeß bearbeitet werden.

Wechselseitiger Ausschluß
Der wechselseitige Ausschluß wird durch das Konstrukt *resource when do* realisiert.

Bedingungssynchronisation
Durch die Boolesche Bedingung in der Anweisung

> **resource** Betriebsmittelgruppe **when** Bedingung **do** Anweisungen

wird eine Bedingungssynchronisation realisiert.

Beispiel: Erzeuger–Verbraucher–System
Es wird das oben beschriebene Erzeuger–Verbraucher–System betrachtet. Die Speicherkapazität des Puffers sei begrenzt. Eine Realisierung mit bedingten kritischen Gebieten findet man in Abb. 3-14. ❑

```
N : constant := 100;

subtype   AnzahlTyp is integer range 0..N;
type      PufferTyp is -- beliebiger Typ;

SemaphorPuffer; SemaphorLeer, SemaphorVoll: boolean;
Puffer: PufferTyp;
ElementAnzahl: AnzahlTyp;

resource PufferR: Puffer, ElementAnzahl;

task Erzeuger is
   ...
   resource PufferR when ElementAnzahl < N do
      Eintrag in den Puffer; Inkrementieren der Elemetanzahl;
   ...
end Erzeuger;

task Verbraucher is
   ...
   resource PufferR when ElementAnzahl > 0 do
      Lesen aus dem Puffer; Dekrementieren der Elemetanzahl;
   ...
end Verbraucher;
```

Abb. 3-14: Erzeuger–Verbraucher–System realisiert mit bedingten kritischen Gebieten

Damit zwei Prozesse, die beide bedingte kritische Gebiete einer Betriebsmittelgruppe betreten wollen, nicht in Konflikt kommen, muß die Boolesche Bedingung in ihrer Berechnung nicht unterbrechbar sein. Weiterhin muß sichergestellt werden, daß der Boolesche Ausdruck beim tatsächlichen Betreten des kritischen Gebiets immer noch wahr ist.

Bedingte kritische Gebiete werden in der Programmiersprache Edison (/Hansen 81/) verwendet.

Vorteile
O Allgemein verwendbares Synchronisationsmittel.
O Trennung von wechselseitigen Ausschluß und Bedingungssynchronisstion.

○ Leicht verständliches Konzept.

Nachteile
○ Die Synchronisationskonstrukte sind im gesamten Quellprogramm verteilt, was sich in einer verminderten Verständlichkeit und Wartbarkeit niederschlägt. Es muß erst der ganze Quelltext eines Prozesses studiert werden um festzustellen welche gemeinsamen Betriebsmittel verwendet werden.
○ Hohe Realisierungskosten: Jeder Prozeß muß die Boolesche Bedingung berechnen, bis sie den Wert *wahr* ergibt. Komplexe Bedingungen müssen selber im wechselseitigen Ausschluß berechnet werden, falls sie gemeinsame Variablen verwenden.

3.2.1.4 Monitore

Das Monitorkonzept ist erstmals in /Dijkstra 68/, /Hansen 73/ und /Hoare 74/ vorgestellt worden. Es faßt Daten, die von mehreren Prozessen verwendet werden, mit Operationen auf diesen Daten in einem Modul zusammen. Innerhalb des Moduls ist ein wechselseitiger Ausschluß bzgl. der Operationen garantiert. Solange eine Operation ausgeführt wird, kann keine andere Operation des Monitors ausgeführt werden. Jede einzelne Operation des Monitors kann nicht von mehreren Prozessen gleichzeitig ausgeführt werden. Will ein Prozeß eine Operation des Monitors ausführen, obwohl bereits ein Prozeß innerhalb des Monitors ist, wird dieser Prozeß solange blockiert, bis sich kein Prozeß innerhalb des Monitors befindet. Danach betritt einer der blockierten Prozesse den Monitor. Durch die Verwendung von Monitoren ist der Programmentwickler allen Details der Synchronisationsimplementierung enthoben.

Wechselseitiger Ausschluß
Durch die Zusammenfassung von Operationen, die im wechselseitigen Ausschluß ausgeführt werden müssen, in einem Monitor, wird der wechselseitige Ausschluß realisiert.

Bedingungssynchronisation
Durch das Monitorkonzept ist nur der wechselseitige Ausschluß realisiert worden. Die Bedingungssynchronisation ist nicht direkt ausdrückbar. Für die Bedingungssynchronisation werden zwei weitere Operationen, die auf sogenannten **Signalen** arbeiten, eingeführt (/Wirth 85/). Signale sind

Variablen, mit denen Prozessen Auskunft über den Synchronisationszustand gegeben wird. Es existieren die beiden nicht unterbrechbaren Operationen

Send(Signal) und
Wait(Signal).

Durch das Ausführen der Operation *Send(Signal)* innerhalb eines Prozesses, wird ein Prozeß, der auf das Signal wartet aktiviert, und der Signal-Sender wird blockiert. Der Prozeß, der *Send(Signal)* ausgeführt hat, wird solange blockiert, bis kein Prozeß mehr aktiv im Monitor ist.

Führt ein Prozeß eine *Wait(Signal)*-Operation in einem Monitor aus, so wird er blockiert und gibt den Monitor frei. Dieser Prozeß muß auf das entsprechende Signal warten. Erhält er das Signal, so kann er wieder aktiv werden. Er nimmt seine Bearbeitung an der alten Stelle im Monitor wieder auf.

Existieren mehrere Prozesse, die auf dasselbe Signal warten, wird ein Prozeß strategieabhängig aktiviert.

Das Versenden von Signalen ist mit einer Blockierung des sendenden Prozesses innerhalb eines Monitors verbunden. Dadurch wird der wechselseitige Ausschluß innerhalb des Monitors sichergestellt. Lediglich, wenn kein anderer Prozeß auf das Signal wartet, wird der Sender nicht blockiert.

Im ersten Moment scheinen Signale mit Semaphoren identisch zu sein, jedoch haben Semaphore ein Gedächtnis und Signale nicht. Das führt dazu, daß ein Prozeß, der ein *Wait(Signal)* ausführt, immer blockiert wird, auch wenn kurz zuvor ein entsprechendes *Send(Signal)*, auf das zu diesem Zeitpunkt kein Prozeß wartete, ausgeführt wurde. Dies hat zur Folge, daß die Aufrufreihenfolge der Operationen *Send* und *Wait* stark vom Programmentwickler berücksichtigt werden muß. Um diese Problem zu umgehen, existieren jedoch Implementierungen des Monitorkonzepts, die die versendeten Signale protokollieren.

Beispiel: Erzeuger–Verbraucher–System
Das oben beschriebene Erzeuger–Verbraucher–System wird in Abb. 3-15 mit Hilfe eines Monitors realisiert. Der gemeinsame Puffer ist mit seinen Zugriffsoperationen *Ablegen* und *Holen* in einem Monitor zusammengefaßt worden. Durch die Signale wird verhindert, daß nicht aus einem leeren Puffer gelesen und nicht auf einem vollen Puffer geschrieben wird *(overflow, underflow)*. ❑

3.2 Kommunikation und Synchronisation

```
monitor Puffer is
   N : constant := 100;
   type AnzahlTyp is integer range 0..N;
   type PufferElement is -- beliebiger Typ
      Puffer: array (1..N) of PufferElement;
      ElementAnzahl: AnzahlTyp;
      NichtLeer, NichtVoll: Signal;

   procedure Ablegen (Element: in PufferElement) is
   begin
      if ElementAnzahl=N then Wait(NichtVoll) end if;
      Element in den Puffer eintragen;
      Elementanzahl inkrementieren;
      Send(NichtLeer);
   end Ablegen;

   procedure Holen (Element: out PufferElement) is
   begin
      if ElementAnzahl=0 then Wait(NichtLeer) end if;
      Element aus dem Puffer lesen;
      Elementanzahl dekrementieren;
      Send(NichtVoll);
   end Holen;

end Puffer.
```

Abb. 3-15: Puffer mit dem Monitorkonzept

Bei der Verwendung von Monitoren ergibt sich das Problem der geschachtelten Monitoraufrufe. Führt ein Prozeß eine Operation eines Monitors A aus und wird innerhalb dieser Operation auf eine Operation eines Monitors B zugegriffen, so ist ein Prozeß innerhalb von zwei Monitoren aktiv. Wird nun innerhalb des Monitors B der Prozeß gestoppt, so verläßt er Monitor B und wartet auf ein entsprechendes Send-Signal. Währenddessen ist der Monitor A vollkommen blockiert. Zur Lösung dieses Problems stehen im wesentlichen zwei Lösungen bereit. Zum einen kann das geschachtelte Aufrufen von Monitoren verboten werden (z.B. in der Programmiersprache Modula-2, /Wirth 82/) oder zum anderen kann ein Prozeß, der in einem Monitor blockiert wird, alle Monitore, die er betreten hat, verlassen.

Vorteile
○ Stark strukturiertes Synchronisationsmittel. Daten und Operationen, die exklusiv verwendet werden müssen, sind textuell zusammengefaßt.

○ Wechselseitiger Ausschluß muß nicht explizit vom Programmentwickler realisiert werden.
○ Leicht verständliches Konzept.

Nachteil
○ Operationen können im Monitor nicht parallel ausgeführt werden. So ist z.B. ein mehrfaches Lesen eines Puffers nicht möglich. Man benötigte eine Art von „bedingtem" wechselseitigen Ausschluß.

3.2.1.5 Pfadausdrücke *(Path expressions)*

Der grundlegende Gedanke bei Pfadausdrücken liegt darin, die Parallelität innerhalb eines Moduls durch einen Ausdruck anzugeben (/Campbell, Habermann 74/). Es wird also die Implementierung eines Moduls vollkommen von der Behandlung der Synchronisation getrennt. Innerhalb eines Moduls kann durch einen **Pfadausdruck** die mögliche Nebenläufigkeit spezifiziert werden.

Pfadausdrücke werden durch elementare Operatoren zusammengesetzt. Bei diesen Operatoren handelt es sich um die Sequenz, die nebenläufige Ausführung, die eingeschränkte nebenläufige Ausführung und die Zusammenfassungen von nebenläufigen Ausführungen. Dies sind lediglich elementare Operatoren. Erweiterungen, z.B. um die exklusive Ausführung einer von mehreren Alternativen, sind möglich (/Andler 79/, /Campbell 76/, /Habermann 75/, /Flon, Habermann 76/, /Lauer, Campbell 75/ und /Lauer, Shields 78/).

Pfadausdrücke, die auf diesen elementaren Operationen aufgebaut sind, haben die folgende allgemeine Form (ausgedrückt in EBNF):

Pfadausdruck	=	**Path** Pfad **End**
Pfad	=	Pfad , Pfad |
		Pfad ; Pfad |
		Zahl : (Pfad) |
		[Pfad] |
		Bezeichner
Zahl	=	Ziffer { Ziffer }
Ziffer	=	0 | 1 | 2 | 3 | 4 | 5 | 6 | 7 | 8 | 9
Bezeichner	=	Buchstabe { Buchstabe }
Buchstabe	=	a | .... | Z

3.2 Kommunikation und Synchronisation

Ein Pfadausdruck ist durch eine Klammerung mit den vordefinierten Bezeichnern *Pfad* und *End* gegeben. Innerhalb dieser Klammerung werden die Einschränkungen von Operationen der Prozesse im Modul beschrieben. Es sind die folgenden vier Bedingungstypen formulierbar:

○ Keine Restriktionen zwischen den Operationen des Moduls. Die Reihenfolge und die Anzahl gleichzeitiger paralleler Ausführungen der Operationen unterliegen keinen Beschränkungen. Keine Restriktion wird durch das „ , " angedeutet. So bedeutet z.B. der Pfadausdruck

Path Ablegen , Holen **End**

das der Ausführung der Operationen *Ablegen* und *Holen* keine Beschränkungen auferlegt sind.

○ Sequentielle Ausführung. Bei der sequentiellen Ausführung muß zuerst eine Operation vollkommen ausgeführt worden sein, bevor die nächste aktiv werden kann. Es existieren jedoch keine Einschränkungen bzgl. der Parallelität dieser Sequenzfolge. Diese Sequenz darf beliebig oft gleichzeitig vorkommen. Betrachtet man den Pfadausdruck

Path Ablegen ; Holen **End**,

so muß vor jeder Ausführung von *Holen* ein *Ablegen* vollkommen ausgeführt worden sein. Sind z.B. drei *Ablege*-Operationen vollkommen ausgeführt worden, so können gleichzeitig drei *Hole*-Operationen aktiv sein.

○ Um die Anzahl der parallel existierenden Ausführungen einzuschränken, ist es erlaubt durch Angabe einer Zahl N diese auf maximal N parallele Ausführungen einzuschränken. Im Falle, daß der Puffer ein endliches Fassungsvermögen der Größe N hat, läßt sich dann der Pfadausdruck für den Puffer folgendermaßen schreiben:

Pfad N:(Ablegen ; Holen) **End**

Nun muß wiederum vor jedem *Holen* ein *Ablegen* ausgeführt worden sein. Jedoch dürfen maximal N parallele Ausführungen existieren. Da jedoch bei einem Puffer die Operationen *Ablegen* und *Holen* exklusiv ausgeführt werden müssen, ergibt sich der Pfadausdruck für einen Puffer der Größe N zu:

Pfad N:(1:(Ablegen) ; 1:(Holen)) **End**

○ Ebenfalls ist es möglich alle Restriktionen aufzuheben um alle zu einem Zeitpunkt existierenden parallelen Ausführungen als ein „Element" zu behandeln. Betrachtet man z.B. den Pfadausdruck

Pfad Initialisieren ; [Bearbeiten] **End**.

Bevor *Bearbeiten* ausgeführt werden kann, muß die Operation *Initialisieren* vollkommen ausgeführt worden sein. Alle parallel existierenden Ausführungen von Bearbeiten werden dann zusammengefaßt. Sie unterliegen keinen Einschränkungen. Existieren jedoch keine Ausführungen von *Bearbeiten* mehr, ist die Sequenz abgearbeitet, und bevor nun wieder *Bearbeiten* aktiv werden kann, muß die Operation *Initialisiere* vollkommen ausgeführt worden sein.

Wechselseitiger Ausschluß
Im Gegensatz zum Monitorkonzept kann der wechselseitige Ausschluß bei Pfadausdrücken näher eingeschränkt werden. Es ist möglich den wechselseitigen Ausschluß genau zu spezifizieren.

Bedingungssynchronisation
Die Bedingungssynchronisation ist im allgemeinen nur schwer mit Pfadausdrücken zu realisieren. In den Pfadausdrücken ist es nicht erlaubt auf Variablen der Programmiersprache zuzugreifen. In dem unten beschriebenen Beispiel kann eine einfache Bedingungssynchronisation mit Hilfe von Pfadausdrücken dargestellt werden.

Pfadausdrücke lassen sich unterscheiden nach **geschlossenen** und **offenen Pfadausdrücken**. Geschlossene Pfadasudrücke beschreiben die gesamte Synchronisation innerhalb des Moduls (bzw. Monitors). D.h. Ausführungen, die nicht explizit durch den Pfadausdruck spezifiziert werden, sind nicht zulässig. Offene Pfadausdrücke beschreiben nur die nötige Synchronisation. Alle Ausführungen, die nicht explizit durch den Pfadausdruck eingeschränkt sind, sind zulässig.

Beispiel: Erzeuger–Verbraucher–Problem
Die Abb. 3-16 beschreibt das oben beschriebene Erzeuger–Verbraucher–Problem mit Hilfe von Pfadausdrücken. In diesem Fall bedeutet der Pfadausdruck, daß die Operationen *Holen* und *Ablegen* exklusiv innerhalb des Moduls ausgeführt werden müssen. *Ablegen* muß zumindest einmal mehr

3.2 Kommunikation und Synchronisation

```
monitor Puffer is

  path 100:(1:(Ablegen);1:(Holen)) end;

  -- Definitionen für den Puffer

  procedure Ablegen (Element: in Pufferelement) is
  begin
    ...
  end Ablegen;

  procedure Holen (Element: out Pufferelement) is
  begin
    ...
  end Holen;

end Puffer.
```

Abb. 3-16: Erzeuger–Verbraucher–System realisiert mit Pfadausdrücken

als *Abholen* ausgeführt werden. Die Differenz zwischen *Ablegen* und *Holen* ist maximal 100. Somit ist die Puffergröße 100. ❑

Vorteile
○ Die Synchronisation ist textuell an einer Stelle zusammengefaßt.
○ Übersichtlich und leicht verständliches Synchronisationskonzept

Nachteile
○ Bedingungssynchronisation kann nur schwer dargestellt werden.
○ Hohe Realisierungskosten

3.2.2 Botschaftenkonzept *(message passing)*

Eine weitere Möglichkeit zur Kommunikation und Synchronisation von Prozessen liegt in dem Botschaftenkonzept. An Stelle der Verwendung von gemeinsamen Speicherbereichen senden sich Prozesse Informationen zu. Das Problem des wechselseitigen Ausschlusses muß hier nicht berücksichtigt werden. Prinzipiell wird dieses Konzept durch die Abb. 3-17 dargestellt.
  Das Botschaftenkonzept ist zum einen durch den Verbindungskanal zwischen den Prozessen und zum anderen durch die Synchronisationsar-

Kommunikation von Prozeß 1 zu Prozeß 2

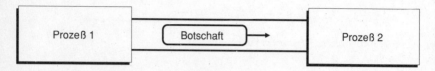

Abb. 3-17: Botschaftenkonzept

ten, die mit dem Kommunikationsaustausch verbunden sind, gekennzeichnet.

Die Kommunikation über einen Kanal kann entweder blockierend oder nichtblockierend für die Kommunikationsprozesse sein. Man unterscheidet das **synchrone** und das **asynchrone Botschaftenkonzept**.

3.2.2.1 Kommunikationskanäle

Prozesse, die miteinander kommunizieren, sind durch **Kanäle** *(channel)* verbunden. Daten können über einen Kanal zu einen anderen Prozeß transportiert werden. Dieser Prozeß reagiert auf diese Information und ändert in Abhängigkeit von dieser Information seine Aktivitäten. Es findet somit eine Kommunikation unter den Prozessen statt. Damit eine Kommunikation zustande kommt führt der Sender-Prozeß eine Sende- und der Empfänger eine **Empfangsanweisung** durch. Sie haben im allgemeinen die Form:

Send Botschaft **To** Kanalname
Receive Botschaft **From** Kanalname

Beim Botschaftenkonzept können mehrere Sender- und Empfängerprozesse an einem Kommunikationskanal verbunden sein. In Abhängigkeit von der Anzahl der kommunizierenden Prozese kann, wie in Abb. 3-18, die folgende Klassifikation für Kanäle aufgestellt werden:

○ Direkte Adressierung *(direct naming)*
○ Port *(port)*

3.2 Kommunikation und Synchronisation

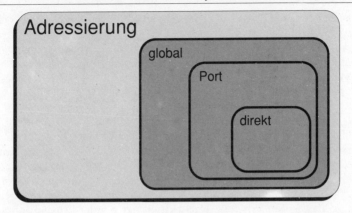

Abb. 3-18: Kanaltypen

○ Globale Adressierung *(global naming, mail boxes)*
  – *Multicast*
  – *Broadcast*

Direkte Adressierung
Bei der direkten Adressierung versendet ein Prozeß eine Botschaft unter Angabe eines Empfänger-Prozesses. Analog dazu empfängt der Empfänger-Prozeß nur Botschaften von Sendern, die er in seiner Empfangsanweisung spezifiziert. Für eine Kommunikation führt der Sender die Anweisung

Send Botschaft **To** Empfänger-Prozeß-Identifikation

und der Empfänger die Anweisung

Receive Botschaft **From** Sender-Prozeß-Identifikation

aus.
Der Kommunikationskanal wird durch die Angabe der Empfänger- bzw. Sender-Prozeß-Identifikation spezifiziert.
Die direkte Adressierung läßt sich gut bei einer sequentiellen Kommunikation einsetzen. Eine Kommunikation unter Prozessen ist sequentiell, wenn ein Nachrichtenfluß von einem Prozeß zu genau einem anderen fließt (Abb. 3-17).

Im Bereich von nebenläufigen Systemen treten dagegen jedoch oft Prozesse auf, die einen Service für mehrere Prozesse anbieten (Auftraggeber/Auftragnehmer-Modell, *client-server-model*). Verwendet man für solche Kommunikationsstrukturen eine direkte Adressierung, so muß der Server alle seine Kunden mit Namen kennen. Er muß für alle seine Kunden eine entsprechende Empfangsanweisung bereitstellen.

Port
Kommunikation durch einen Port stellt eine Erweiterung der direkten Adressierung dar (/Balzer 71/). Durch Sie wird das Auftraggeber/Auftragnehmer-Modell unterstützt. Alle Senderprozesse können auf einen gemeinsamen Port zugreifen. Dieser ist ihnen durch seinen Namen bekannt. Der eigentliche Empfängerprozeß ist ebenfalls an dem Port angeschlossen und kann so durch den Port alle Nachrichten der Sender erhalten ohne ihre Namen zu kennen. Die Kommunikation wird durch die Anweisungen

Send Botschaft **To** Port

auf der Senderseite und durch die Anweisung

Receive Botschaft **From** Port

auf der Empfängerseite durchgeführt.
Die Abb. 3-19 veranschaulicht dieses Konzept.

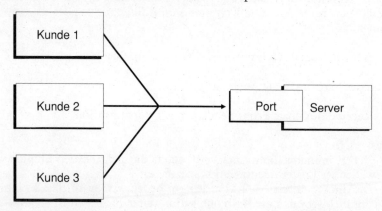

Abb. 3-19: Kommunikation über einen Port

Globale Adressierung

Bei der Verwendung der globaler Adressierung versenden Prozesse ihre Nachrichten an einen Briefkasten *(mailbox)*. Aus diesem Briefkasten können dann alle Empfänger-Prozesse die Nachricht lesen. Die Kommunikation wird durch die Anweisungen

Send Botschaft **To** Briefkasten

auf der Senderseite und durch die Anweisung

Receive Botschaft **From** Briefkasten

auf der Empfängerseite durchgeführt.

Im Gegensatz zu den oben angeführten Adressierung können nun auch ein Sender mit mehreren Empfängern über einen namentlich bekannten Briefkasten kommunizieren.

Durch die globale Adressierung läßt sich auch das **Auftraggeber/ Auftragnehmer-Modell** *(Client-Server-Model)* realisieren. Mehrere Kunden nehmen einen Service in Anspruch. Hierbei ist es jedoch egal von welchen Prozeß der Service erbracht wird. Die Serviceleistung kann i. allg. von mehreren Prozessen erbracht werden. Ein Beispiel für diese Art von Kommunikation ist in Abb. 3-20 gegeben.

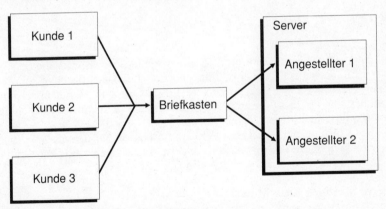

Abb. 3-20: Kommunikation über einen Briefkasten

Die Realisierung der globalen Adressierung stellt sich als schwierig und *kostspielig* dar (/Gelernter, Bernstein 82/). Es muß sichergestellt werden, daß das Eintreffen einer Nachricht an alle möglichen Empfänger weitergereicht wird, jedoch die Nachricht selbst nur von einem Empfänger-Prozeß empfangen wird.

Spezialformen der globalen Adressierung
Bei den bisher vorgestellten Adressierungskonzepten fand eine Kommunizieren jeweils nur zwischen zwei Prozessen statt. Ein Prozeß sendete eine Botschaft und ein weiterer Prozeß empfing diese Nachricht.

Bei Echtzeitsystemen kann es sinnvoll sein, daß mehrere Prozesse dieselbe Nachricht erhalten. Ein Prozeß sendet eine Nachricht an mehrere Empfänger, die jeweils diese Nachricht erhalten sollen. Man unterscheidet bei dieser Mehrfachkommunikation zwischen den Konzepten *Multicast* und *Broadcast*.

Bei der *Multicast*-Kommunikation wird ein Sender gleichzeitig mit einer beliebigen Anzahl von Empfängerprozessen verbunden, die jeweils dieselbe Nachricht erhalten und bearbeiten.

Die *Broadcast*-Kommunikation stellt eine Verallgemeinerung des Konzepts *Multicast* dar. Es wird eine Nachricht an alle existierenden Prozesse weitergereicht.

3.2.2.2 Synchrone Kommunikation *(synchronous message passing)*

Bei einer synchronen Kommunikation wird jeder Prozeß, der eine Sende- oder Empfangsanweisung durchführt, solange blockiert, bis der Kommunikationspartner die entgegengesetzte Empfangs- oder Sendeanweisung ausführt. Die Prozesse, die an der Kommunikation teilnehmen, müssen für eine Kommunikation bereit sein.

Das Konzept der synchronen Kommunikation wird auch mit dem Begriff **synchrones Botschaftenkonzept** bezeichnet und hat seinen Usprung in den *guarded commands* von /Dijkstra 75/.

Wechselseitiger Ausschluß
Durch das Versenden von Botschaften wird auf keinen Datenbereich von mehreren Prozessen aus zugegriffen. Das Problem des wechselseitigen Ausschlusses stellt sich somit nicht beim synchronen Botschaftenkonzept.

3.2 Kommunikation und Synchronisation

Bedingungssynchronisation
Durch das Blockieren beim Fehlen eines Kommunikationspartners ist es möglich, eine Bedingungssynchronisation zu erreichen. Das Erhalten oder das Versenden einer Botschaft ist hierbei mit dem Erfüllen einer Bedingung gleichzusetzen. Alternativ kann durch den Inhalt einer Kommunikation eine Bedingungssynchronisation stattfinden.

Eine „reine" blockierende Kommunikation ist für die Echtzeitprogrammierung nicht denkbar. Man benötigt Konzepte, die es erlauben durch Kommunikation blockierte Prozesse aus ihrer Blockierung zu lösen. Für die Verwendung der blockierenden Kommunikation in Echtzeitanwendungen existieren folgende Erweiterungen:
O Bedingtes Ausführen einer Kommunikation
O Zeitbegrenzungen für das Warten auf eine Kommunikaton
O Selektives Ausführen von Kommunikation

Bedingtes Ausführen einer Kommunikation
Bei der bedingten Ausführung einer Kommunikation wird das Kommunizieren von einer Nicht-Blockierung abhängig gemacht. Falls der Kommunikationspartner eines Sender- oder Empfängerprozesses nicht bereit ist, führt der Prozeß, der eine bedingte Kommunikation ausführt, keine Kommunikation, sondern eine alternative Berechnung durch. Durch die bedingte Kommunikation wird eine Blockierung verhindert. Eine bedingte Kommunikation hat folgende Form:

> **Selektiere**
>   Botschaft senden bzw. empfangen
> **Anderenfalls**
>   Anweisungen
> **Ende**

Eine Kommunikation zwischen zwei Prozessen, die beide nur eine bedingte Kommunikation eingehen wollen, ist i. allg. nicht möglich.

Zeitbegrenzungen
Das bedingte Ausführen einer Kommunikation wird durch Angabe von Zeitintervallen erweitert. Das Zeitintervall gibt die maximale Zeitspanne an, die ein Prozeß aufwendet, um auf einen Kommunikationspartner zu warten. Findet innerhalb dieser Zeitspanne keine Kommunikation statt, so führt der Prozeß, der eine zeitbegrenzte Kommunikation ausgeführt hat, alternative Berechnungen durch. Eine zeitbegrenzte Kommunikation hat folgende Form:

Selektiere
    Botschaft senden bzw. empfangen
    Nach Zeitintervall
       Anweisungen
Ende

Selektives Ausführen von Kommunikation

Mit dem selektiven Ausführen einer Prozeßkommunikation reagiert ein Prozeß auf eine oder mehrere Kommunikation(en). Jede Kommunikation kann durch Angabe einer Bedingungen eingeschränkt werden. Das selektive Ausführen von Kommunikation wird durch das folgende Kommunikationskonstrukt ausgedrückt.

Selektiere
    Falls Bedingung$_1$ **dann**
        Botschaft$_1$ senden bzw. empfangen
    Falls Bedingung$_2$ **dann**
        Botschaft$_2$ senden bzw. empfangen
    ...
    ...
    Falls Bedingung$_N$ **dann**
        Botschaft$_N$ senden bzw. empfangen
Ende

Ein Prozeß, der eine selektive Kommunikation ausführt, hat mehrere potentielle Kommunikationspartner. Der Prozeß wird solange blockiert, bis eine Kommunikation stattfindet. Hierbei wählt der Prozeß denjenigen Kommunikationspartner aus, der als erstes bereit ist mit ihm zu kommunizieren. Die einzelnen Kommunikationen können durch Bedingungen eingeschränkt werden. Die Bedingungen müssen sich nicht gegenseitig ausschließen. Somit kann die selektive Kommunikation vom Zustand des Echtzeitsystems abhängig gemacht werden.

Zumeist ist die selektive Ausführung von Kommunikationen eingeschränkt. So kann z.B. in der Programmiersprache Ada lediglich eine Botschaft empfangen aber nicht gesendet werden. Im Kapitel 4, *Prinzipien für den Entwurf von Echtzeitsystemen*, wird auf diese Einschränkung tiefer eingegangen.

Vorteile

○ Mit einer Kommunikation ist eine implizite Synchronisation verbunden.

3.2 Kommunikation und Synchronisation

○ Das synchrone Botschaftenkonzept ermöglicht eine flexible Kommunikation unter Prozessen.

Nachteile (nach /Tanenbaum, van Renesse 85/ und /Sneidewind 89/)
○ Eine *Broadcast*- und *Multicast*-Nachricht kann nur schwer und umständlich realisiert werden.
○ Unidirektionale Nachrichten und eine N-Botschaftensendung mit einer einzigen Quittierung für alle N-Botschaften ist schwer zu realisieren.
○ Größere Datentransfers, z.B. Dateien, sind in verteilten Systemen nur schwer zu implementieren.

Entfernter Prozeduraufruf *(remote procedure call)*

Beim synchronen Botschaftenkonzept findet eine gerichtete Kommunikation statt. Ein Prozeß versendet Daten, und der Kommunikationspartner empfängt diese Daten. Die folgende Abb. 3-22 stellt eine häufige Kommunikationsform in Echtzeitsystemen vor. Eine Kommunikation findet in beiden Richtungen statt. Ein Senderprozeß sendet eine Nachricht zu einem Empfänger, der diese Daten verarbeitet und ein Ergebnis daraus ermittelt. Dieses Ergebnis sendet er dann wieder zurück an den Senderprozeß.

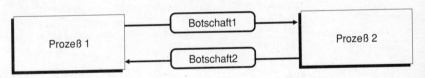

Abb. 3-22: *Remote Procedure Call*

Auf der Ebene der Implementierung führen die beiden Prozesse die Anweisungen

Send Botschaft **To** Prozeß2
Receive Botschaft **From** Prozeß2

bzw.

Receive Botschaft **From** Prozeß$_1$
Send Botschaft **To** Prozeß$_1$

aus.

Beim Synchronisationskonzept entfernter Proceduraufruf *(remote procedure call)* werden diese beiden Kommunikationen in einem Prozeduraufruf zusammengefaßt.

Der Sender-Prozeß ruft eine Prozedur auf. Die Prozedur stellt einen Prozeß dar, der mit dem Prozeduraufruf geschaffen oder aktiviert wird. Die Eingabeparameter für diese Prozedur (Prozeß) werden zuvor vom Sender-Prozeß berechnet. Nach dem Prozeduraufruf blockiert der Sender-Prozeß. Der Empfänger-Prozeß (Prozedur) nimmt die aktuellen Parameter entgegen und berechnet die Ausgabeparameter. Anschließend werden die Ausgabeparameter an den „Prozeduraufrufer" zurückgegeben. Nun ist der anfängliche Sender der Empfänger und der anfängliche Empfänger der Sender. Nach der Ergebnisübergabe ist die Kommunikation beendet, und der Sender-Prozeß schreitet in seiner Abarbeitung fort. Der durch den Prozeduraufruf erzeugte Prozeß terminiert oder wartet auf eine neue Aktivierung.

Bei dieser Art von synchroner Kommunikation bestehen ein wesentliche Unterschiede zwischen dem Sender und dem Empfänger einer Botschaft:
- Der Sender kann während der Ausführung der entfernten Prozedur die Kommunikation nicht verlassen. Er hat somit keinen Einfluß auf die Kommunikationsdauer. Insbesondere kann die Kommunikation durch weitere Kommunikationen in der entfernten Prozedur unvorhersehbar lange blockiert werden.
- Der Empfängerprozeß kennt seine Sender nicht. Es wird ein Port realisiert.

Entfernte Prozeduren können auf mehrere Arten realisiert werden. Man unterscheidet folgende Realisierungsarten:
- Jede Entfernte Prozedur ist ein Prozeß. Aufrufe der Prozedur aktivieren diesen Prozeß. Dementsprechend werden mehrere gleichzeitige Aufrufe der Prozedur sequentialisiert (/Andrews 81/).
- Jeder Aufruf einer Entfernten Prozedur erzeugt einen eigenen Prozeß. Eine nebenläufige Abarbeitung von Aufrufen der entfernten Prozedur ist nun möglich (/Hansen 78/).

Vorteile
- Gut verständliches Kommunikationskonzept.

3.2 Kommunikation und Synchronisation

○ Angemessenes Kommunikationskonzept für eine große Anzahl von Problemen. Das Auftraggeber/Auftragnehmer läßt sich mit dem Konzept entfernte Prozeduren gut modellieren.

Nachteile
○ Es ergeben sich die Nachteile des synchronen Botschaftenkonzepts.
○ Der Sender einer Botschaft kann eine Kommunikation nicht verlassen. Die Kommunikationsdauer kann i. allg. nicht vorhergesagt werden.

Rendezvouskonzept

Das Rendezvouskonzept stellt eine leichte Abwandlung des Kommunikationskonzepts entfernte Prozeduren dar (/Department of Defense 81/). Wie schon bei dem Konzept entfernte Prozeduren findet eine Kommunikation in beiden Richtungen zwischen Sender-Prozeß und Empfänger-Prozeß statt. Bei einer Kommunikation wird jedoch kein neuer Prozeß für das Rendezvous (Entfernte Prozedur!) erzeugt. Die Kommunikation findet unter bereits existierenden und aktiven Prozessen statt.

Im Gegensatz zum Konzept entfernte Prozeduren erlaubt das Rendezvouskonzept eine flexiblere Kommunikation, da ein Prozeß mehrere Kommunikationspunkte *(entries)* haben kann. Der Empfängerprozeß kann somit in Abhängigkeit vom interen Prozeßzustand auf Botschaften reagieren. Die Abb. 3-23 zeigt eine Puffer-Realisierung mit dem Rendezvouskonzept.

```
task Puffer is
    loop
        select
            when not voll =>
                accept Ablegen(Element: in ElementTyp) do
                    -- Element ablegen
                end Ablegen;
            or
            when not leer =>
                accept Holen(Element: out ElementTyp) do
                    -- Element holen
                end Holen;
        end select;
    end loop;
end Puffer;
```

Abb. 3-23: Puffer-Realisierung mit dem Rendezvouskonzept

Für die Kommunikationspunkte existiert eine **Accept-Anweisung**. Bei ihrer Auswertung blockiert der Prozeß und wartet auf den Aufruf des entsprechenden Kommunikationspunktes. Das Warten an einem Kommunikationspunkt kann durch Bedingungen eingeschränkt werden (s. Abschnitt 3.2.2.2 *Synchrone Kommunikation*).

Vorteile
○ Es ergeben sich die Vorteile des Konzepts entfernte Prozeduren.
○ Ein Prozeß kann in Abhängigkeit seines Prozeßzustandes auf Botschaften reagieren.

Nachteil
○ Es ergeben sich die Nachteile des Konzepts entfernte Prozeduren.

3.2.2.3 Asynchrone Kommunikation *(asynchronous message passing)*

Bei einer asynchrone Kommunikation müssen die Kommunikationspartner nicht gleichzeitig an der Kommunikation beteiligt sein. Der Sende-Prozeß sendet eine Nachricht an einen Empfänger. Diese Nachricht wird *gepuffert*, und der Sender kann in seinen Berechnungen fortschreiten. Der Empfänger kann dann jederzeit nach dem Versenden der Nachricht die Botschaft lesen.

Bei der asynchronen Kommunikation wird davon ausgegangen, daß der Puffer für die Zwischenspeicherung bei der Kommunikation eine unendliche Kapazität hat. Reale Systeme können diesen Anforderungen nicht nachkommen. Sie verfügen über einen endlichen Puffer. Somit findet eine asynchrone Kommunikation nur bei nicht überfülltem Puffer statt. Ist der Puffer vollkommen gefüllt, führt eine Sendeanweisung zum Blockieren des Sender-Prozesses oder zu einem Fehlerabbruch.

Mit der asynchronen Kommunikation ist keine explizite Synchronisation verbunden. Prozesse, die Daten nicht blockierend empfangen, können keine Aussagen über die Aktualität dieser Daten treffen. Es ist nicht feststellbar, ob bereits die vorliegenden Daten durch neuere Daten ersetzt sind. Hinzufügen von Zeitangaben zu den versendeten Daten löst im allgemeinen diese Problematik nicht. Diese Technik stellt jedoch für eine Großzahl von Echtzeitanwendungen ein sinnvolles Hilfsmittel dar. Durch die Ermittlung der Zeitdifferenz zwischen dem Senden und dem Empfangen einer Nachricht können anwendungsspezifische Aussagen über die Aktualität der vorliegenden Nachricht getroffen werden.

Wechselseitiger Ausschluß
Da keine gemeinsamen Daten für die Kommunikation verwendet werden, kann das Problem des wechselseitigen Ausschlusses nicht auftreten. Gemeinsame Daten werden durch einen Prozeß verwaltet. Durch Kommunikation mit diesem Prozeß können alle anderen Prozesse auf die gemeinsamen Daten zugreifen.

Bedingungssynchronisation
Die Bedingungssynchronisation kann auf zwei Arten realisiert werden
O Eine Bedingungssynchronisation kann durch das **explizite Warten** auf eine bestimmte Kommunikation ausgedrückt werden. Das Eintreffen der Kommunikation stellt das Erfüllen der Bedingung dar.
O Eine Bedingungssynchronisation kann auch mit Hilfe der Kommunikationsdaten selbst realisiert werden. Die Bedingung ist durch den Wert der Nachricht ausgedrückt. Die Aktivitäten des Empfänger-Prozesses werden dann durch den Inhalt der Nachricht gesteuert.

Auf den ersten Blick scheint das asynchrone Kommunikationskonzept dem synchronen Kommunikationskonzept an Parallelität überlegen zu sein. Prozesse müssen bei einer Kommunikation nicht warten und somit kann eine höhere Parallelität erreicht werden.
Dieser Gedankengang ist meistens ein Trugschluß, denn die Parallelität unter den Prozessen ist nicht durch die Kommunikationsart sondern durch die einzelnen Aktionen der Prozesse gegeben. Prozesse, die sich synchronisieren müssen oder Eingabedaten von einem anderen Prozeß benötigen, können nicht parallel ausgeführt werden, auch wenn eine asynchrone Kommunikation unter ihnen besteht. Ist mit einer Prozeßkommunikation eine Synchronisation verbunden, so ist das synchrone Botschaftenkonzept dem asynchronen Botschaftenkonzept vorzuziehen. In diesem Fall tritt kein Parallelitätsverlust auf.
Beide Konzepte sind in ihren Fähigkeiten gleich mächtig. So läßt sich eine synchrone Kommunikation durch eine asynchrone Kommunikation und eine asynchrone Kommunikation durch eine synchrone Kommunikation modellieren.

Vorteil
O Maximale Nebenläufigkeit

Nachteile
○ Keine Unterstützung bei der Synchronisation
○ Fehleranfälligkeit durch erhöhten Nicht-Determinismus

Futures-Konzept

Das *Futures*-Konzept stellt eine Brücke zwischen dem synchronen und dem asynchronen Botschaftenkonzept dar. Analog zum Rendezvouskonzept bzw. dem Konzept des entfernten Prozeduraufrufs werden eine Kommunikation und die dazugehörige Rückantwort zu einer Kommunikation zusammengefaßt.

Beim *Futures*-Konzept kommunizieren zwei Prozesse asynchron. Mit der Kommunikation ist eine Ergebnisvariable *(future variable)* verbunden. Diese Variable dient zur Übergabe von Ergebnissen, die aus der Kommunikation hervorgehen. Der Empfängerprozeß belegt diese Variable mit dem Ergebnis. Der Senderprozeß arbeit solange nebenläufig zum Empfängerprozeß, bis er auf diese Ergebnisvariable zugreift. Beim Zugriff auf die Variable existieren zwei Möglichkeiten

1) Die Ergebnisvariable ist nicht belegt. In diesem Fall wird der ursprüngliche Sender blockiert und die Kommunikation entspricht ab hier einer Kommunikation mit dem Rendezvouskonzept (bzw. dem Konzept des entfernten Prozeduraufrufs)
2) Ist die Ergebnisvariable bereits vom Empfängerprozeß belegt worden, so greift der ursprüngliche Senderprozeß auf sie ohne Zeitverzögerung zu und die Kommunikation ist beendet.

Der wechselseitige Ausschluß und die Bedingungssynchronisation lassen sich analog zum asynchronen Botschaftenkonzept realisieren. Zusätzlich kann durch die Blockierung beim Zugriff auf eine noch nicht belegte Ergebnisvariable eine Bedingungssynchronisation realisiert werden. Das Belegen der Ergebnisvariable stellt das Erfüllen der Bedingung dar.

Das Futures-Konzept wird in einer Reihe von objektorientierten nebenläufigen Programmiersprachen unterstützt. Vertreter von ihnen sind *Concurrent Smalltalk*, C++-Erweiterungen usw. (/Kale, Krishnan 93/, /Lau, Singh 92/).

Vorteile
○ Erhöhung der Nebenläufigkeit bei Kommunikationen mit Rückantwort (bzgl. dem Rendezvouskonzept bzw. Konzept des entfernten Prozeduraufrufs).
○ Implizite Synchronisation durch das Kommunikationskonzept.

Nachteile
○ Realisierung benötigt einen nicht zu verachtenden Laufzeitaufwand *(overhead)*.
○ Die Synchronisation über Ergebnisvariablen ist über den gesamten Quelltext verteilt. Für die Synchronisation gilt kein Lokalitätsprinzip.

3.2.3 Tupelraumkonzept

Der Tupelraum (/Backus 78/) stellt einen speziellen „gemeinsamen Speicher" für alle Prozesse dar. Bei diesem gemeinsamen Speicher handelt es sich um einen inhalts-adressierbaren Speicher *(content addressable memory*, CAM). Die Adressierung einer Speicherzelle im Tupelraum erfolgt nicht über eine Speicheradresse, sondern über den Inhalt der Speicherzelle.

Funktionsweise Tupelraum:
Der Tupelraum stellt eine Multimenge von Tupeln dar. Ein Tupel stellt hierbei eine geordnete Menge von Daten dar. Innerhalb des Tupelraums können die gleichen Tupel mehrfach auftreten (Multimenge). Um ein Tupel im Tupelraum zu adressieren, wird entweder das Tupel selbst oder ein Muster für das Tupel angegeben. Das Muster kann mit *Wild-Cards* versehen sein, so daß nur Teile des Tupels bekannt sein müssen. Das angegebene Tupel oder das Tupelmuster wird mit dem Tupelraum verglichen. Befindet sich ein entsprechendes Tupel im Tupelraum, wird dieses zurückgeliefert. Die Abb. 3-24 verdeutlicht die Speicheradressierung bei inhalts-adressierbaren Speichern.

Eine ausführliche Abhandlung über die Technik des inhalts-adressierbaren Speichers ist in /Kohonen 77/, /Kohonen 87/ und /Kohonen 88/ gegeben.

Das Tupelraumkonzept ist in der Programmiersprache *Linda* (/Leler 90/) realisiert.

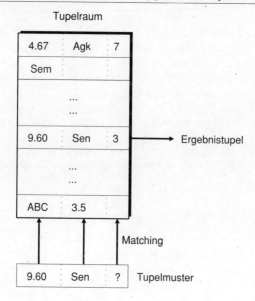

Abb. 3-24: Inhalts-adressierbarer Speicher

Operationen auf dem Tupelraum
Auf einem Tupelraum werden Operationen zum Einfügen und Entfernen bereitgestellt. Es existieren die folgenden vier elementaren Grundoperationen.

○ *out*
 Mit der Operation *out* wird ein Tupel in den Tupelraum eingetragen. Die Operation

 out("Sensor1", 4.67)

 fügt das Tupel *("Sensor1", 4.67)*, bestehend aus dem String *Sensor1* und der reellen Zahl *4.67*, in den Tupelraum ein. Die Operation *out* wird stets ohne eine Blockierung ausgeführt. Das einzutragende Tupel kann als Konstante, durch Variablen, die für das ganze Tupel oder für einzelne Teilkomponenten eines Tupels stehen, oder durch eine Kombination von Konstanten und Variablen angegeben werden.

3.2 Kommunikation und Synchronisation

Im Tupelraum können sich zum einen Zeitpunkt mehrere „gleiche" Tupel befinden. Somit wird mit jeder *out*-Operation ein neues Tupel in den Tupelraum eingefügt.

○ *in*
Mit der Operation *in* kann auf den Tupelraum zugegriffen werden. Es wird ein Tupel aus dem Tupelraum entfernt. Die Operation

in("Sensor1", 4.67)

durchsucht z.B. den Tupelraum nach Tupeln, die als ersten Wert den String *Sensor1* und als zweiten Tupelwert die reelle Zahl *4.67* haben. Bei der Operation *in* kann auch anstatt eines Tupels ein Muster für ein Tupel angegeben werden. Das Muster eines Tupels kann Konstanten, Eingabe- und Ausgabevariablen beinhalten. Die Ausgabevariablen sind durch ein vorangestelltes ? gekennzeichnet. Ausgabeparameter haben keine Bedeutung für das Durchsuchen des Tupelraums. Sie werden hierbei als *Wild-Cards* betrachtet. Wird ein Tupel gefunden, welches dem angegebenen Muster entspricht, so beinhalten die Ausgabeparameter die aktuellen Werte des gefundenen Tupels. Die Operation

in("Sensor1", ?Wert)

hat folgende Bedeutung:
Im Tupelraum wird ein Tupel gesucht, das als ersten Wert den String *Sensor1* und als zweiten Wert eine beliebige reelle Zahl beinhaltet. In dem oben dargestellten Ausdruck ist *Wert* eine Variable für eine reelle Zahl. Wird ein solches Tupel im Tupelraum gefunden, so wird durch die Variable *Wert* der entsprechende Wert des Tupels zurückgeliefert und das Tupel wird aus dem Tupelraum entfernt. Das Fragezeichen signalisiert, daß die Variable nach dem Fragezeichen eine Ausgabevariable ist.
Wird mehr als ein Tupel in dem Tupelraum gefunden, welches dem vorgegebenen Muster entspricht, so wird ein beliebiges von ihnen ausgewählt. Wird kein entsprechendes Tupel gefunden, so blockiert der Prozeß, der die *in*-Operation ausgeführt hat. Der Prozeß wird solange blockiert, bis ein entsprechendes Tupel eingefügt wird.

○ *rd*
rd findet ein Tupel im Tupelraum und gibt eine Kopie dieser Speicherzelle als Ergebnis zurück. Die Operation *rd* entspricht somit der Operation *in* mit dem einzigen Unterschied, daß das entsprechende Tupel nicht bei dieser Operation aus dem Tupelraum entfernt wird (Leseoperation).

○ *eval*
eval erzeugt ein neues Tupel im Tupelraum. Im Gegensatz zu der Operation *out* erzeugt die *eval*-Operation ein „aktives Tupel". Die einzelnen Tupeleinträge müssen nicht direkt angegeben werden. Vielmehr können für die einzelnen Tupeleinträge Funktionen angeführt werden, die ein entsprechenden Tupeleintrag erzeugen. Mit der *eval*-Operation wird dann ein neuer Prozeß geschaffen, der das Tupel berechnet und dieses Tupel dann im Tupelraum als sein Ergebnis zurückläßt. Der folgende Ausdruck

    eval(ErmittleNamen(Sponsor), 5.78)

erzeugt z.B. einen Prozeß, der das Tupel, bestehend aus dem Namen des *Sponsor* und *5.78*, berechnet und im Tupelraum ablegt.

Wechselseitiger Ausschluß
Der wechselseitige Ausschluß wird durch das Entfernen und das Einfügen von Tupeln in dem Tupelraum erzeugt. Um den wechselseitigen Ausschluß innerhalb eines kritischen Gebietes sicherzustellen, werden am Anfang des Gebiets, die zu bearbeitenden Tupel aus dem Tupelraum entfernt. Am Ende des kritischen Gebiets werden sie dann wieder in den Tupelraum zurückgeschrieben.

Das Entfernen eines Tupels aus dem Tupelraum entspricht der Semaphor-Operation *P(Semaphor auf das Tupel)*. Entsprechend ist das anschließende Hinzufügen des Tupels zum Tupelraum mit der *V-Operation* bei Semaphoren zu vergleichen.

Werden in einem kritischen Gebiet mehrere Tupel gleichzeitig bearbeitet, so ist die Reihenfolge des Entfernens aus dem Tupelraum entscheidend. Analog zu Semaphoren treten Verklemmungen auf, wenn eine beliebige Reihenfolge bei der Entfernung der Tupel aus dem Tupelraum vorgenommen wird. Die Abb. 3-25 veranschaulicht den Sachverhalt.

Eine einfache Lösung zur Vermeidung von Verklemmungen, bedingt durch die Reihenfolge bei der Entfernung von Tupeln, ist die Festlegung

3.2 Kommunikation und Synchronisation

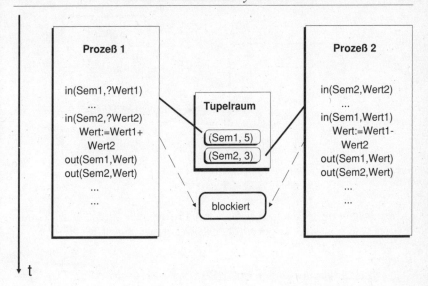

Abb. 3-25: Verklemmung

einer Tupelreihenfolge durch eine Halbordnung. Sie hat z.B. folgende Form:

$$Tupel_1 < Tupel_2 \ldots < Tupel_N$$

Benötigt ein Prozeß mehrere Tupel in einem kritischen Gebiet, so entfernt er die Tupel entsprechend der vordefinierten Reihenfolge aus dem Tupelraum. Das Zurückschreiben wird in umgekehrter Tupelreihenfolge vorgenommen. Hält sich jeder Prozeß an diese Vereinbarung, so treten keine durch kritische Gebiete bedingte Verklemmungen auf. Dieses Verfahren kann auch beim Semaphorkonzept angewendet werden.

Bedingungssynchronisation
Die Bedingungssynchronisation kann auf zwei unterschiedliche Arten realisiert werden. Zum einen kann das Vorhandensein eines Tupels eine Bedingung darstellen. Zum anderen können Bedingungen durch Tupelinhalte an Prozesse weitergegeben werden. Im ersten Fall muß ein Prozeß, der auf eine Bedingung wartet, einfach nur eine *in*-Operation ausführen. Diese Operation ist blockierend, bis die entsprechende Bedingung vorliegt

88 3 Grundkonzepte nebenläufiger Echtzeitsysteme

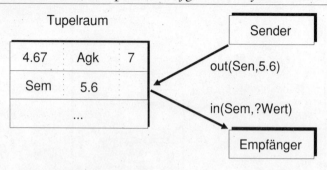

Abb. 3-26: Bedingungssynchronisation

(Abb. 3-26). Im zweiten Fall muß ein Prozeß den Inhalt eines Tupels solange testen, bis das Tupel einen entsprechenden Wert hat.

Vorteile
○ Wechselseitiger Ausschluß unter Prozessen ist ausdrückbar. Das Konzept Tupelraum kann somit analog zu der Prozeßkommunikation und Prozeßsynchronisation mit gemeinsamen Daten eingesetzt werden.
○ Einfache Darstellung der Bedingungssynchronisation ist möglich. Durch die blockierende Tupel-Leseoperation *in* ist das blockierende Botschaftenkonzept verwirklicht.

Nachteile
○ Speicherorganisation: Eine Prozeßkommunikation findet über einen inhaltsadressierbaren Speicher statt. Tupel im Tupelraum können durch Angabe eines Tupelmusters adressiert werden. Gewöhnlich benötigt man für ein solches Speichermodell spezielle Hardware.
○ Bei der Realisierung des wechselseitigen Ausschlusses ist eine erhöhte Gefahr der Verklemmung von Prozessen gegeben.

3.3 Literatur

/Andler 79/
S. Andler, *Predicate path expressions*, in: Proc. 6th ACM Symp. Principles of Programming Languages, ACM, 1979

3.3 Zitierte Literatur

/Andrews 81/
G. R. Andrews, *Synchronizing resources*, ACM Transaction on Prog. Lang. Syst., Vol. 3, Nr. 4, 1981

/Backus 78/
J. Backus, *Can programming be liberated from the von Neumann style?*, Communications of the ACM, Vol. 21, 1978

/Balzer 71/
R. M. Balzer, *PORTS – A method for dynamic interprogram communication and job control*, in: Proc. AFIPS Spring Jt. Computer Conf, AFIPS Press 1971

/Campbell 76/
R. H. Campbell, *Path expressions: A technique for specifying process synchronisation*, Ph.D. dissertation, Computing Laboratory, University of Newcastle upon Tyne, 1976

/Campbell, Habermann 74/
R. H. Campbell, A. N. Habermann, *The specificationof process synchronization by path expressions*, in: Lecture Notes in Computer Science, Vol. 16, Springer Verlag, 1974

/Campbell, Lauer 75/
R. H. Campbell, P. E. Lauer, *Formal semantics of a class of high level primitives for coordinating concurrent processes*, Acta Inform. Vol. 5, 1975

/Conway 63/
M. E. Conway, *Design of a separable transition diagram compiler*, Communication ACM 6/7, 1963

/Conway 63/
M. E. Conway, *A multiprocessor system design*, in: Proc.AFIPS Fall Jt. Computer Conference, Vol. 24, 1963

/Dennis, Van Horn 66/
J. B. Dennis, E. C. Van Horn, *Programming semantics for multiprogrammed computations*, in: Communication ACM 9/3, 1966

/Department of Defense 81/
Department of Defense, *Programming Language Ada: Reference Manual*, vol 106, Lecture Notes in Computer Science, Springer Verlag, 1981

/Dijkstra 68/
E. W. Dijkstra, *The structure of „The" multiprogramming system*, Communication ACM 11, 1968

/Dijkstra 68/
E. W. Dijkstra, *Cooperating sequential processes*, in: F. Genuys(Ed.), Programming languages, Academic Press, 1968

/Dijkstra 75/
E. W. Dijkstra, *Guarded commands, nondeterminacy, and formal derivation of programs*, in: Communication ACM 18, 8, 1975

/DIN 66201/
DIN 66201, *Prozeßrechensystem*, Teil 1 Begriffe, Beuth-Verlag, Mai 1981

/Flon, Habermann 76/
L. Flon, A. N. Habermann, *Towards the construction of verifiable software systems*, in: Proc. ACM Conf. Data, SIGPLAN Not. 8/2, 1976

/Gehani, McGettrick 88/
  N. Gehani, A. D. McGettrick, *Concurrent programming*, Addison-Wesley Publishing Company, 1988
/Gelernter, Bernstein 82/
  D. Gelernter, A. J. Bernstein, *Distributed communication via global puffer*, in: Proc. Symp. Principles of Distributed Computing, ACM, 1982
/Habermann 75/
  A. N. Habermann, *Path expressions*, Dep. of Computer Science, Carnegie-Mellon Univ., Pittsburgh, June 1975
/Hansen 72/
  P.B Hansen, *Structured multiprogramming*, Communication ACM 15/7, 1972
/Hansen 73/
  P.B Hansen, *Operating system principles*, Prentice-Hall, Englewood Cliffs, 1973
/Hansen 78/
  P.B Hansen, *Distributed processes: A concurrent programming concept*, Communication ACM 21/11, 1978
/Hansen 81/
  B. Hansen, *Edison: A multiprocessor language*, Software Practice and Ecperience, Vol. 11 Nr. 4, 1981
/Herrtwich, Hommel 89/
  R. G. Herrtwich, G. Hommel, *Kooperation und Konkurrenz – Nebenläufige, verteilte und echtzeitabhängige Programmsysteme*, Springer Verlag 1989
/Hoare 72/
  C.A.R. Hoare, *Towards a theory of parallel programming*, in: C. A. R. Hoare, R. H. Perrott (Ed.), Operating Systems Techniques, Academic Press 1972
/Hoare 74/
  C.A.R. Hoare, *Monitors: an operating system structuring concept*, Communications of the ACM, Vol. 17, No. 10, 1974
/Kale, Krishnan 93/
  L. V. Kale, S. Krishnan, *A portable concurrent object oriented system based on C++*, in: Conference Proceedings on Object-Oriented Programming Systems, Languages, and Applications, 1993
/Kohonen 77/
  T. Kohonen, *Associative memory*, Springer Verlag, 1977
/Kohonen 87/
  T. Kohonen, *Content-addressablee memory*, Springer Verlag, 1987
/Kohonen 88/
  T. Kohonen, *Self-organization and associative memory*, Springer Verlag, 1988
/Lau, Singh 92/
  W. Lau, V. Singh, *An object-oriented class library for scalable parallel heuristic search* , in: Proceedings of the European Conference on Object Oriented Proframming July 1992
/Lauer, Shields 78/
  P. E. Lauer, M. W. Shields, *Abstract specification orf resource accessing disciplines: Adequacy, starvation, priority and interrupts*, in: SIGPLAN Not. 13/12, 1978

/Leler 90/
W. Leler, *Linda meets unix*, COMPUTER, Februar 1990

/Nygaard, Dahl 78/
K. Nygaard, O. J. Dahl, *The development of the SIMULA language*, Preprints ACM SIGPLAN History of Programming Languages Conference, SIGPLAN Not. 13/8, 1978

/Peterson 81/
G. L. Peterson, *Mythos about the mutual exclusion problem*, Inform. Process. Lett. 12/3, 1981

/Ritchie, Thompson 74/
D. M. Ritchie, K. Thompson, *The UNIX timesharing system*, Communication ACM 17/7, 1974

/Shaw 74/
A. C. Shaw; *The logical design of operating systems*, Prentice Hall, 1974

/Sneidewind 89/
N. F. Sneidewind, *Distributed system software design paradigm with application to computer networks*, IEEE Trans. on Software Eng., Vol. 15/4, 1989

/Tanenbaum, van Renesse 85/
A. S. Tanenbaum, R. van Renesse, *Distributed operating systems*, ACM Computer Surveys, Dec. 1985

/Wirth 82/
N. Wirth, *Programming in Modula-2*, Springer Verlag, 1982

/Wirth 85/
N. Wirth, *Programmieren in Modula-2*, Springer Verlag 1985

/Xu, Parnas 90/
J. Xu, D. L. Parnas, *Scheduling processes with release times, deadlines, precedence*, an exclusion relations, in: IEEE Trans. on Software Eng. Vol 16/3, 1990

4 Prinzipien für den Entwurf von Echtzeitsystemen

Ein Echtzeitsystem besteht gewöhnlich aus einer Vielzahl von Prozessen. Die Prozesse sind die Einzelkomponenten des Entwurfs. Sie sind sequentielle Programme und für ihre interne Strukturierung können die Entwicklungsprinzipien des sequentiellen Entwurfs verwendet werden. In der Entwurfsphase wird unter einem Prinzip in Anlehnung an /Balzert 82/ folgendes verstanden:

Definition: Prinzip in der Entwurfsphase
Ein Prinzip für den Softwareentwurf ist eine allgemeine Handlungsvorschrift, die beim Entwurf einer Systemarchitektur eingehalten werden muß.

Das Einhalten der Prinzipien stellt im Entwurfsprozeß die Entwurfsziele sicher. Zwar ist nicht sichergestellt, daß die Anwendung der Prinzipien stets zu einer dem Problem angepaßten Systemarchitektur führt, aber durch den Verstoß gegen Prinzipien wird zumindest immer eines der Entwurfsziele nicht erreicht.

Aus dem sequentiellen Entwurf können die folgenden Prinzipien für den Entwurf der internen Struktur eines Prozesses übernommen werden:

- Prinzip der funktionalen Abstraktion
- Geheimnisprinzip
- Modularisierungsprinzip
- Prinzip der Datenabstraktion
- Funktionale und informale Bindung
- Schnittstellenspezifikation
- Prinzip der schmalen Datenkopplung
- Prinzip der Strukturierung

Die Prinzipien
- Geheimnisprinzip und
- Prinzip der schmalen Datenkopplung

können auf den Entwurf von Prozessen übertragen werden.

4 Prinzipien für den Entwurf von Echtzeitsystemen

Die Prinzipien und die Beschreibung ihrer Anwendung sind ausführlich in /Balzert 82/ und /Myers 78/ beschrieben.

Der Entwurf von Echtzeitsystemen unterscheidet sich von der Entwurfsmethodik von sequentiellen Programmen durch das Vorhandensein von Nebenläufigkeit, Zeitbedingungen und *Sicherheitsaspekten*. Abb. 4-1 zeigt die Prinzipien für den Entwurf von Echtzeitsystemen klassifizierend auf.

Prinzip der problemgerechten Prozeßidentifikation
Das Gesamtsystem ist problemgerecht in einzelne Prozesse aufzuteilen. Die Prozesse sollen eine maximale Parallelität unter Berücksichtigung der Entwurfsziele aufweisen. Für die Prozeßidentifikation existieren das Prinzip der Abstraktion mit den Ausprägungen Aktionsabstraktion, Ressourceabstraktion und abstrakte Ressourceabstraktion und das Prinzip der starken Prozeßbindung. Das Prinzip der starken Prozeßbindung enthält ein Maß für die logische Zusammengehörigkeit der einzelnen Komponenten eines Prozesses.

Prinzip der problemgerechten Prozeßkommunikation
Die einzelnen Prozesse müssen zu einem Gesamtsystem zusammengefügt werden. Hierbei muß die Kommunikation und die Synchronisation unter den Prozessen festgelegt werden. Hierbei sind folgende Dinge zu beachten:
1) Es muß festgelegt werden, welche Kommunikations- und Synchronisationsform gewählt wird. Es ist zwischen den Konzepten
   - gemeinsame Speicherbereiche,
   - synchrones Botschaftenkonzept,
   - asynchrones Botschaftenkonzept und
   - Tupelraumkonzept
   zu entscheiden.
2) Zum anderen muß das ausgewählte Kommunikations- und Synchronisationskonzept sinnvoll für die Kopplung der einzelnen Prozesse angewendet werden.

Prinzip der Fehlertoleranz
Echtzeitsysteme stellen Softwaresysteme mit hohen Sicherheitsanforderungen dar. Für ihren Entwurf ist die Berücksichtigung von Sicherheitsaspekten bereits in der Analyse- und Entwurfsphase nötig. In der Entwurfsphase ist eine Systemarchitektur zu entwickeln, die die Sicherheit des Echtzeitsystems berücksichtigt und gewährleistet.

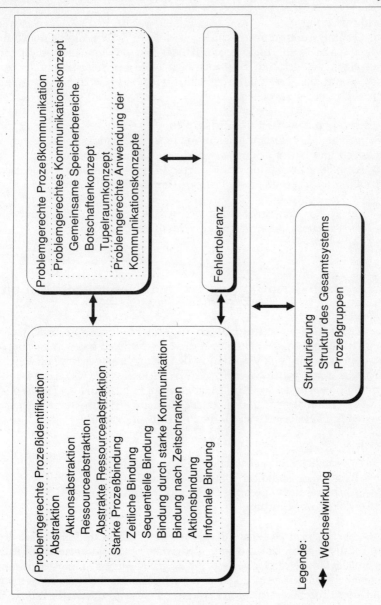

Abb. 4-1: Prinzipien für den Entwurf von Echtzeitsystemen

Strukturierung
Das Gesamtsystem muß strukturiert sein. Dem System muß ein architektonisches Skelett zugrunde liegen. Bei der Betrachtung der Struktur kann zum einen das gesamte Echtzeitsystem oder ein Subsystem oder zum anderen nur eine *Teilstruktur* betrachtet werden. Im letzten Fall wird von Prozeßgruppen gesprochen.

Beziehungen zwischen den Prinzipien
Die einzelnen Entwurfsprinzipien sind nicht unabhängig voneinander. Sie bedingen und beeinflussen sich gegenseitig. Die Anwendung eines Prinzips ist an die Anwendung eines anderen Prinzips gebunden. Dementsprechend ist die Anwendung der Prinzipen ein iterativer Prozeß.

In den folgenden Abschnitten werden alle Prinzipien, die in der Abb. 4-1 klassifizierend dargestellt sind, weiterführend erläutert.

4.1 Prinzip der problemgerechten Prozeßidentifikation

Es werden Richtlinien für die Identifikation von Prozessen in Echtzeitsystemen angegeben. Das Einhalten dieser Richtlinien hat sich als sinnvoll erwiesen, gewährleistet jedoch nicht den Erfolg bzgl. der Entwurfsziele. In Anlehnung an /Booch 87/, /Booch 91/, /Cooling 91/, /Gomaa 84/, /Gomaa 86/, /Goma, Taylor 85/, /Mendelbaum, Finkelman 89/, /Nielsen 90/, /Nielsen, Shumate 87/ und /Nielsen, Shumate 88/ existieren die nachstehenden Entwurfsprinzipien für die Prozeßidentifikation:

○ **Abstraktion**
  – Aktionsabstraktion (funktionale Abstraktion)
  – Ressourceabstraktion (Datenabstraktion)
  – Abstrakte Ressourceabstraktion (abstrakte Datentyp)
○ **Starke Prozeßbindung**

Die Prinzipien **Aktions-**, **Ressourceabstraktion** und **abstrakte Ressourceabstraktion** beschreiben, was *sinnvollerweise* in einem Prozeß zusammengefaßt wird. Da jedoch die Begriffe **Aktion** und **Ressource** in einem sehr weiten Sinn gesehen werden können, muß ein Maß für die Güte der Prozeßidentifikation existieren. Dies wird durch das Prinzip der starken **Prozeßbindung** beschrieben.

4.1.1 Aktionsabstraktion

Es werden diejenigen Dinge in einem Prozeß zusammengefaßt, die eine **einzelne Aktion** des Echtzeitsystems realisieren. Eine einzelne Aktion ist durch einen **Auslöser** und durch **ein** oder **mehrere Endergebnisse** gekennzeichnet. Ein Auslöser ist nicht an Eingabedaten gebunden. Das Ergebnis wird an einen Prozeß oder an mehrere Prozesse weitergeleitet. Der Auslöser für einen Prozeß kann die Zeit oder das Vorhandensein von *Eingabedaten* sein. Die Abb. 4-2 verdeutlicht das Prinzip der Aktionsabstraktion. Nach dem Auslösen wird aus den Eingabedaten ein Ergebnis oder mehrere Ergebnisse berechnet. Die Eingabedaten müssen zu Beginn der Aktion vorliegen und können von unterschiedlichen Prozessen kommen. Mit dem Versenden des letzten Ergebnisses ist die Aktion erfüllt. Anschließend kann der Prozeß vernichtet werden. Beim erneuten Vorlie-

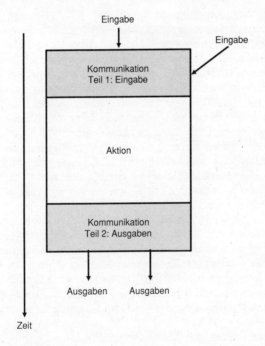

Abb. 4-2: Aktionabstraktion

gen des Auslösegrundes oder bei zyklischen Aktionen nach einer festen Zeitperiode, wird der Prozeß wieder erzeugt bzw. aktiviert.
Die Aktionsabstraktion ist nicht auf **elementare Aktionen** beschränkt. Vielmehr können durch Zusammenfassen einzelner Aktionsabstraktionen komplexere Aktionsabstraktionen realisiert werden, so daß ein höheres **Abstraktionsniveau** erreicht werden kann. Hierbei existieren zwei Möglichkeiten:
- Mehrere Aktionsabstraktionen werden zu einer komplexeren Abstraktion zusammengefaßt. Die Ausgabedaten einer Teilabstraktion dienen der nächsten Teilabstraktion als Eingabedaten (siehe auch sequentielle Bindung).
- Mehrere Teilabstraktionen werden zusammengefaßt. Die so entstandene Abstraktion hat i. allg. mehrere Kommunikations- und Synchronisationspunkte während ihrer Ausführung. Diese Abstraktion ist durch eine komplexe Kommunikationsstruktur gekennzeichnet.

Beispiel: PH-Wert-Regelung im Aquarium
Es soll ein computerunterstütztes System zur Regelung mehrerer Aquarien realisiert werden. Dieses System soll in der Lage sein, das Wasser, das Licht und die Fütterung der Aquarien zu überwachen, wunschgemäß zu manipulieren und die Zustände der einzelnen Aquarien zu protokollieren.

Aus dem System wird lediglich die PH-Wert-Regelung *eines* Aquariums betrachtet. Der PH-Wert soll auf einen Wert von 6,5 ± 0,3 gehalten werden. Um diesen PH-Wert zu erreichen, wird das Wasser mit Kohlensäure, die über einen Diffusor dem Wasser zugesetzt wird, versorgt. Da Kohlensäure im Wasser flüchtig ist und Wasserpflanzen die Kohlensäure als Dünger verzehren, muß die Kohlensäure stets dem Aquarium zugeführt werden. Eine Ausnahme bildet der Nachtbetrieb. Im Nachtbetrieb wird ausreichend Kohlensäure durch den Fischbesatz und durch die Wasserpflanzen selbst erzeugt.

Zur Regelung des PH-Wertes steht eine PH-Sonde, ein Druckminderer und ein Feinventil zur Verfügung. Durch den Druckminderer und das Feinventil kann die Kohlensäurezufuhr in das Aquarium gesteuert werden. Der prinzipielle Aufbau der Anordnung ist in der Abb. 4-3 gegeben.

Faßt man die Regelung des PH-Wertes als einen Prozeß auf, der z.B. alle fünf Minuten aktiviert wird, so wird durch diesen Prozeß eine Aktionsabstraktion beschrieben. Dieser Prozeß hat folgende Eingabewerte:

– Die Zeit zur Erkennung des Nachtbetriebs,
– den aktuellen PH-Wert des Aquariums und
– den Sollwert für den PH-Wert.

4.1 Prinzip der problemgerechten Prozeßidentifikation

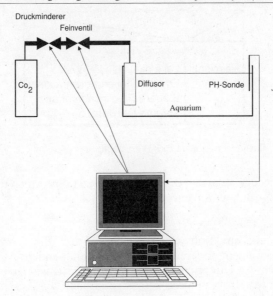

Abb. 4-3: PH-Wertregelung im Aquarium

Aus diesen Daten berechnet er die Ansteuerungsparameter für den Druckminderer und das Feinventil. Sind diese Werte bestimmt und an den Druckminderer und das Feinventil weitergereicht worden, ist die Aktion *PH-Wert-Regeln* abgeschlossen, und der Prozeß nimmt keine weiteren Berechnung bis zu seiner erneuten Aktivierung wahr. Dieser Prozeß stellt eine Aktionsabstraktion mit einer bedingten Kommunikation dar und wird in der Abb. 4-4 durch ein Struktogramm beschrieben. Die Ermittlung der neuen Werte für den Druckminderer und für das Feinventil kann sinnvollerweise nicht als zwei einzelne Aktionsabstraktionen aufgefaßt werden, da die Ansteuerung des Druckminderers und des Feinventils stark gegenseitig abhängig sind. ❑

Unterschied zur funktionalen Abstraktion
Die Aktionsabstraktion scheint auf den ersten Blick keinen Unterschied zur funktionalen Abstraktion des sequentiellen Entwurfs zu haben. Sie scheint ebenfalls nur ein sequentielles Programm zu sein wie eine *Prozedur*. Es liegt nahe, eine Aktionsabstraktion durch eine Prozedur und somit durch eine funktionale Abstraktion zu realisieren. Diese Prozedur könnte einfach von anderen Prozessen aus aufgerufen werden.

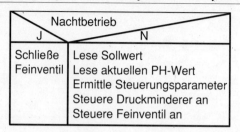

Abb. 4-4: Struktogramm für die PH-Wertregelung

Es muß jedoch zwischen den beiden Abstraktionsformen unterschieden werden, aufgrund der folgenden Aspekte:

○ Erzeugung bzw. Aktivierung
Die Aktionsabstraktion stellt einen Prozeß dar. Ein Prozeß kann entweder von einem anderen Prozeß oder durch andere Auslösegründe, z.B. durch das Laufzeitsystem des Echtzeitsystems, erzeugt bzw. aktiviert werden. Insbesondere können Zeitschranken Auslösegründe für Prozesse sein. Prozeduren können lediglich durch ihren Aufruf von einer anderen Programmstelle aktiviert werden.

○ Nebenläufigkeit
Im Gegensatz zu Prozeduren kann ein Prozeß nebenläufig zu seinem Erzeuger oder *Aktivierer* ausgeführt werden. Der Erzeuger oder *Aktivierer* wird **nicht** automatisch gestoppt, bis ein Ergebnis vom erzeugten Prozeß vorliegt.

○ Kommunikationspartner
Eine Prozedur kommuniziert mit ihrem Aufrufer. Sie empfängt bei ihrem Aufruf alle Eingabeparameter und erzeugt hieraus Ausgabeparameter, die an den Aufrufer zurückgesendet werden. Bei einem Prozeß, der eine Aktionsabstraktion realisiert, müssen die Prozeßeingabedaten nicht vom Prozeßerzeuger kommen. Ebenfalls müssen die Prozeßergebnisse nicht an den Prozeßerzeuger weitergereicht werden. Vielmehr kann dieser Prozeß durch Kommunikation die Ausgabedaten an einen beliebigen Prozeß oder an mehrere beliebige Prozesse weiterreichen. Somit gehört zu einer Aktionsabstraktion stets eine *Kommunikationskomponente*, die das Empfangen von Prozeßeingabedaten und das Versenden von Prozeßergebnissen steuert.

Zusammenfassung

○ Dinge, die eine einzelne Aktion des Echtzeitsystems darstellen, werden zu einem Prozeß zusammengefaßt.
○ Es können mehrere Teilergebnisse berechnet werden. Diese Ergebnisse können an einen oder an mehrere Prozesse versendet werden. Der ursprüngliche Sender muß nicht Empfänger der berechneten Daten sein.
○ Ein Prozeß, der eine Aktionsabstraktion darstellt, kann Eingabedaten haben. Ein Prozeß kann auch von mehreren Prozessen Eingabedaten empfangen.
○ Aktionsabstraktionen können, um ein höheres Abstraktionsniveau zu erreichen, zusammengefaßt werden. Zu diesem Zweck kann ein solcher Prozeß auch Eingabedaten während seiner Berechnung erhalten.
○ Ein Prozeß, der eine Aktionabstraktion realisiert, besitzt keine internen Daten, die seine Laufzeit überleben.

4.1.2 Ressourceabstraktion

Ressourcen und Daten, die von mehreren Prozessen verwendet werden und nur im wechselseitigen Ausschluß bearbeitet werden können, werden jeweils zu einem eigenen Prozeß zusammengefaßt (/Gomaa 84/, /Mendelbaum, Finkelman 89/ und /Nielsen 90/). Ein solcher Prozeß beinhaltet eine im wechselseitigen Ausschluß zu nutzende Ressource mit allen auf ihr definierten Zugriffsoperationen. Für die Verwendung der Zugriffsoperationen existiert eine fest definierte Schnittstelle, über die die Ressourceabstraktion angesprochen wird. Hierdurch erreicht eine Ressourceabstraktion eine hohe Unabhängigkeit vom Gesamtsystem. Für das Gesamtsystem ist lediglich die Schnittstelle zu ihr von Interesse (Kommunikationspunkt, *entry*). Die Implementierung ihrer Operationen und die interne Darstellung der Ressource ist für andere Prozesse nicht von Bedeutung. Solch eine relativ unabhängige Systemkomponente ist leicht zu verändern und zu warten. Bei Änderungen der Ressourceabstraktion ist lediglich eine Laufzeitänderung bedingt durch die geänderte Implementierung im Entwurf zu berücksichtigen. Abb. 4-5 verdeutlicht eine Ressourceabstraktion.

Realisierung
Für die Realsisierung einer Ressourceabstraktion stehen die Konzepte Prozeß, Monitor und Pfadausdrücke zur Verfügung. Alle drei Konzepte sind für die Realisierung einer Ressourceabstraktion gleich mächtig.

4 Prinzipien für den Entwurf von Echtzeitsystemen

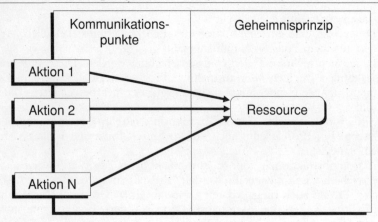

Abb. 4-5: Ressourceabstraktion

○ Ressourceabstraktion realisiert mit einem Prozeß
Der Prozeß beinhaltet eine im wechselseitigen Ausschluß zu benutzende Ressource und bietet für alle Operationen auf der Ressource *Kommunikationspunkte* an. Ein Prozeß, der eine Ressourceabstraktion realisiert, hat folgende generelle Struktur (unter Verwendung des Rendezvouskonzepts):

```
task Ressourceabstraktion
    Definition der Ressource
begin
    loop
        select
            Empfange Kommunikation für Operation₁;
            Bearbeitung
        or
            Empfange Kommunikation für Operation₂;
            Bearbeitung
        or
            ...
        or
            Empfange Kommnikation für OperationN
        end select;
    end loop;
end Ressourceabstraktion
```

4.1 Prinzip der problemgerechten Prozeßidentifikation

Die Prozeßstruktur ist durch eine Endlosschleife gekennzeichnet, durch die der Prozeß auf alle möglichen Kommunikationen reagieren kann. Durch die *Select*-Anweisung wird sichergestellt, daß zu jedem Zeitpunkt auf jede mögliche Kommunikation reagiert werden kann. Da der Prozeß zu einem Zeitpunkt nicht mehrere Kommunikationen ausführen kann, ist der wechselseitige Ausschluß unter den Operationen auf der Ressource gesichert. Verbindet man die Kommunikationen mit Bedingungen, so ist eine Bedingungssynchronisation realisierbar (s. synchrones Botschaftenkonzept, Kapitel 3 *Grundkonzepte nebenläufiger Echtzeitsysteme*).

○ Ressourceabstraktion realisiert mit einem Monitor
Durch einen Monitor kann eine Resourceabstraktion realisiert werden. Die Operationen des Monitors werden im wechselseitigen Ausschluß ausgeführt. Eine Bedingungssynchronisation läßt sich mit Hilfe von **Signalen** realisieren.

○ Ressourceabstraktion realisiert mit Pfadausdrücken
Pfadausdrücke realisieren einen Monitor. Die Bedingungssynchronisation wird durch den Pfadausdruck angegeben.

Monitor versus Prozeß
Prinzipiell besteht kein Unterschied in der Realisierung einer Ressourceabstraktion mit einem Monitor oder mit einem Prozeß. Jedoch beinhaltet die Realisierung als Prozeß eine höhere Flexibilität in der Entwurfsphase. Die höhere Flexibilität besteht in dem folgenden Punkt:

○ Durch die zahlreichen existierenden Prozeßkommunikationsformen sind dem Prozeß, der die Operationen der Ressourceabstraktion benutzt, mehr Freiheiten gegeben. So kann er z.B. eine Kommunikation zeitabhängig durchführen. Die Kommunikation kann nach einer gewissen Zeitspanne abgebrochen werden. Diese Möglichkeit besteht bei dem Monitorkonzept nicht, da ein Zugriff auf eine Ressource als Prozedur realisiert ist.

Beispiel: PH-Wert-Regelung im Aquarium
Es wird das oben beschriebene Beispiel der computerunterstützten Steuerung und Regelung von Aquarien betrachtet. Es wird lediglich die PH-Wert-Regelung eines Aquariums in diesem Beispiel berücksichtigt.
Zur Regelung des PH-Wertes steht eine PH-Sonde, ein Druckminderer und ein Feinventil zur Verfügung. Durch den Druckminderer und das

Feinventil kann die Kohlensäurezufuhr in das Aquarium gesteuert werden. Der prinzipielle Aufbau der Anordnung ist in der Abb. 4-3 gegeben. Verwendet man einen Algorithmus, der zur Bestimmung der Stellgrößen des Druckminderers und des Feinventils eine *Stellgrößenhistorie* benötigt, so können der Druckminderer und das Feinventil als Ressourceabstraktion realisiert werden. So hat z.B. die Ressourceabstraktion Feinventil die in Abb. 4-5 dargestellte Struktur und beinhaltet als internes Gedächtnis die Stellgrößenhistorie des Feinventils. Durch entsprechende Kommunikationspunkte kann dann auf die Stellgrößenhistorie zugegriffen werden.

Unterschied zur Datenabstraktion
Die Ressourceabstraktion umfaßt die Datenabstraktion. Insbesondere ist die Datenabstraktion um die Synchronisationsformen
O Wechselseitiger Ausschluß bei der Ausführung der Zugriffsoperationen und
O Bedingungssynchronisation unter den Zugriffsoperationen
erweitert worden.

Zusammenfassung
O In einer Ressourceabstraktion wird eine im wechselseitigen Ausschluß zu nutzende Ressource mit ihren Zugriffsoperationen zusammengefaßt.
O Die Ressource stellt das interne Gedächtnis der Ressourceabstraktion dar.
O Der Zugriff auf eine Ressource ist durch fest definierte Schnittstellen möglich und ist nicht von der internen Struktur der Ressource abhängig. Um eine Ressourceabstraktion zu nutzen, muß ihre Implementierung nicht bekannt sein.
O Eine Ressourceabstraktion ist durch eine hohe Änderungsfreundlichkeit und Austauschbarkeit gekennzeichnet. Änderungen der internen Struktur der Ressourceabstraktion oder Änderungen der Implementierung der Operationen betreffen nur die Ressourceabstraktion selbst. Alle anderen Prozesse sind nicht betroffen, soweit die Schnittstelle nicht verändert wird.
Änderungen können jedoch Programmlaufzeiten verändern, so daß eine erneute Prüfung des Zeitbedingungen nötig ist.
O Ressourceabstraktionen haben eine hohe Wiederverwendbarkeit.
O Ressourceabstraktionen können hierarchisch angeordnet werden, um höhere Abstraktionsebenen zu realisieren.
O Eine Ressourceabstraktion kann durch einen Monitor, durch Pfadausdrücke oder mit einem Prozeß realisiert werden.

○ Die Realisierung als Prozeß ermöglicht gegenüber der Monitorrealisierung mehr Flexibilität.

4.1.3 Abstrakte Ressourceabstraktion

Entsprechend den abstrakten Datentypen im sequentiellen Entwurf existieren abstrakte Prozesse im nichtsequentiellen Entwurf. Ein abstrakter Prozeß stellt eine Ressourceabstraktion zur Verfügung (/Booch 91/). Dabei ist von der eigentlichen *physikalischen Struktur* der Ressource abstrahiert worden. Ein abstrakter Prozeß umkapselt eine Ressource und bietet Kommunikationsschnittstellen für den Zugriff auf die Ressource an. Die Synchronisation bzgl. der Verwendung der Ressource wird ebenfalls von dem abstrakten Prozeß verwaltet. Die physikalische Struktur der Ressource ist jedoch nicht festgelegt. Die Ressource ist allein durch ihre Kommunikationsschnittstellen und durch die Bedingungen, die für die Ausführung ihrer Kommunikationen gilt, beschrieben.

Wird nun eine Ressourceabstraktion mit einer bestimmten *physikalischen Struktur* benötigt, so wird eine Inkarnation von der abstrakten Ressourceabstraktion erzeugt. Bei der Inkarnation handelt es sich um einen Prozeß, der dem abstrakten Prozeß entspricht, jedoch zusätzlich in der *physikalischen Struktur* der Ressource festgelegt ist. Sie stellt somit eine konkrete Ausprägung des abstrakten Prozesses dar.

Bei einer Inkarnation muß lediglich noch die *physikalische Struktur* der Ressource festgelegt werden. Die Kommunikationsschnittstellen müssen nicht erneut erstellt werden. Sie sind bereits vollkommen in dem abstrakten Prozeß beschrieben worden.

Die Abb. 4-6 verdeutlicht das Inkarnieren von Prozessen aus einem abstrakten Prozeß.

Beispiel: Kellerspeicher
Ein Kellerspeicher mit der Kapazität von 100 Elementen kann folgendermaßen beschrieben werden:

$N = 100$

$\text{push}(\text{empty}, x) = (x)$
$\text{push}((x_1,..,x_n), x_{n+1}) = (x_1,..,x_n, x_{n+1})$ für $n < N$
$\text{push}((x_1,..,x_N), x) = $ Prozeßblockierung bis erneuter *pop*-Aufruf

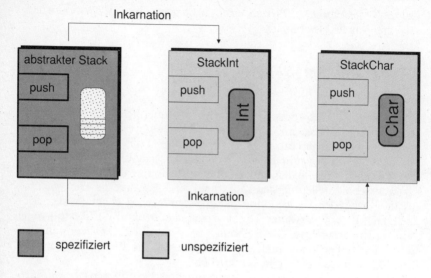

Abb. 4-6: Abstrakte Ressourceabstraktion

$pop((x_1,..,x_n)) = x_n$ für $n \leq N$
$pop(empty)$ = Prozeßblockierung bis erneut *push*

$pop(push((x_1,..,x_n),x_{n+1})) = (x_1,..,x_n)$ für $n < N$

In dem Kellerspeicher sollen nur Elemente vom gleichen Typ abgelegt werden. Es sind maximal 100 Einträge möglich. Ist der Kellerspeicher vollkommen gefüllt *(overflow)* bzw. leer *(underflow)* wird ein Prozeß, der ein neues Element auf den Keller legen bzw. entfernen möchte, solange blockiert, bis der Kellerspeicher weniger als 100 Elemete bzw. mindestens ein Element beinhaltet.

Der Kellerspeicher ist vollkommen durch die Operationen *push* und *pop* sowie durch die Bedingungen, die für die Ausführung der Operationen *push* und *pop* gelten, beschrieben. Der spezielle Elementtyp, der in dem Kellerspeicher abgespeichert werden soll, ist nicht von Interesse.

Der folgende Quelltext in der Programmiersprache Ada stellt eine einfache Realisierung des abstrakten Kellerspeichers mit dem Rendezvouskonzept dar.

4.1 Prinzip der problemgerechten Prozeßidentifikation

```
-- Schnittstelle des abstrakten Prozesses.
-- Da Ada nicht direkt abstrakte Prozesse unterstützt, ist
-- der Prozeß in ein Package (Modul) eingegliedert worden.
generic
   type ElemetTyp is private -- Datenstruktur der Ressource
package StackPackage is
   task Stack is
   -- Kommunikationsschnittstellen
      entry push (Element: in ElementTyp);
      entry pop (Element: out ElementTyp);
   end Stack;
end StackPackage;

-- Implementierung des abstrakten Prozesses
package body StackPackage is
   Puffer: array(1..100) of ElemetTyp;
   -- Elementtyp wird erst bei der Inkarnation spezifiziert.
   Position: integer := 0; -- Füllgrad des Kellers

   task body Stack is
   begin
      loop
         select
         -- Auswahl der Kommunikation
            when Position > 0 =>
               accept pop (Element: out ElementTyp) do
                  Element:=Puffer(Position);
                  Position := Position-1;
               end push;
         or
            when Position <100 =>
               accept push(Element: in ElementTyp) do
                  Position:=Position+1;
                  Puffer(Position):=Element;
               end push
         end select;
      end loop;
   end Stack;
end StackPackage;
```

Die Erzeugung einer konkreten Ausprägung eines Kellerspeichers kann nun folgendermaßen ausgedrückt werden.

```
package StackInt is new StackPackage (ElementTyp => integer);
package StackChar is new StackPackage (ElementTyp => char);
```

Es wird je ein Kellerspeicher für *Integer*-Zahlen und für Buchstaben erzeugt. Die Abb. 4-6 verdeutlicht die Inkarnation der beiden Kellerspeicher. Diese beiden Kellerspeicher können nun z.B. folgendermaßen verwendet werden.

```
StackInt.Stack.push(3);
StackChar.Stack.push('a')
```
❑

Realisierung
Bei der Spezifikation eines abstrakten Prozesses wird zuerst nur die Kommunikationsschnittstelle in dem Programm bereitgestellt. Sie kann jedoch noch nicht ausgeführt werden. Es wird kein Speicherplatz für die eigentliche Ressource angelegt. Erst bei der Inkarnation einer konkreten Ausprägung wird ein Prozeß geschaffen, der Speicherplatz für diese Inkarnation anlegt. Die Zugriffsoperationen werden nicht *erneut* erzeugt. Sie sind bereits im abstrakten Prozeß beschrieben worden. Somit liegt bei der Verwendung von mehreren, auch unterschiedlichen Inkarnationen, nur eine Prozeßbeschreibung im Programm vor.

Zusammenfassung
○ Ein abstrakter Prozeß stellt eine Prozeß-Schablone zur Verfügung, von der erst zur Progammlaufzeit konkrete Ausprägungen erzeugt werden. Hierbei sind mehrere unterschiedliche Ausprägungen innerhalb eines Programms möglich.
○ Abstrakte Prozesse weisen eine hohe Wiederverwendbarkeit auf.
○ Da bei einer Inkarnation keine erneute Prozßbeschreibung erzeugt wird, ist die Verwendung von abstrakten Prozessen speichereffizient.
○ Die geschickte Identifizierung von abstrakten Prozessen ist schwierig.
○ Bei der Beschreibung der Kommunikationsschnittstelle von abstrakten Prozessen kann nicht direkt auf die physikalische Struktur der Ressource eingegangen werden. Es können lediglich bei ihrer Realisierung Operationen, die auf allen Strukturen definiert sind, verwendet werden. Es ist somit eine starke Einschränkung bei der Realisierung der Kommunikationsschnittstelle gegeben.
Bei dieser Einschränkung existiert eine starke Abhängigkeit von der verwendeten Programmiersprache. Einige Programmiersprachen, wie z.B. Ada, erlauben es, sogar Funktionen, die bei der Realisierung der Kommunikationsschnittstelle verwendet werden, erst bei der Inkarnation eines Prozesses anzugeben. Einerseits ist es nun möglich, auf die konkrete physikalische Struktur innerhalb der Kommunikationschnittstellenspezifikation zuzugreifen. Andererseits erschwert sie jedoch die Anwendung eines solchen abstrakten Prozesses. Wartbarkeit, Verständlichkeit nehmen hierdurch z.T. ab.

4.1.4 Prinzip der starken Prozeßbindung

Im sequentiellen Entwurf existiert für die Güte der Modularisierung das Maß der Bindung. Dort betrachtet man nach /Balzert 82 /, /Jackson 79/, /Nielsen, Shumate 88/ und /Myers 78/ die Bindungsarten:

1) zufällige Bindung   schwache Bindungsart
2) logische Bindung
3) zeitliche Bindung
4) prozedurale Bindung
5) kommutative Bindung
6) sequentielle Bindung
7) informale Bindung
8) funktionale Bindung   starke Bindungsart

Durch die Bindungsart wird angegeben, wie stark zusammengehörig die Komponenten eines Moduls sind. Beim Entwurf ist stets eine starke Bindungsart eines Moduls anzustreben.

Bei Prozessen können ebenfalls Bindungsarten betrachtet werden. In diesem Zusammenhang wird unter einer Prozeßbindung folgendes verstanden:

Bindung eines Prozesses
Die Bindung eines Prozesses gibt an, in welcher Art und Weise die einzelnen Komponenten eines Prozesses zusammengefaßt sind. Bei den Prozeßkommponenten kann es sich um Daten, interne Prozeduren und interne Prozesse handeln.

Von den Bindungsarten bei Moduln können die vier Bindungsarten
○ zeitliche Bindung,
○ sequentielle Bindung,
○ Aktionsbindung (funktionale Bindung) und die
○ informale Bindung
in abgeänderter Form übernommen werden. Ferner können bei Echtzeitsystemen die Bindungsarten
○ Bindung durch starke Kommunikation und
○ Bindung nach Zeitschranken
betrachtet werden. Unter den Prozeßbindungsarten bei Echtzeitsystemen existiert folgende Reihenfolge:

1) zeitliche Bindung
2) sequentielle Bindung
3) Bindung durch starke Kommunikation
4) Bindung nach Zeitschranken
5) Aktionsbindung
6) informale Bindung

schwache Bindungsart

starke Bindungsart

Im Entwurf muß sichergestellt werden, daß alle Prozesse eine **problemgerechte Bindung** haben. Es ist sinnvoll, daß möglichst viele Prozesse entweder durch eine Bindung nach Zeitschranken, eine Aktionsbindung oder eine informale Bindung gebunden sind.

Die einzelnen Prozeßbindungsarten werden nun der Bindungsstärke nach vorgestellt.

4.1.4.1 Zeitliche Bindung

Werden mehrere Aktionen, die stets in einem definierten Zeitintervall der Programmausführung ausgeführt werden, in einem Prozeß zusammengefaßt, so ist dieser Prozeß **zeitlich** gebunden (/Gomaa 84/, /Gomaa 86/, /Mendelbaum, Finkelman 89/, /Nielsen 90/, /Nielsen, Shumate 87/ und /Nielsen, Shumate 88/).

Ein typisches Beispiel für einen Prozeß mit zeitlicher Bindung stellt ein *Initialisiere-Prozeß* beim Echtzeitsystemstart dar. Alle Initialisiere-Aktionen sind in diesem Prozeß zusammengefaßt. Die Ausführung dieses Prozesses ist innerhalb der Systemausführung auf den Systemstart begrenzt. Im weiteren Verlauf des Echtzeitsystems wird er nicht mehr benötigt

Beispiel: PH-Wert-Regelung im Aquarium
Für die weiter oben beschriebene PH-Wert-Regelung eines Aquariums ist zum Systemstart eine Initialisierung des Druckminderers und des Feinventils nötig. Durch die Initialisierung werden der Druckminderer und das Feinventil auf einen vordefinierten Initialwert eingestellt. Ein Prozeß, der diese Initialisierung durchführt, hat folgende Form:

```
task Initialisiere
begin
    Initialisiere Druckminderer;
    Initialisiere Feinventil;
end Initialisiere
```

Dieser Prozeß besteht aus den beiden Teilaktionen *Initialisiere Druckminderer* und *Initialisiere Feinventil*. Der Prozeß ist zeitlich gebunden. ❑

Merkmale von zeitlich gebundenen Prozessen
○ Zeitlich gebundene Prozesse haben den Nachteil, daß sie vollkommen auf das vorliegende Problem abgestimmt sind. Eine Wiederverwendbarkeit in einen anderen Programmkontext ist kaum möglich.
○ Zwischen den Teilaktionen bestehen meistens keine starken logischen Zusammenhänge. Somit sind komplexe zeitlich gebundene Prozesse nur schwer verständlich.
○ Ein zeitlich gebundener Prozeß besteht meistens aus mehreren lokalen Prozessen, die die einzelnen Teilaktionen übernehmen.
○ Zeitlich gebundene Prozesse haben den Vorteil, daß sie nur in einem bestimmten Zeitintervall benötigt werden. Nach ihrer Ausführung wird das Gesamtsystem durch diesen Prozeß nicht mehr belastet.

4.1.4.2 Sequentielle Bindung

Führt ein Prozeß mehrere Teilaktionen aus, wobei jeweils die Ausgabedaten der einen Teilaktion die Eingabe der nächsten Teilaktion ist, liegt eine **sequentielle Bindung** innerhalb des Prozesses vor. Der Prozeß stellt somit eine *Pipeline* in der Verarbeitungsreihenfolge einer Eingabe dar.

Beispiel
Der Prozeß aus Abb. 4-7 besteht aus den Teilaktionen Datenaufnehmen, Daten auf Zuverlässigkeit prüfen, Daten in ein vorgegebenes Format umwandeln, Datenmanipulation und anschließendes Weiterreichen der ermittelten Daten. Diese einzelnen Teilaktionen werden innerhalb des Prozesses sequentiell ausgeführt.
Es wird somit eine im Programm stets benötigte Sequenz von Aktionen als eine Einheit betrachtet. ❑

Eine sequentielle Bindung eines Prozesses kann der Wiederverwendbarkeit des Prozesses widersprechen, da die sequentielle Berechnungsreihenfolge der Teilaktionen direkt durch das vorliegende Problem gegeben sein kann und keine allg. verwendbare Berechnungsreihenfolge darstellt. Sinnvoller bzgl. der Wiederverwendbarkeit ist es, die Teilaktionen als einzelne Prozesse oder Moduln zu realisieren, und diese dann in dem vorliegenden Fall als Sequenz hintereinander zu schalten.

4 Prinzipien für den Entwurf von Echtzeitsystemen

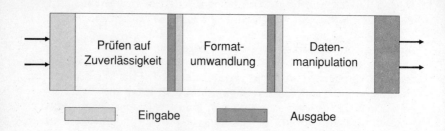

Abb. 4-7: Sequentielle Prozeßbindung

Eine sequentielle Bindung ist eine angemessene Bindungsart, wenn der sequentiell gebundene Prozeß eine Aktionsabstraktion darstellt.
Die sequentielle Bindung bringt Nachteile bzgl. der Parallelität mit sich. Die Teilaktionen des Prozesses laufen vollkommen sequentiell ab. Die i-te Teilaktion muß zuvor ihr gesamtes Ergebnis erzeugen, bevor die i+1-te Teilaktion aktiv werden kann.

Um dieses Problem zu umgehen, müssen mehrere parallel ausführbare Prozesse entworfen werden, die das Problem *verzahnt* bearbeiten. Diese Prozesse können parallel ausgeführt werden und geben immer nur Teile ihrer Berechnung weiter. Somit muß kein Prozeß auf das Vorhandensein eines kompletten Teilergebnisses warten. Für eine Großzahl von Problemen sind bereits solche *verzahnten* Algorithmen entwickelt worden. Wird von solchen verzahnten Algorithmen Gebrauch gemacht, ist der erhöhte Kommunikationsaufwand zu berücksichtigen.

Unterliegt ein Prozeß keinen harten Zeitbedingungen, so daß eine Parallelisierung des Prozesses nicht nötig ist, stellt die sequentielle Bindung für einen Prozeß einen guten Kompromiß dar. Es wird eine erhöhte Komplexität, bedingt durch eine hohe Anzahl von Prozessen und deren Kommunikation und Synchronisation, vermieden.

Merkmale von sequentiell gebundenen Prozessen
○ Zusammenfassung von sequentiell auszuführenden Teilaktionen in einem Prozeß.
○ Durch die Zusammenfassung von komplexen Teilaktionen in einen Prozeß kann die Wiederverwendbarkeit des Prozesses durch das hohe Abstraktionsniveau eingeschränkt werden.
○ Eine sequentielle Bindung vermindert die Prozeßanzahl und die damit verbundene Kommunikation und Synchronisation.

4.1.4.3 Bindung durch starke Kommunikation

Werden in einem Prozeß mehrere durch Kommunikation stark zusammenhängende Teilaktionen zu einem Prozeß zusammengefaßt, so liegt eine **Bindung durch starke Kommunikation** vor. Diese Bindungsart kann stark gegen das Abstraktionsprinzip verstoßen, jedoch kann sie sich in einigen Fällen als sinnvoll erweisen. Aktionen, die häufig große Mengen von Daten austauschen, benötigen hierzu eine gewisse Zeit. Speziell bei der Verwendung von Rechnernetzen als Hardware für das Echtzeitsystem, können nicht zu vernachlässigende Kommunikationszeitkosten auftreten. Darüber hinaus muß bei Rechnernetzen auch mit erhöhten Kommunikationsfehlern gerechnet werden. Können solche Prozesse zu einem Prozeß zusammengefaßt werden, entfällt die Kommunikation *nach außen*. Innerhalb des Prozesses kann aufgrund der sequentiellen Abarbeitung eine Kommunikation über Prozedurparameter und Variablen schnell und zuverlässig realisiert werden. Selbstverständlich verlieren dabei die Aktionen ihre Parallelität untereinander, und es ist vom Entwerfer abzuwägen, ob die hohen Kommunikationskosten die Einbußen in der Parallelität aufwiegen.

Beispiel
Zusammenfassung der Prozesse Datenaufbereitung und Datenverarbeitung bei großen Datenmengen. ❑

Merkmale von Prozessen mit starker kommunikativer Bindung
O Zusammenfassung von stark kommunizierenden Aktionen in einen gemeinsamen Prozeß.
O Einschränkung der Nebenläufigkeit von Prozessen aufgrund von *Kommunikationskosten*.
O Komplexitätsminimierung durch Minimierung der Prozeßkommunikation.
O Prozesse mit starker kommunikativer Bindung weisen häufig zusätzlich eine sequentielle Bindung auf.

4.1.4.4 Bindung nach Zeitschranken

Eine Aktion, die harten Zeitschranken unterliegt, wird in einem Prozeß realisiert. Dieser Prozeß beinhaltet nur diese zeitkritische Aktion. Ein

Prozeß, der eine **Bindung nach Zeitschranken** hat, ist stets noch nach einer weiteren Bindungsart gebunden. Zumeist wird solch ein Prozeß zusätzlich noch nach einer Aktionsbindung gebunden sein.

Beispiel
Prozeß zum zyklischen Auslesen eines Sensors. ❑

Durch die Verkapselung einer zeitkritischen Aktion in einem Prozeß, kann die Systemumgebung bzw. die Prozeßkoordinierung diese zeitkritische Aktion getrennt behanden. Ein Gewährleisten der Prozeßzeitschranken kann so auch noch im Fehlerfall gesichert werden (s. Abschnitt 4.4 *Fehlertolerante Echtzeitsysteme*). Im Feinentwurf werden die Prozesse auf eine Hardware-Architektur abgebildet. Hierbei können nun insbesondere die zeitkritischen Prozesse besonders berücksichtigt werden, um das Einhalten von Zeitschranken bei der Prozeßausführung zu garantieren. Die Art und Weise, wie solche Prozesse berücksichtigt werden, wird innerhalb der Beschreibung des Feinentwurfs dargestellt.

Merkmale eines nach Zeitschranken gebundenen Prozesses
○ Der Prozeß stellt eine zeitkritische Aktion dar.
○ Ein nach Zeitschranken gebundener Prozeß besitzt zusätzlich eine weitere Bindungsart. Hierbei handelt es sich meistens um eine Aktionsbindung.
○ Prozesse, die nach Zeitschranken gebunden sind, erhalten im Feinentwurf eine besondere Bedeutung. Dort muß das Einhalten der Zeitschranken für diesen Prozeß sichergestellt werden.
○ Eine Bindung nach Zeitschranken stellt in Echtzeitsystemen mit **harten Zeitschranken** eine wichtige Bindungsart dar.

4.1.4.5 Aktionsbindung

Von einer **Aktionsbindung** innerhalb eines Prozesses wird gesprochen, wenn die einzelnen Komponenten eines Prozesses an einer gemeinsamen abgeschlossenen Aktion arbeiten bzw. diese bereitstellen. Die hierbei betrachteten Komponenten sind Prozeduren und Prozesse.
Ein Prozeß, der durch eine Aktionsbindung gebunden ist, muß nicht unbedingt aus einer einzigen Komponente bestehen.

Beispiel
Ein Prozeß, der selbständig mit einer Periode T binäre Werte aus einen Sensor ausliest – z.B. Temperatur – und die von dem Sensor ermittelten Werte in ein entsprechendes Datenformat – z.B Kelvin – umwandelt, stellt einen Prozeß dar, der eine Aktionsbindung aufweist. ❏

Ein Prozeß, dessen Komponenten mit einer Aktionsbindung gebunden sind, stellt eine Aktionsabstraktion dar. Die Aktionsbindung ist ebenfalls wie die Aktionsabstraktion nicht an eine elementare Aktion gebunden. Durch die hierarchische Anordnung von Aktionsabstraktionen können höhere Abstraktionsniveaus erreicht werden. Der hierbei entstehende Prozeß ist ebenfalls durch eine Aktionsbindung gekennzeichnet. Entscheidend ist nur, daß ein Prozeß **genau eine einzige** Aktion bzgl. des betrachteten Abstraktionsniveaus realisiert. Eine Aktionsbindung liegt nicht vor, wenn unabhängige Aktionen in einem Prozeß zusammengefaßt werden.

Merkmale von Prozessen mit Aktionsbindung
○ Prozesse mit einer Aktionsbindung realisieren das Prinzip der Aktionsabstraktion.
○ Prozesse mit einer Aktionsbindung haben die Merkmale einer Aktionsabstraktion. Diese Merkmale sind in dem Abschnitt 4.1.1 *Aktionsabstraktion* beschrieben.
○ Aktionsbindung ist eine der häufigsten Bindungsarten bei Echtzeitsystemen.

4.1.4.6 Informale Bindung

Beinhaltet ein Prozeß Daten, die von anderen Prozessen nur im wechselseitigen Ausschluß bearbeitet werden können, und **alle** Zugriffsoperationen auf diese Daten, so liegt bei diesem Prozeß eine informale Bindung vor. Der informal gebundene Prozeß beinhaltet keine Teilaktionen, die nicht im Zusammenhang mit **seinem internen Gedächtnis** stehen. Die Daten des Prozesses werden als internes Gedächtnis bezeichnet.

Mit dieser Bindungsart wird somit eine Datenabstraktion realisiert. Ein Prozeß umkapselt einen Speicher, der nur von ihm bearbeitet werden darf. Andere Prozesse müssen sich durch Kommunikation mit diesem Prozeß Zugang zu diesen Daten beschaffen. Es wird somit für die interne Struktur des Speichers eine starke Unabhängigkeit von anderen Prozessen geschaffen, was den Entwurfszielen Änderbarkeit, Verständlichkeit und Wartbarkeit entgegen kommt.

Beispiel: Transportprozeß
Ein Prozeß erzeugt Daten. Jeder erzeugte Wert muß an mehrere Prozesse weitergegeben werden. Bevor nicht alle Prozesse denselben Wert verarbeitet haben, kann keiner der Prozesse einen neuen Wert von dem Erzeugerprozeß erhalten. Erzeugt der Erzeugerprozeß jedoch während der Versendung der Daten durch den Transportprozeß einen neuen Wert, so muß dieser vom Transportprozeß gespeichert werden. Es wird somit ein Transportprozeß benötigt, der Werte vom Erzeuger empfängt, diese in einem endlichen Puffer zwischenspeichert und jeden Wert, in der Reihenfolge der Erzeugung, an die entsprechenden Verbraucher versendet.
In der Abb. 4-8 ist der beschriebene Transportprozeß dargestellt. Die Abb. 4-9 zeigt eine mögliche Realisierung des Transportprozesses mit dem Botschaftenkonzept unter Verwendung des Rendezvouskonzepts. Die Notation ist an die Programmiersprache Ada angelehnt. ❑

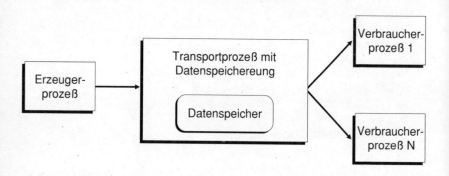

Abb. 4-8: Informale Bindung

Erweiterung der informalen Bindung bei Echtzeitsystemen.
Bisher sind bei der informalen Bindung lediglich Prozesse betrachtet worden, die gemeinsame Daten verwalten. Im Echtzeitbereich kann diese Bindung speziell auf Ressourcen – Peripherie, Hardware usw. – übertragen werden, wobei nun die Definition der informalen Bindung folgendermaßen aussieht:

```
task Transport is
  -- Rendezvousschnittstellen für den beschriebenen
  -- Transportprozeß
  entry Empfangen (Daten: in DatenTyp);
end Transport;

task body Transport is
  -- Prozeßrealisierung
  Definition des internen Gedächtnisses
begin
  loop
    select
      accept Empfangen (Daten: in DatenTyp) do
        Daten im internen Gedächtnis zwischenspeichern
      end Empfangen;
    else
      if Nachricht existiert then
        if Verbraucher ohne Nachricht existiert then
          Verschicke Nachricht an diesen Prozeß
          -- Empfängerprozeß muß dieses Rendezvous mit
          -- zeitlicher Begrenzung akzeptieren
          Vermerke, daß dieser Prozeß die Nachricht
          erhalten hat.
        else
          Nachricht aus dem internen Gedächtnis löschen
        end if;
      end if;
    end select;
  end loop;
end Transport;
```

Abb. 4-9: Transportprozeß

Informale Bindung
Ein Prozeß ist informal gebunden, wenn sich seine Aktionen alle auf einen gemeinsamen Speicher (internes Gedächtnis) oder auf eine gemeinsame Ressource beziehen.

Ein Prozeß, der eine Ressourceabstraktion darstellt, ist informal gebunden. Informal gebundene Prozesse weisen deshalb dieselben Vorteile auf wie Ressourceabstraktionen.

Merkmale von Prozessen mit informaler Bindung
○ Prozesse mit einer informalen Bindung realisieren eine Ressourceabstraktion.
○ Ressourceabstraktionen haben eine hohe Wiederverwendbarkeit.

○ Ressourcen, die hierarchisch aufgebaut sind, können durch hierarchisch zusammengefügte Ressourceabstraktionen realisiert werden.
○ Eine Ressourceabstraktion kann durch einen Monitor, durch Pfadausdrücke oder durch einen Prozeß realisiert werden. Die Realisierung als Prozeß ermöglicht gegenüber der Monitorrealisierung mehr Flexibilität.

4.2 Prinzip der problemgerechten Prozeßkommunikation

Für das Prinzip der problemgerechten Prozeßkommunikation wird die Kommunikation unter einzelnen Prozessen betrachtet. Es werden Richtlinien und Entscheidungshilfen für die Wahl der problemgerechten Kommunikations- und Synchronisationsart angeführt.

Das Prinzip der problemgerechten Prozeßkommunikation gliedert sich in die folgenden Unterschritte auf:

○ Auswahl einer problemgerechten Kommunikations- und Synchronisationsart
  - Konzept der gemeinsamen Speicherbereiche
  - Synchrones Botschaftenkonzept
    - Rendezvouskonzept
    - Entfernte Prozeduren
  - Asynchrones Botschaftenkonzept
  - Tupelraumkonzept

○ Problemgerechte Anwendung der ausgewählten Kommunikations- und Synchronisationsart
  - Schmale Datenkopplung
  - Wahl einer problemgerechten Kommunikationsrichtung

Im ersten Teil des folgenden Abschnitts werden die Kommunikations- und Synchronisationsarten

○ Konzept der gemeinsamen Speicherbereiche,
○ synchrones Botschaftenkonzept,
○ asynchrones Botschaftenkonzept und

4.2 Prinzip der problemgerechten Prozeß- kommunikation

○ Tupelraumkonzept

untereinander verglichen. Es werden die aus softwaretechnischer Sicht notwendigen Einschränkungen und die Einsatzgebiete der Kommunikations- und Synchronisationsarten aufgezeigt.

Im weiteren Verlauf des Abschnitts werden Richtlinien für den angemessenen softwaretechnischen Einsatz der Kommunikations- und Synchronisationsarten gegeben. Zum einen werden Aussagen über die Verwendung der Kommunikationsarten aufgeführt und zum anderen wird für asymmetrische Kommunikationsarten, bei denen die Kommunikationsrichtung und der Datentransport nicht identisch sind, Richtlinien für die Bestimmung der Kommunikationsrichtung gegeben. Insbesondere wird hier das synchrone Botschaftenkonzept behandelt. Da durch die richtige Wahl der Kommunikationsrichtung Verklemmungen unter Prozessen vermieden werden können, werden an dieser Stelle Richtlinien für die Vermeidung von Prozeßverklemmungen bei asymmetrischen Kommunkationsformen gegeben.

4.2.1 Auswahl einer problemgerechten Kommunikations- und Synchronisationsart

Die Konzepte

○ gemeinsame Speicherbereiche,
○ synchrones Botschaftenkonzept,
○ asynchrones Botschaftenkonzept und
○ das Tupelraumkonzept

können jeweils durch unterschiedliche Kommunikations- und Synchronisationsarten realisiert werden.

Kommunikations- und Synchronisationsarten, die aus softwaretechnischer Sicht für **komplexe** Anwendungen nicht geeignet sind, werden im weiteren Verlauf des Buches nicht mehr betrachtet.

Für eine genaue Darstellung der Vor- und Nachteile der einzelnen Kommunikations- und Synchronisationsarten siehe Kapitel 3 *Grundkonzepte nebenläufiger Echtzeitsysteme*.

4.2.1.1 Einschränkungen der Kommunikations- und Synchronisationsarten

Gemeinsame Daten
○ Aktives Warten
Aktives Warten ist durch den wesentlichen Nachteil gekennzeichnet, daß die Synchronisation selbst programmiert werden muß. Diese Synchronisation verteilt sich auf das gesamte Programm. Dies widerspricht den Entwurfszielen Verständlichkeit und Wartbarkeit.
○ Semaphore
Semaphore sind ein beliebtes Kommunikations- und Synchronisationskonzept auf der Ebene der Betriebssysteme. Höhere Programmiersprachen oder Betriebssystem-Erweiterungen sollten jedoch dieses Konzept einkapseln und höhere Konzepte zur Verfügung stellen, da das Semaphorkonzept analog zum aktiven Warten nur ein unstrukturiertes Kommunikations- und Synchronisationskonzept ist (siehe Kapitel 3 *Grundkonzepte der nebenläufigen Programmierung*). Das Semaphorkonzept widerspricht den Entwurfszielen Verständlichkeit und Wartbarkeit.
○ Bedingte kritische Gebiete
Da sich auch hier die Kommunikations- und Synchronisationspunkte über den gesamten Quelltext verteilen, ist das Konzept der bedingten kritischen Gebiete ebenfalls aus softwaretechnischer Sicht ungünstig. Es widerspricht ebenfalls den Entwurfszielen Verständlichkeit und Wartbarkeit.
○ Monitore und Pfadausdrücke
Bzgl. Monitoren und Pfadausdrücken bestehen keine Einschränkungen.

Die Konzepte aktives Warten, Semaphore und bedingte kritische Gebiete werden in diesem Buch nicht weiterführend behandelt.

Botschaftenkonzept
Für das Botschaftenkonzept liegen aus softwaretechnischer Sicht keine Einschränkungen vor.

Tupelraumkonzept
Für das Tupelraumkonzept liegen aus softwaretechnischer Sicht keine Einschränkungen vor.

4.2.1.2 Bewertung und Vergleich der Kommunikations- und Synchronisationsarten

Eine Bewertung der Kommunikationsarten untereinander ist i. allg. nicht möglich, da die Kommunikationsart gewöhnlich von der benutzten Systemumgebung, die durch die Hardware, durch das Betriebssystem und durch die bereitgestellte Programmiersprache bestimmt wird, vorgeschrieben ist. Stellvertretend für eine Vielzahl von Veröffentlichungen, die diese Meinung teilen, ist hier hier aus /Leler 90/ zitiert:

> „... the choice of which model to use has been effectively taken away from the application programmer, because the operating system supplies the primitivies used for writing true parallel programs and these generally mirrors the underlying hardware."

Für den Einsatz der Kommunikationsarten können folgende Richtlinien angegeben werden.

Botschaftenkonzept versus gemeinsame Speicherbereiche

Das Botschaftenkonzept und das Konzept der gemeinsamen Daten sind beide ein weit verbreitetes Kommunikations- und Synchronisationsmittel. Nach /Andrews 81/ sind die beiden Konzepte gleichwertig. Problemlösungen mit dem Konzept der gemeinsamen Daten können analog mit dem Botschaftenkonzept und umgekehrt gelöst werden.

Nach /Leler 90/ sind Programme, die mit dem Konzept Gemeinsame Speicherbereiche arbeiten, aufgrund des auftretenden Nichtdeterminismus schwieriger zu testen. Die Entwurfsziele Zuverlässigkeit und Wartbarkeit sind schwerer realisierbar.

> „In generall, the shared memory model is somewhat easier to program, but the resulting programs are more likely to contain unwanted nondeterminism, while the distributed memory model is harder to program but more likely to run correctly."

„Some programs are easier to write using one model rather than the other, depending on factors such as the amount of communication and how much data can be treated as read-only."

Das Botschaftenkonzept ist schwieriger zu verstehen, resultiert jedoch in zuverlässigen Programmen.

Im allgemeinen kann nicht beurteilt werden, welches der beiden Konzepte *angemessener* ist. Der vorliegende Anwendungsfall bestimmt die Wahl des Konzeptes.

Unterschiede in der Verwendung des Botschaftenkonzepts und des Konzepts Gemeinsame Speicherbereiche

Die Verwaltung von Daten, die von mehreren Prozessen in irgendeiner Art verwendet werden, wird entweder als ein Monitor bei dem Konzept der gemeinsamen Daten oder als ein Prozeß beim Botschaftenkonzept realisiert. Der hier wesentliche Unterschied zwischen einem Monitor und einem Prozeß liegt darin, daß der Prozeß ein **aktives** und der Monitor ein **passives** Element ist. Ein passives Element ist durch die Tatsache gekennzeichnet, daß von ihm keine Aktionen ausgehen können. Es wird lediglich von anderen Programmkomponenten genutzt. Hieraus folgt:

○ Ein aktives Element ist flexibler als ein passives Element. Ein aktives Element kann die Kommunikation und die Synchronisation von sich aus beeinflussen. In einem aktiven Element können somit Kommunikations- und Synchronisationsstrategien integriert werden. Die Flexibilität drückt sich folgendermaßen aus:
  – Bei mehreren Kommunikationspartnern kann zwischen ihnen nach einer Strategie ausgewählt werden.
  – Auf eine Kommunikation muß nicht eingegangen werden.
  – Speziell beim synchronen Botschaftenkonzept ist ein Abbrechen der Kommunikation für den Sender möglich. Durch *Time-Outs* kann ein Warten bei einem Synchronisationspunkt unterbrochen werden.

○ Ein aktives Element wird durch einen Prozeß realisiert, so daß eine dynamische Erzeugung und Vernichtung möglich ist. Monitore stellen dagegen statische Programmkomponenten dar, die zu Beginn des Programms erzeugt und mit Ende des Programms vernichtet werden. Somit erlaubt das Botschaftenkonzept eine bessere Strukturierung des Problems als das Konzept der gemeinsamen Daten.

4.2 Prinzip der problemgerechten Prozeß- kommunikation

○ Das Botschaftenkonzept erzeugt einen großen Verwaltungs-*Overhead*. Speziell bei Daten, auf denen hauptsächlich ein **lesender Zugriff** stattfindet, erweist sich das Konzept der gemeinsamen Speicherbereiche vorteilhafter. Die lesenden Zugriffe müssen nicht synchronisiert werden. Eine große Anzahl von mathematischen Algorithmen sind durch einen hauptsächlich lesenden Zugriff auf gemeinsame Daten gekennzeichnet, z.B. Matrix-Operationen. Für solche Problemfälle ist das Konzept der gemeinsamen Speicherbereiche dem Botschaftenkonzept vorzuziehen.

Hardwarebetrachtungen
In diesem Buch werden keine Hardwarearchitekturen für Echtzeitsysteme beschrieben. Hier soll lediglich die **grobe** Einteilung in
○ Ein-Prozessorsysteme,
○ Mehr-Prozessorsysteme und
○ Netzwerke
vorgenommen werden. Bei Mehr-Prozessorsystemen und Netzwerken können die einzelnen Rechnerknoten *homogen* oder *heterogen* sein. Bei den Netzwerken kann es sich um *local area* oder *wide area* Netzwerke handeln.
Die Tab. 4-1 ordnet dem Botschaftenkonzept und dem Konzept der gemeinsamen Speicherbereiche mögliche Hardware-Architekturen zu, auf denen ihr Einsatz i. allg. sinnvoll ist.

Hardwarearchitektur	Kommunikationskonzept	
	Gemeinsame Daten	Botschaftenkonzept
Ein-Prozessor	geeignet	bedingt geeignet
Mehr-Prozessor gemeinsamer Speicher	geeignet	bedingt geeignet
Mehr-Prozessor verteilter Speicher	bedingt geeignet	geeignet
Rechnernetze	weniger geeignet	geeignet

Tab. 4-1: Vergleich : Konzept der gemeinsamen Daten und das Botschaftenkonzept bzgl. Hardwarearchitekturen

Lediglich bei Netzwerk-artigen Architekturen (Mehr-Prozessorsystem mit verteilten Speicher und Rechnernetze) ist das Konzept der gemeinsamen Speicherbereiche bedingt oder weniger geeignet. Gemeinsame Speicher müßten zum Teil mit Hilfe von *Redundanz* auf mehreren Rechnerknoten verwaltet werden. Das Botschaftenkonzept erleichtert hier durch seine lose Prozeßkopplung den Entwurf von verteilten Systemen.

Der Ein-Prozessorsystem ist durch seine *nicht Verteiltheit* und durch die fehlende *echte* Parallelität prädestiniert für die Verwendung des Konzepts der gemeinsamen Speicherbereiche.

In der Praxis zeigt sich, daß bei Mehr-Prozessorrechnern beide Konzepte einsetzbar sind.

Das Tupelraumkonzept

Das Tupelraumkonzept ist ein neueres Konzept zur Kommunikation und Synchronisation von Prozessen (/Backus 78/). Es ist in der Programmiersprache *Linda* /Leler 90/ realisiert worden.

Das Tupelraumkonzept basiert auf einem *gemeinsamen Raum*, der als ein spezieller gemeinsamer Speicher betrachtet werden kann. Somit gelten für den Einsatz des Tupelraumkonzepts die entsprechenden Aussagen, die bei dem Konzept der gemeinsame Daten angegeben worden sind.

Über die Vor- und Nachteile bei der Verwendung des Tupelraumkonzepts in Echtzeitsystemen liegen dem Autor noch keine Berichte vor, so daß hier keine Richtlinien für den Einsatz des Tupelraumkonzepts gegeben werden.

Synchrones Botschaftenkonzept versus asynchrones Boschaftenkonzept

Der wesentliche Unterschied zwischen dem synchronen und dem asynchronen Botschaftenkonzept liegt in der Tatsache, daß das synchrone Botschaftenkonzept mit einer expliziten Synchronisation verbunden ist. Prozesse, die eine synchrone Kommunikation eingehen, warten auf ihren Kommunikationspartner und sind deshalb während der Wartezeit nicht aktiv.

Die Beurteilung der beiden Ausprägungen des Botschaftenkonzepts ist stark von der verwendeten Hardware abhängig.

Hardwarebetrachtungen
Wie in Tab. 4-2 angeführt ist das Botschaftenkonzept für alle Hardwarearchitekturen einsetzbar.

4.2 Prinzip der problemgerechten Prozeß- kommunikation

Hardwarearchitektur	Kommunikationsart		
	synchron	Rendezvous	asynchron
Ein-Prozessor	geeignet	geeignet	geeignet
Mehr-Prozessor gemeinsamer Speicher	geeignet	geeignet	geeignet
Mehr-Prozessor verteilter Speicher	bedingt geeignet	bedingt geeignet	geeignet
Rechnernetze	weniger geeignet	weniger geeignet	geeignet

Tab. 4-2: Vergleich : Kommunikationsarten beim Botschaftenkonzept bzgl. Hardwarearchitekturen

Hierbei ist jedoch folgendes zu betrachten:
Das **synchrone Botschaftenkonzept**, speziell das Konzept der entfernten Prozeduren bzw. das Rendezvouskonzept *(remote procedure call, Rendezvouskonzept)* haben nach /Tanenbaum, van Renesse 85/ und /Sneidewind 89/ folgende Nachteile:
- Eine *Broadcast*-Nachricht kann nur schwer und umständlich realisiert werden.
- Eine *Multicast*-Nachricht kann ebenfalls nur schwer und umständlich realisiert werden.
- Unidirektionale Nachrichten und eine N-Botschaftensendung mit einer einzigen Quittierung für alle N Botschaften ist schwer zu realisieren.
- Größere Datentransfers, z.B. Dateien, sind in verteilten Systemen nur schwer zu implementieren.

Die aufgeführten Nachteile gelten besonders für verteilte *(local area und wide area)* Systemarchitekturen. Für die Realisierung der oben angeführten Kommunikationsformen sind speziell bei der Verwendung des Kommunikationskonzepts entfernte Prozeduren *(remote procedure call)* mehr Kommunikationen über das Netzwerk nötig als beim asynchronen Botschaftenkonzept.

In Verteilten Systemen kann aber insbesondere die Ressource Netzwerk ein *langsames* und *fehleranfälliges* Übertragungsmedium sein, so daß speziell hier das asynchrone Botschaftenkonzept dem synchronen Botschaftenkonzept vorzuziehen ist.

Ist eine Kommunikation an eine Synchronisation gebunden, so ist das synchrone Botschaftenkonzept dem asynchronen Botschaftenkonzept vorzuziehen, da die Synchronisation beim asynchronen Botschaftenkonzept selbst implementiert werden muß. Das synchrone Botschaftenkonzept beinhaltet die Synchronisation in seinem Grundkonzept.

4.2.2 Problemgerechte Anwendung der Kommunikations- und Synchronisationsarten

4.2.2.1 Schmale Datenkopplung

Das Prinzip der schmalen Datenkopplung aus des sequentiellen Entwurfs kann auf den Entwurf von komplexen Echtzeitsystemen übertragen werden. Hierbei sind zwei unterschiedliche Gesichtspunkte zu beachten (/Nielsen 90/, /Nielsen, Shumate 87/ und /Nielsen, Shumate 88/):

1) Modulkommunikation
   Moduln treten in komplexen Echtzeitsystemen an zwei Stellen auf. Einerseits können Prozesse selber Moduln beinhalten und andererseits können Prozesse über Moduln, die den wechselseitigen Ausschluß ihrer Zugriffsoperationen sicherstellen (Monitore), kommunizieren und sich synchronisieren. Für beide *Modularten* gilt das Prinzip der schmalen Datenkopplung mit den folgenden Kennzeichen:

   – Schmale Schnittstellenbreite
     Die Schnittstellenbreite ist gekennzeichnet durch die Anzahl der Schnittstellen, durch die Anzahl der Parameter und durch die Parameterkomplexität. Die Anzahl der Parameter und die Parameterkomplexität ist auf ein Minimum zu beschränken. Es ist verboten, *überflüssige* Daten für die Modulkommunikation zu verwenden.

   – Problemgerechte Datenkommunikation
     Man unterscheidet zwischen reinen Daten und Steuerdaten. Steuerdaten sind solche Daten, die den internen Ablauf der aufgerufenen oder aufrufenden (über Ausgabeparametern) Prozedur bestimmen. Um Steuerdaten sinnvoll zu nutzen, muß somit die interne Struk-

tur einer Prozedur bekannt sein.
Bei einer Modulkommunikation dürfen nur reine Daten verwendet werden. Steuerdaten sind zu vermeiden.
Alle Parameter sind als Eingabe-, Ausgabe oder Ein-/Ausgabeparameter zu kennzeichnen.

2) Prozeßkommunikation
Bei den Prozeßkommunikationsmechanismen, die auf einem Prozeduraufruf basieren, kann das Prinzip der schmalen Datenkopplung aus 1) direkt übertragen werden. Es handelt sich hierbei um die Kommunikations- und Synchronisationsarten entfernter Prozeduraufruf und Rendezvouskonzept.
Für die asynchrone Kommunikation von Prozessen ist das Prinzip der schmalen Datenkopplung folgendermaßen **zu erweitern**:

- Zeitangaben
  Bei jeder Kommunikation muß der Zeitpunkt des Versendens von Daten zusammen mit den Daten protokolliert werden. Es ist somit möglich, Aussagen über die Aktualität der Daten beim Empfangen zu treffen. Weiterhin kann bei jeder Kommunikation eine Zeitschranke für das Empfangen dieser Nachricht hinzugefügt werden.

- Wichtigkeit
  Kommunikationen können gewichtet sein. Es ist somit möglich, zeitkritische Kommunikationen vorrangig zu bearbeiten. Echtzeitsystementwicklungsumgebungen bieten hierzu Kommunikationprioritäten an.

- Herkunftsangaben
  Zu einer Prozeßkommunikation muß eindeutig der Sender feststellbar sein. Diese Aufgabe wird zumeist von den Echtzeitsystementwicklungsumgebungen übernommen.
  Ausnahmen sind hierbei bestimmte Prozeßgruppen (z.B. *Server*-Prozesse). Diese Ausnahmen werden beim Prinzip der Strukturierung beschrieben.

4.2.2.2 Problemgerechte Kommunikationsrichtung beim Rendezvouskonzept und dem Konzept der entfernten Prozeduraufrufe

Die Kommunikations- und Synchronisationskonzepte entfernter Prozeduraufruf und Rendezvouskonzept erfreuen sich immer größerer Beliebtheit. In der Literatur existieren *mittlerweise* Richtlinien für den sinnvollen Einsatz dieser Kommunikations- und Synchronisationskonzepte. Insbesondere gehören hierzu die Literaturstellen /Buhr 84/, /Booch 91/ und /Nielsen 90/.

Bei der Kommunikation zwischen Prozessen mit dem Rendezvouskonzept bzw. dem Konzept des entfernten Prozeduraufrufs findet zwischen den Prozessen ein Rendezvous statt. Ein Prozeß ruft eine *Prozedur* eines anderen Prozesses auf. Wenn dieser Prozeß für den Prozeduraufruf bereit ist, führt dieser Prozeß die Prozedur aus. Während dieser Zeit wartet der *Prozeduraktivierer* auf das Ergebnis. Liegt das Ergebnis vor, gehen beim Rendezvouskonzept beide Prozesse ihren eigenen Weg.

Für eine Kommunikation müssen beide Prozesse bereit sein. Der Senderprozeß muß eine entfernte Prozedur aufrufen und der Empfängerprozeß muß für die Ausführung bereit sein. Ist nur ein Kommunikationspartner bereit, so muß er auf den anderen Kommunikationspartner warten.

Eine genauere Darstellung des Kommunikations- und Synchronisationskonzepts Rendezvouskonzept ist im Kapitel 3 *Grundkonzepte nebenläufiger Echtzeitsysteme* angeführt.

Es werden nun Richtlinien für die Bestimmung der Kommunikationsrichtung beim Rendezvouskonzept angegeben. Diese Richtlinien lassen sich unmittelbar auf das Konzept des entfernten Prozeduraufrufs übertragen. Richtlinien für das Konzept der entfernten Prozeduren werden deshalb nicht explizit angeführt.

Beim Rendezvouskonzept kann man die kommunizierenden Prozesse danach unterscheiden, ob von ihnen die Kommunikation ausgeht oder nicht. Unterschiedlich dazu kann ein Prozeß **Sender** oder **Empfänger** von Daten sein. Dies ist unabhängig davon, ob von einem Prozeß die Kommunikation gestartet wird oder nicht. Der Unterschied ist dadurch begründet, daß das Rendezvouskonzept eine **bidirektionale Verbindung** zwischen zwei Prozessen aufbaut und somit Daten in beide Richtungen transportiert werden können. Somit muß der Datensender nicht unbedingt derjenige

4.2 Prinzip der problemgerechten Prozeßkommunikation

Prozeß sein, der die Kommunikation startet. Die Abb. 4-10 verdeutlicht beide Sachverhalte. Im ersten Fall ist der Sender der Daten auch derjenige Prozeß, der die Kommunikation aktiviert. Im anderen Fall aktiviert der eigentliche Datenempfänger die Kommunikation.

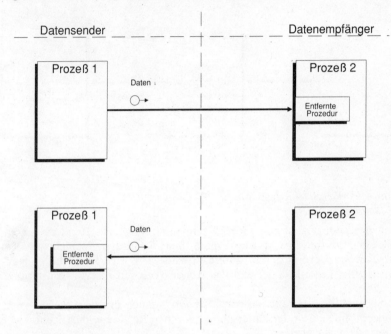

Abb. 4-10: Kommunikationsrichtungen

Für den Entwurf eines Prozeßsystems mit dem Rendezvouskonzept stellt sich die Frage, von welchem Prozeß – Datensender oder Datenempfänger – die Kommunikation ausgehen soll. Für den Entwurfsprozeß hat dies die Auswirkung, daß derjenige Prozeß, der die Kommunikation empfängt, bei seiner Schnittstelle eine entsprechende *entfernte Prozedur* enthalten muß.

Beim Rendezvouskonzept ist der Kommunikationsempfänger flexibler in seiner Kommunikationsauswahl als der Kommunikationssender. Dem Kommunikationsempfänger ist eine *selektive Ausführung* einer Kommunikation möglich, und er kann somit auf mehrere mögliche Kommunikationen reagieren.

Weiterhin existiert für den Rendezvousstarter das Problem, daß nach Eintreffen des Rendezvousempfängers er keine Kontrolle über die *Rendezvouszeit* hat. Die Abb 4-11 verdeutlicht dies an einem kleinen Beispiel.

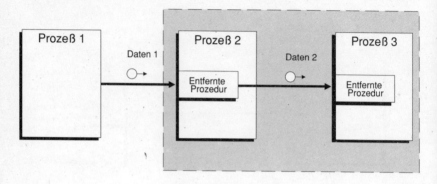

Abb. 4-11: *Komplexes* Rendezvous

Der Rendezvousstarter *Prozeß1* geht mit *Prozeß2* ein Rendezvous ein. Während des Rendezvous kann *Prozeß2* neue Rendezvous eingehen, wobei die Zeitverzögerung durch weitere Prozesse z.B. *Prozeß3* bestimmt wird. *Prozeß1* hat keine Möglichkeit, das Rendezvous mit *Prozeß1* frühzeitig zu verlassen.

Speziell für den Entwurf von Echtzeitsystemen mit dem Rendezvouskonzept muß somit der Unterschied zwischen *Rendezvousstarter* und *-empfänger* gemacht werden.

Bei der Vorstellung der Richtlinien für den Prozeßentwurf mit dem Rendezvouskonzept wird eine Einteilung nach der Anzahl der Datensender- und Datenempfängerprozesse vorgenommen. Es werden folgende Fälle in Anlehnung an /Buhr 84/ behandelt:

Datensender	Datenempfänger
1	1
N	1
1	N
N	M

4.2 Prinzip der problemgerechten Prozeßkommunikation

1:1 Kommunikation

Findet ein Rendezvous nur zwischen zwei Prozessen statt, die darüber hinaus keine Kommunikation mit weiteren Prozessen haben, ist die Kommunikationsrichtung frei wählbar. Die Kommunikationsrichtung hat keine Rückwirkungen für den Datensender und -empfänger.

Hat einer der beiden Prozesse neben dieser Prozeßkommunikation noch weitere Kommunikationen mit anderen Prozessen, so ist es sinnvoll, diesen Prozeß als Kommunikationsempfänger zu realisieren. In diesem Fall kann durch eine bedingte Ausführung flexibler auf die unterschiedlichen Kommunikationen reagieren werden.

Haben beide Prozesse noch weitere Kommunikationspartner, werden beide Prozesse als Kommunikationsempfänger realisiert und ein Transportprozeß, der jeweils als Kommunikationssender für beide Prozesse dient, zwischen sie gelegt. Die Abb. 4-12 oben zeigt diesen Sachverhalt. Ist die Kommunikationszeit mit dem Transportprozeß gering, so kann der

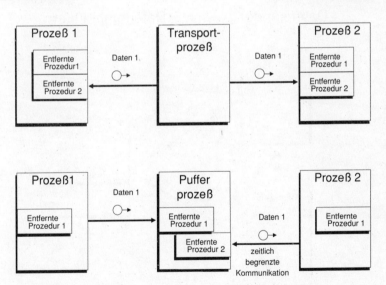

Abb. 4-12: 1:1 Kommunikation

Transportprozeß als Puffer realisiert werden, der als Empfänger von Kommunikationen von Datensender und -empfänger dient. Die Abb. 4-12 unten zeigt diese Möglichkeit. Hierbei muß der Datenempfänger den Puffer mit einer zeitbegrenzten Kommunikation aktivieren, um eine unbegrenzte Kommunikationswartezeit auszuschliessen.

N:1 Kommunikation

N Prozesse kommunizieren mit einem Prozeß. Die N Prozesse sind die Datensender, der einzelne Prozeß der Datenempfänger. In diesem Fall stellt die Abb. 4-13 die beste Entwurfsform dar. Die N Prozesse sind diejenigen Prozesse, von denen eine Kommunikation ausgeht. Dies hat den Vorteil, daß der Datenempfänger seine Sender nicht alle kennen muß. Bei Server-Prozessen, die einen allgemein verwendbaren Dienst zur Verfügung stellen, ist diese Prozeßstruktur sinnvoll. Server-Prozesse werden im weiteren Verlauf des Kapitels vorgestellt.

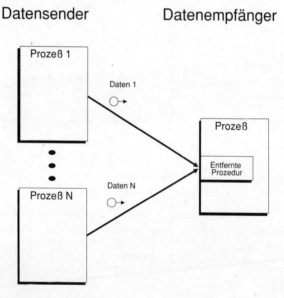

Abb. 4-13: N:1 Kommunikation

4.2 Prinzip der problemgerechten Prozeßkommunikation

Ausnahme
Handelt es sich um einen *zeitraubenden* Dienst, kann es sinnvoll sein, gegen die oben beschriebene Entwurfsstrategie zu verstoßen. Es existieren dann zwei Alternativen:
- Verwendung von Puffer- und Transportprozessen zwischen den Sendern und dem Empfänger.
- Umkehrung der Kommunikation. In diesem Fall ist der Datenempfänger als Kommunikationssender auszulegen, um die Datensender durch ein Warten auf ein Rendezvous nicht zu lange zu blockieren.

1:N Kommunikation

Es existiert ein Datensender, der mit mehreren Datenempfängern kommuniziert. In diesem Fall bietet sich die Prozeßstruktur aus Abb. 4-14 oben an. Der Datensender ist Empfänger der Kommunikation, und die Datenempfänger bilden die Kommunikationssender. Bei dieser Prozeßstruktur wird ein *mehrfaches Warten* des Datensenders bei seinen Kommunikationspartnern vermieden.

Wenn die Datenempfänger weitere Aktionen handhaben und nicht durch Senden einer Kommunikation blockiert werden dürfen, ist es sinnvoll, sie als Kommunikationsempfänger zu realisieren. In diesem Fall muß, wie in Abb. 4-14 unten, für jeden Datenempfänger ein Transportprozeß angelegt werden. Beide Transportprozesse können auch zu einem Prozeß zusammengefaßt werden.

Für den Fall der Verwendung von Transportprozessen muß der *Overhead*, bedingt durch die erhöhte Anzahl von Prozessen, berücksichtigt werden.

N:M Kommunikation

Es liegen im allgemeinen N Datensender und M Datenempfänger vor, die untereinander kommunizieren. Im einfachsten Fall liegt die Prozeßstruktur von Abb. 4-15 a vor. Es existieren zwei Datensender und zwei Datenempfänger, die jeweils über Daten vom gleichen Datenformat kommunizieren.

Falls die Datenempfänger keine weiteren Kommunikationspunkte haben, ist es sinnvoll, die Datensender und -empfänger durch einen Pufferprozeß gemäß Abb. 4-15 b zu verbinden.

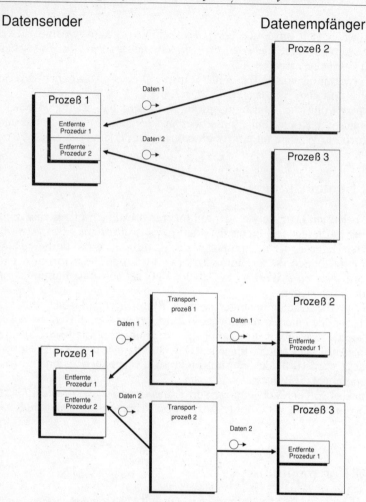

Abb. 4-14: 1-N Kommunikation

In dem Fall, daß die Datenempfänger weitere Kommunikationspunkte haben, kann jeder Datenempfänger mit einem Transportprozeß versehen werden. Alternativ kann auch jeder Datenempfänger einen eigenen Pufferprozeß erhalten (Abb. 4-15 c/d).

4.2 Prinzip der problemgerechten Prozeßkommunikation

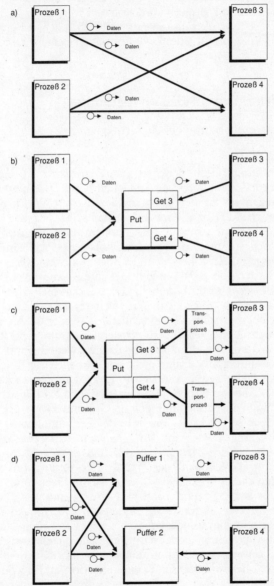

Abb. 4-15: N:M Kommunikation

In beiden Fällen der Abb. 4-15 c/d muß der erhöhte Aufwand durch die steigende Anzahl von Prozessen berücksichtigt werden.

Wenn die Prozesse über Daten mit unterschiedlichen Formaten kommunizieren, dann muß für jedes Datenformat eine eigene entfernte Prozedur existieren.

4.2.2.3 Richtlinien für die Vermeidung von Verklemmungen beim Rendezvouskonzept

Bei einer Kommunikation zwischen mehreren Prozessen mit dem Rendezvouskonzept besteht potentiell die Gefahr von Verklemmungen *(Deadlock)*. Im Gegensatz zu der **problemspezifischen Verklemmung**, die durch die Anwendung bzw. Anwendungsfall selbst gegeben ist, ist beim synchronen Botschaftenkonzept eine Verklemmung aufgrund der Kommunikationsrichtung möglich. Die Abb. 4-16 zeigt Verklemmungen mit dem Rendezvouskonzept. In Abb. 4-16 oben findet eine direkte Verklemmung statt. In der Abb. 4-16 unten findet eine Kommunikation zwischen *Prozeß1* und *Prozeß2* statt. Innerhalb des Rendezvous führt *Prozeß2* ein weiteres Rendezvous aus. Bei diesem weiteren Rendezvous findet ein erneutes Rendezvous statt, so daß schließlich wiederum ein Rendezvous mit *Prozeß1* stattfindet. *Prozeß1* befindet sich bereits in einem Rendezvous, so daß kein weiteres Rendezvous eingegangen werden kann. Handelt es sich bei den Rendezvousaufrufen nicht um zeitbegrenzte Rendezvousaufrufe, so ist das Prozeßsystem verklemmt. Es liegt ein *Deadlock* vor.

Anhand der Abb. 4-16 (oben) werden im folgenden Lösungsvorschläge zur Vermeidung von Verklemmungen durch Rendezvous diskutiert.

○ Die einfachste Möglichkeit besteht in der Festlegung einer Kommunikationsreihenfolge zwischen den einzelnen *Rendezvousaufrufen* und dem entsprechenden *Akzeptieren der Rendezvous*. Dementsprechend muß in Abb. 4-16 (oben) der *Prozeß1* eine Rendezvous mit *Prozeß2* startet, muß dieses abgeschlossen sein, bevor *Prozeß2* mit *Prozeß1* ein Rendezvous startet. Somit kann von einer entfernten Prozedur von *Prozeß2* nicht eine entfernte Prozedur von *Prozeß1* aktiviert werden (keine geschachtelten Rendezvous).

○ Eine nicht so einschränkende Maßnahme wie die erste ist die Verwendung von zeitbegrenzten Kommunikationsaufrufen. Speziell bei der Abb. 4-16 (oben) müßte der Kommunikationsaufruf von *Prozeß2* zu *Prozeß1* zeitlich begrenzt sein. Es kann somit nur zu einer zeitbegrenz-

4.2 Prinzip der problemgerechten Prozeßkommunikation

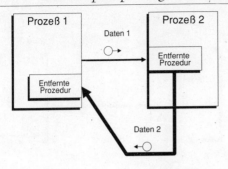

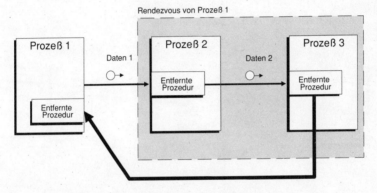

Abb. 4-16: Prozeßverklemmung beim Rendezvouskonzept

ten Verklemmung kommen. Das Problem der Verklemmung ist somit gelöst, jedoch nicht das eigentliche Problem *(time-out!)*. Für den *time-out* muß eine Fehlerbehandlung existieren.

○ Die Umkehrung der Rendezvousrichtungen verhindert ebenfalls eine Prozeßverklemmung. In diesem Fall müßten beide Kommunikationen von *Prozeß1* bzw. *Prozeß2* ausgehen, und entsprechend müßte *Prozeß2* bzw. *Prozeß1* für beide Kommunikationen *entfernte Prozeduren* zur Verfügung stellen.

○ Zur Vermeidung der Verklemmung können Transportprozesse für die Kommunikation zwischen zwei Prozessen verwendet werden. Hierbei ist es möglich, nur für eine oder für beide Kommunikationsrichtungen einen Transportprozeß zu schaffen oder beide Kommunikationsrichtungen mit nur einem Transportprozeß zu unterstützen. Die Abb. 4-17a,b und c zeigt die drei Sachverhalte auf.

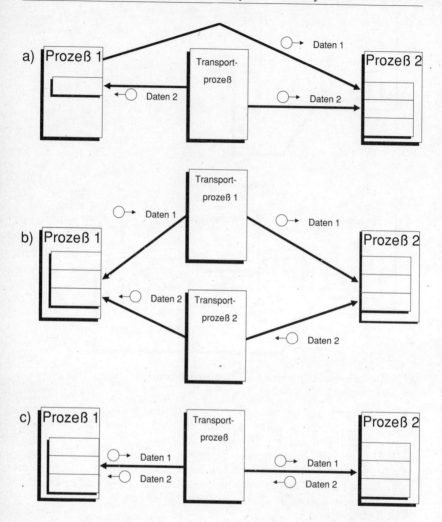

Abb. 4-17: Vermeidung von Prozeßverklemmung durch Transportprozesse

Kennzeichnend für die Verwendung eines Transportprozesses für eine Kommunikationsrichtung ist, daß der Prozeß, von dem die Kommunikation ausgeht, in Abb. 4-17a ist das z.B. *Prozeß1* , nur dann den

4.2 Prinzip der problemgerechten Prozeßkommunikation 139

Aufruf des Transportprozesses akzeptiert, wenn er Daten versenden möchte. Es handelt sich hierbei um eine selektive Kommunikationsausführung.
Die Verwendung von nur einem Transportprozeß, wie in Abb. 4-17a, hat den Vorteil, daß weniger Prozesse verwendet werden. Der *Overhead* durch die Prozeßverwaltung wird minimiert. Die Verwendung von einem Transportprozeß führt jedoch zu einer asymmetrischen Problemlösung, die bei der Verwendung von zwei Transportprozessen oder durch die Verwendung eines Transportprozesses für beide Richtungen vermieden wird. Die Verwendung von zwei Transportprozessen besitzt den Vorteil der Symmetrie und der maximalen Unabhängigkeit beider Prozesse voneinander. Speziell in dem Fall, daß beide Prozesse noch weitere Aktivitäten auszuführen haben, ist es sinnvoll, ihre Kommunikation durch zwei Transportprozesse zu entkoppeln.
Die Lösung von Abb. 4-17c ist speziell vorteilhaft bei hohen Kommunikationskosten, insofern ein nicht sofortiger Informationsaustausch vertretbar ist. Der Transportprozeß übernimmt gleichzeitig das Versenden und Abholen von Daten.
Bei allen drei Lösungen ist jedoch die Erhöhung der Prozeßzahl nachteilig, da dies mit einem *Overhead* verbunden ist. **Die Anzahl der Transportprozesse ist bei diesen Lösungen proportional zu den *Prozeßpaaren*,** die miteinander kommunizieren. Weiterhin führt die Verwendung von Transportprozessen dazu, daß in den Prozessen, die durch Transportprozesse verbunden sind, Datenpufferungen vorgenommen werden müssen.

○ Anstelle von Transportprozessen können auch wie in Abb. 4-18 ein Pufferprozeß verwendet werden. Hierbei kann ein Pufferprozeß oder für jeden Prozeß ein eigener Pufferprozeß verwendet werden. Die Rendezvousanzahl zwischen einer Lösung mit Transport- oder Pufferprozessen unterscheidet sich nicht. Jedoch ist die Verwendung von Pufferprozessen auf Grund der minimierten Anzahl von Prozeßwechseln effizienter. Der Vorteil rührt im allgemeinen daher, daß Pufferprozesse passive und Transportprozesse aktive Komponenten sind.

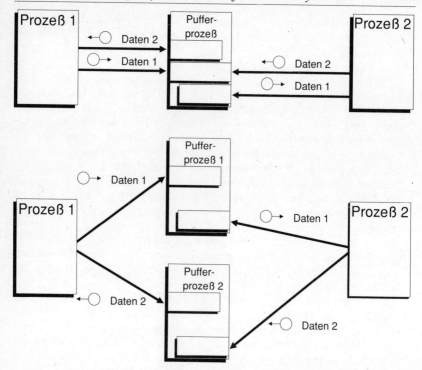

Abb. 4-18: Vermeidung von Verklemmungen durch Pufferprozesse

4.3 Strukturierung

Ein System von Prozessen muß, um die Entwurfsziele Verständlichkeit und Wartung bestens zu unterstützen, strukturiert sein. Moduln und Prozesse müssen zu einer **Struktur** zusammengefügt sein. Die in diesem Abschnitt betrachteten Strukturen beziehen sich allein auf das Modulnund Prozeßsystem. Die Einflüsse der Hardwarearchitektur auf den Systementwurf werden nicht betrachtet.

Beim Prinzip der Strukturierung wird ein gesamtes System oder eine größere Systemeinheit betrachtet. Neben dieser Struktur können jedoch auch Prozeßgruppen betrachtet werden. Prozeßgruppen sind Komponenten, bestehend aus einer kleineren Anzahl von Moduln und Prozessen, die in einer gewissen *Art und Weise* zusammengeschaltet sind. Sie bilden neben

Moduln und Prozessen die Grundbausteine für eine Strukturierung. Prozeßgruppen sind die kleinsten Strukturen, die hier betrachtet werden. Die Abb. 4-19 verdeutlicht das Prinzip der Strukturierung.

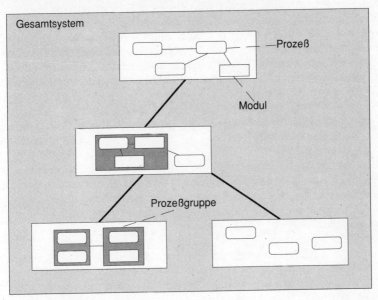

Abb. 4-19: Systemstrukturierung

4.3.1 Strukturen

Die Strukturierungsformen bei Echtzeitsystemen entsprechen den Strukturierungsformen des sequentiellen Entwurfs (/Balzert 82/). Man unterscheidet:

○ Keine explizite Strukturierung
○ Hierarchische Strukturierung
○ Netz- und Baumstrukturierung
○ Virtuelle Strukturierung

Die Strukturierung stellt eine Einschränkung der Systemarchitekturen dar mit dem Ziel der Komplexitätsminimierung und der besseren Verständlichkeit und Wartbarkeit. Die Einschränkungen können durch das Einhalten der Prinzipien und durch das Einhalten einer Entwurfsmethodik erreicht werden.

Auf das Prinzip der Strukturierung kann das Abstraktions- und Hierarchisierungsprinzip angewendet werden, so daß eine Struktur von unterschiedlichen Abstraktions- und Hierarchienebenen betrachtet werden kann. Weiterhin können die unterschiedlichen Strukturierungsformen in einem großen System nebeneinander auftreten.

Die Strukturierungen werden in den folgenden Abschnitten kurz beschrieben. Eine ausführlichere Darstellung befindet sich in /Balzert 82/.

4.3.1.1 Keine Explizite Strukturierung

Wird bei der Entwicklung eines Echtzeitsystems keine spezielle Struktur angestrebt oder favorisiert, handelt es sich um eine implizite Struktur. Moduln und Prozesse sind *beliebig* zusammengeschaltet worden.

Kennzeichen
O Es muß keine explizite Struktur angestrebt werden.
O Keine Restriktionen bzgl. der Zusammenschaltung von Moduln und Prozesse.
O Es können schwer verständliche Strukturen entstehen.
O Die Wartbarkeit einer impliziten Struktur ist i. allg. komplizierter als die Wartung eines strukturierten Systems.
O Abstraktions- und Hierarchieebenen fehlen.
O Komplexitätsanstieg im Entwurfsprozeß.

4.3.1.2 Schichtenstrukturierung

Eine gebräuchliche Struktur ist die Schichtenstruktur. Das System wird in einzelne Schichten zerlegt, so daß das Gesamtsystem aus mehreren Schichten besteht. Die Schichten sind untereinander hierarchisch geordnet und bestehen aus Moduln, Prozessen und Prozeßgruppen. Die einzelnen Komponenten einer Schicht können beliebig verbunden sein. Für ihre Zusammenschaltung existieren keine Einschränkungen. Für die Zusammenschaltung von Komponenten unterschiedlicher Schichten existieren folgende Einschränkungen:

- Eine Kommunikation kann nur von einer höheren Schicht zu der direkt darunter liegenden Schicht stattfinden (**lineare Ordnung** der Schichten).
- Eine Kommunikation kann nur von einer höheren Schicht zu **allen** tiefer liegenden Schicht stattfinden (**strikte Ordnung** der Schichten).
- Eine komplexere Anordnung der Schichten ist möglich. Eine baumartige Anordnung der Schichten stellt ein Beispiel für eine komplexe Schichtanordung dar.

Kennzeichen
- Das Abstraktions- und das Hierarchisierungsprinzip werden unterstützt.
- Ein Schichtenmodell besitzt eine gute Verständlichkeit und Wartbarkeit.
- Keine zu starken Einschränkungen bzgl. der Zusammenschaltung von Moduln und Prozessen.
- Eine Schicht selbst kann eine implizite Struktur haben.
- Die Identifizierung von getrennten Schichten ist nicht immer leicht.

4.3.1.3 Netz- und Baumstrukturierung

Die Zusammenschaltung von Moduln, Prozessen und Prozeßgruppen kann als gerichteter Graph betrachtet werden. Eine solche Systemstruktur wird als Netzstruktur bezeichnet.
 Stellt die Netzstruktur einen Baum dar, so liegt eine Baumstruktur vor.

Kennzeichen
- Die Baumstruktur unterstützt das Abstraktions- und Hierarchisierungsprinzip.
- Verständlichkeit und Wartbarkeit von beliebigen Netzstrukturen ist komplexer als bei restriktiveren Strukturierungsformen.
- Die Baumstruktur unterstützt eine gute Verständlichkeit und Wartbarkeit.
- Zweige innerhalb einer Baumstruktur sind unabhängig von einander.
- In einer Baumstruktur existiert keine Verbindung zwischen unterschiedlichen Pfaden. Eine Mehrfachverwendung scheidet somit aus.

4.3.1.4 Virtuelle Strukturierung

Eine virtuelle Strukturierung spiegelt nicht die eigentliche Systemarchitektur, bestehend aus Moduln, Prozessen und Prozeßgruppen, wider. Es findet vielmehr eine logische Strukturierung des Systems statt. Die Strukturierungselemente sind nicht unbedingt Moduln oder Prozesse. Sie sind z.T nur logische Komponenten, die in der eigentlichen Systemarchitektur direkt nicht sichtbar sind.

Kennzeichen
- Eine virtuelle Strukturierung ist eine gute Dokumentation des Systementwurfs.
- Verständlichkeit und Wartbarkeit werden gefördert.
- Die resultierende Systemarchitektur muß der logischen Struktur nicht entsprechen.

4.3.2 Prozeßgruppen

Das Prinzip der Strukturierung bezieht sich auf die Struktur eines Gesamtsystems oder eines größeren Teilsystems. Prozeßgruppen dagegen sind kleinere Strukturierungsformen, die in einem System betrachtet werden.

Eine Prozeßgruppe besteht aus einer oder mehreren Komponenten. Die Komponenten sind entweder Moduln oder Prozesse. Prozesse, die außerhalb der Prozeßgruppe liegen, kommunizieren mit den Elementen der Prozeßgruppe. Die Kommunikation in eine Prozeßgruppe hinein wird als **Inter-Prozeßkommunikation** und die Kommunikation innerhalb der Komponenten der Prozeßgruppe als **Intra-Prozeßkommunikation** bezeichnet.

Oftmals wird eine Unterscheidung nach **Objekt-** und **Prozeßgruppen** vorgenommen. Hierbei wird unter einer Prozeßgruppe eine Gruppe bestehend aus Prozessen (Aktionsabstraktionen) und unter einer Objektgruppe eine *Gruppe von Objekten*, also Ressourcen (Daten), verstanden. Eine Kombination beider Gruppenarten ist möglich.

Die Abb. 4-20 verdeutlicht den Sachverhalt der Prozeßgruppe. *Klientenprozesse* kommunizieren nur mit der gesamten Prozeßgruppe. Sie greifen nicht direkt auf die einzelnen Komponenten der Gruppe zu.

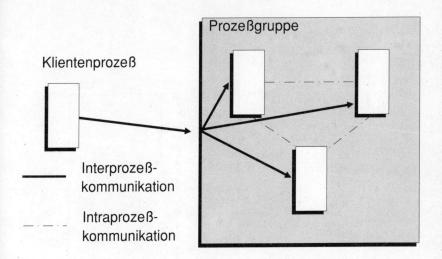

Abb. 4-20: Prozeßgruppen

Die Einteilung in Prozeßgruppen kann auch *logischer* Natur sein, so daß ein Prozeß zu mehreren Gruppen gehören kann und bzgl. jeder Gruppe Leistungen zur Verfügung stellt (Abb. 4-21).

Im weiteren Verlauf werden nun zum einen Prozeßgruppen nach

○ offenen und geschlossenen,
○ deterministischen und nichtdeterministischen sowie
○ daten- und operationshomogenen Prozeßgruppen

klassifiziert und zum anderen für Echtzeitsysteme gebräuchliche Prozeßgruppen zusammengestellt.

4.3.2.1 Geschlossene Prozeßgruppen

In /Liang, Chanson et. 90/ existiert die Einteilung von Prozeßgruppen in **offene** und **geschlossene Gruppen**. Bei den geschlossenen Prozeßgruppen können nur Gruppenmitglieder untereinander kommunizieren. Eine Inter-

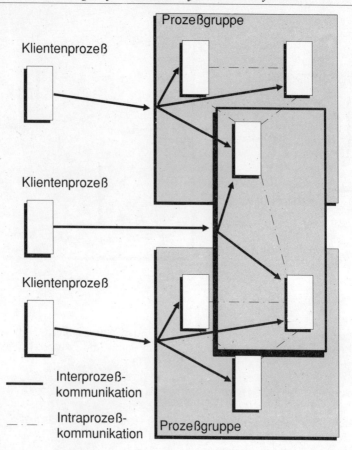

Abb. 4-21: Überlappende Prozeßgruppen

Prozeßkommunikation ist nicht erlaubt. Bei der offenen Prozeßgruppe werden keine Einschränkungen bzgl. der Inter-Prozeßkommunikation vorgenommen. Die Einteilung nach offenen und geschlossenen Prozeßgruppen spielt für Echtzeitanwendungen keine Bedeutung. Bei Echtzeitsystemen werden i. allg. nur offene Prozeßgruppen betrachtet.

4.3.2.2 Deterministische und nichtdeterministische Prozeßgruppen

Prozeßgruppen lassen sich in deterministische und nichtdeterministische Gruppen einteilen.

○ Deterministische Prozeßgruppe
  Ein Prozeßgruppe heißt deterministisch, wenn jedes Gruppenmitglied eine Interprozeßkommunikation erhält und auf jede Interprozeßkommunikation antworten muß. Die Klienten einer deterministischen Prozeßgruppe senden ihre Anforderung nur an die gesamte Prozeßgruppe. Es werden keine Gruppenmitglieder direkt von einem Klientenprozeß angesprochen.

  Kennzeichen deterministischer Prozeßgruppen
  – *Botschaftentransparenz:* Eine Botschaft von einen Klientenprozeß muß an **alle** Gruppenmitglieder weitergereicht werden. Hierbei muß bei mehreren Anforderungen an eine Prozeßgruppe die Reihenfolge der Anforderungen unter den Gruppenmitgliedern konsistent gehalten werden.
  – *Namenstransparenz:* Die Gruppe hat einen Namen. Botschaften an diesen Namen werden auf alle *Mitgliedsprozesse* verteilt.
  – Daten, die an den Klientenprozeß zurückgeliefert werden, müssen von allen Gruppenmitgliedern gesammelt werden und als eine Botschaft an den Klientenprozeß gesendet werden.
  – *Zeitanforderungen:* Der *Overhead* erzeugt durch die Interprozeßkommunikation muß berücksichtigt werden.

○ Nichtdeterministische Prozeßgruppe
  Prozeßgruppen, bei denen nicht jede Gruppenkomponente eine Interprozeßkommunikation erhält, sind nichtdeterministische Prozeßgruppen. Die Aufteilung der Kommunikaion innerhalb der Prozeßgruppe wird von der Gruppe selbst übernommen. Nichtdeterministische Prozeßgruppen weisen i. allg. eine höhere Performanz (geringerer *overhead*) als deterministische Prozeßgruppen auf.

  Kennzeichen nichtdeterministischer Prozeßgruppen:
  – Die Kennzeichen nichtdeterministischer Prozeßgruppen hängen von der Prozeßgruppe selbst und ihren Aufgaben ab. Sie können hier

pauschal nicht angegeben werden.
Es sind jedoch nicht so starke Voraussetzungen nötig wie bei deterministischen Prozeßgruppen. Es empfiehlt sich die asynchrone Interprozeßkommunikation, da die Wartezeit bei einer Kommunikation nicht von der Synchronisation innerhalb der Prozeßgruppe abhängig sein soll.
– Höhere Performanz als deterministische Prozeßgruppen.

4.3.2.3 Daten- und operationshomogene Prozeßgruppen

Prozeßgruppen lassen sich nach /Liang, Chanson et. 90/ anhand ihrer Realisierung von Operationen und der Verwaltung von Objekten klassifizieren. Es existieren die folgenden vier Gruppenarten:

○ Daten- und operationshomogene Prozeßgruppen
○ Operationshomogene Prozeßgruppen
○ Datenhomogene Prozeßgruppen
○ Heterogene Prozeßgruppen

Daten- und operationshomogene Prozeßgruppen
Eine daten- und operationshomogene Prozeßgruppe besteht aus Prozessen, wobei alle Prozesse dieselben Operationen bereitstellen. Jeder der Prozesse verfügt über eigene Daten. Die Daten der Prozesse sind identisch.

Beispiel
Ein verteilter Uhren-Service in einem Netzwerk stellt eine daten- und operationshomogene Prozeßgruppe dar. Jeder Rechnerknoten hat seine eigene lokale Uhr. Eine zentrale Uhr sendet an alle lokalen Uhren periodisch eine *Zeit*. Jede lokale Uhr speichert diese Zeit und extrapoliert bis zur nächsten Kommunikation mit der zentralen Uhr die Zeit. Somit wird das sogenannte *Clock-Drifting* bei mehreren Uhren minimiert. Die lokalen Uhren auf den verschiedenen Rechnerknoten stellen zusammen eine daten- und operationshomogene Prozeßgruppe dar. ❑

Damit die Prozeßgruppe nach außen ein konsistentes Verhalten zeigt, muß für eine Datenkonsistenz innerhalb der Gruppe gesorgt werden.
Wird eine Interprozeßkommunikation von einem Klientenprozeß an die Prozeßgruppe gerichtet, führen alle Mitglieder die geforderte Operation aus (deterministische Prozeßgruppe). Daten- und operationshomoge-

ne Prozeßgruppen erhöhen die Erreichbarkeit und Zuverlässigkeit eines Dienstes, falls die Prozesse der Prozeßmenge auf eine verteilte Hardware *verstreut* werden können. Sie spielen bei fehlertoleranten Systemarchitekturen eine besondere Rolle.

Operationshomogene Prozeßgruppen
Die Gruppendaten bzw. die Verwaltung des Gruppenzustandes ist unter den Prozessen der Gruppe aufgeteilt. Jeder Prozeß verwaltet nur einen kleinen Teil der Daten. Es können jedoch auch Überlappungen der Daten zwischen Prozessen vorkommen.

Die Operationen der Prozeßgruppe werden von allen Prozessen identisch realisiert, wobei bei der Realisierung nur die Daten, für die der Prozeß zuständig ist, berücksichtigt werden. Findet eine Interprozeßkommunikation zwischen einem Klientenprozeß und der Prozeßgruppe statt, führen alle Prozesse der Gruppe diese Operation aus, insofern ihre verwalteten Daten durch die Klientenanforderung betroffen sind.

Bzgl. der daten- und operationshomogenen Prozeßgruppen findet bei einer operationshomogenen Prozeßgruppe eine größere Aufgabenteilung statt.

Beispiel: Verteilte Datenbank
Eine verteilte Datenbank stellt eine operationshomogene Prozeßgruppe dar. Jeder Teil der Datenbank wird durch einen eigenen Datenbank-Serverprozeß geschützt. Diese Prozesse stellen den Datenzugriff für Klientenprozesse bereit und realisieren die Synchronisation der Klienten.

Jeder Serverprozeß realisiert dieselben Zugriffsoperationen. Er verwaltet jedoch nur einen lokalen Teil der Datenbank. ❏

Datenhomogene Prozeßgruppen
Jeder Prozeß der Prozeßgruppe unterstützt Operationen auf denselben Daten. Die Operationen der *Gruppenmitgliedsprozesse* sind unterschiedlich.

Gewöhnlich übernimmt ein Verteilerprozeß die Aufgabenverteilung unter den *Mitgliedsprozessen* (s. Abschnitt 4.3.3.3, *Master-Slave*-Prozeßgruppe). Innerhalb der Prozeßgruppe muß eine Synchronisation der Prozeßgruppenmitglieder stattfinden (nichtdeterministische Prozeßgruppe).

Datenhomogene Gruppen haben den Sinn, die Schnittstelle zwischen den Klientenprozessen und der Prozeßgruppe zu minimieren. Sie unterstützt insbesondere das Prinzip der Ressourceabstraktion.

Beispiel
Gespiegelte Dateisysteme realisieren eine datenhomogene Prozeßgruppe. Jeder Prozeß verwaltet dieselben Daten. Der Prozeß, der die gespiegelten Daten verwaltet, verfügt über Operationen zur Dateirestaurierung, die der Prozeß, der die ursprünglichen Daten verwaltet, nicht anbietet. ❏

Heterogene Prozeßgruppen
Die von den Prozessen einer Prozeßgruppe verwalteten Daten und realisierten Operationen sind untereinander heterogen. Eine Koordinierung der Prozeßmitgliederprozesse kann existieren, muß aber nicht.

Alle Gruppenmitgliedsprozesse reagieren auf denselben Stimulus, können also durch eine Interprozeßkommunikation aktiviert werden (deterministische Prozeßgruppe).

Beispiel
Ein Sensor mißt eine physikalische Größe, die zu einem technischen Prozeß gehört. Die Sensordaten müssen angezeigt und für die Steuerung bzw. Regelung des technischen Prozesses weiter verarbeitet werden. Aus der Sicht des Sensors bildet die Anzeige- und die Steuerungseinheit eine Prozeßgruppe. Diese Gruppe ist eine heterogene Gruppe. Sie haben weder gleiche Daten noch unterstützen sie dieselben Operationen. Die Prozeßgruppe, bestehend aus Anzeige und Steuerung bzw. Regelung, wird durch einen gemeinsamen Stimulus aktiviert, der vom Sensor erzeugt wird. Mit der oben eingeführten Einteilung in deterministische und nichtdeterministische Gruppen handelt es sich hier um eine deterministische heterogene Prozeßgruppe. ❏

4.3.3 Prozeßgruppen und Prozeßtypen für Echtzeitsysteme

Bei nichtsequentiellen Softwaresystemen, speziell bei Echtzeitsystemen, sind die folgenden Prozeßtypen und Prozeßgruppen von besonderer Bedeutung (/Booch 87/, /Booch 91/, /Buhr 84/ usw.):

○ Serverstrukturen
○ Servergruppen
○ *Master-Slave*-Prozeßgruppen *(Master-Worker-Prozeßgruppe)*
○ Verteilerprozesse *(Scheduler*, Agent, Manager)
○ Transport- und Pufferprozesse

4.3.3.1 Serverstruktur

Eine Serverstruktur besteht aus einem Serverprozeß und mehreren Klientenprozessen. Der Serverprozeß bietet einen allgemeinen Dienst (System-Service) an. Dieser System-Service kann von den Klientenprozessen in Anspruch genommen werden. Ein Serverprozeß stellt eine **Aktions-** oder **Ressourceabstraktion** dar.

Der Serverprozeß muß seine Klienten **nicht** kennen. Er bietet vielmehr einen klientenunabhängigen Dienst an. Somit geht die Kommunikation zwischen einem Klienten- und Serverprozeß stets vom Klienten aus.

Bei der Kommunikation zwischen Klienten- und Serverprozeß kann unterschieden werden zwischen einer **uni-** und **bidirektionalen** Kommunikationsrichtung. Bei der unidirektionalen Kommunikationsverbindung erhält der Klient keine Quittierung seines Auftrags. Die Kommunikation findet nur in der Richtung vom Klientenprozeß zum Serverprozeß statt.

Bei der bidirektionalen zwischen Klienten- und Serverprozeß-Kommunikation findet eine Quittierung vom Serverprozeß zum Klientenprozeß statt. Zu diesem Zweck muß der Serverprozeß bei der Ausführung eines Auftrags seinen Auftraggeber kennen.

Kennzeichen
○ Serverprozesse realisieren das Prinzip der Aktions- und Ressourceabstraktion.
○ Bei der Verwendung einer direkten Adressierung bei einer Prozeßkommunikation müssen dem Serverprozeß alle Klientenprozesse bekannt sein. Es können dynamisch keine neuen Klientenprozesse erzeugt werden.
○ Für eine Serverstruktur bietet sich die Verwendung von Ports an.
○ Bei der Verwendung des synchronen Botschaftenkonzepts kann ein *Flaschenhals* zwischen dem Serverprozeß und den Klientenprozessen entstehen. Speziell beim Rendezvouskonzept und zeitintensiven Servicen muß ein zusätzlicher Pufferungsprozeß dem Serviceprozeß vorgeschaltet werden.
○ Ein Serverprozeß kann mit den Konzepten gemeinsame Speicherbereiche und dem Botschaftenkonzept realisiert werden. Bei der Verwendung von gemeinsamen Speicher stellt er ein Ressourceabstraktion dar.
○ Serverprozesse können durch andere *Strukturen* überlagert sein. Ein Klientenprozeß kann so Dienste von mehreren Serverprozessen in Anspruch nehmen.

152   4 Prinzipien für den Entwurf von Echtzeitsystemen

○ Serverprozesse stellen *langlebige* Prozesse dar.

4.3.3.2 Servergruppe

Wird ein Dienst *(Service)* von mehreren Moduln und Prozessen bereitgestellt, so handelt es sich um eine Servergruppe. Die folgende Abb. 4-22 zeigt zwei unterschiedliche Servergruppen.

Es existieren zwei Arten von Gruppen, die **lose** und die **gekoppelte Servergruppe**. In Abb. 4-22 ist die obere Servergruppe lose und die untere gekoppelt.

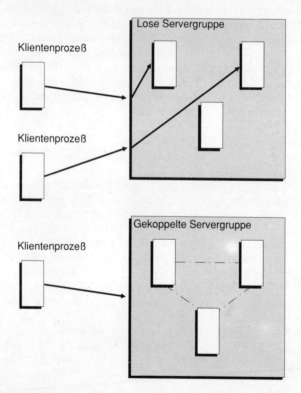

Abb. 4-22: Servergruppen

4.3 Strukturierung

○ **Lose Servergruppe**
Mehrere in ihrer Funktionalität gleichartige Prozesse oder Moduln stellen eine Gruppe dar. Die Funktionalität jedes Gruppenmitglieds ist gleich. Klientenkommunikationen werden unter den einzelnen Serverprozessen aufgeteilt. Hierzu kann der Klientenprozeß direkt eine Kommunikation mit einem Serverprozeß oder -modul eingehen, oder es gibt einen Verteilerprozeß *(dispatcher, scheduler)*, der die Klientenanfragen nach einer bestimmten Strategie auf die einzelnen Serverprozesse und -modulen aufteilt.

Beispiel: Servergruppe von Druckprozessen
Können von einem System aus mehrere Drucker angesteuert werden, so werden die einzelnen Drucker durch einen Prozeß, der eine Ressourceabstraktion darstellt, umkapselt. Zusammen bilden alle Druckerprozesse eine Servergruppe. Hierbei können die Drucker auch unterschiedlich sein. Klientenprozesse können nun direkt jeden einzelnen Drucker ansprechen. In diesem Fall handelt es sich um eine lose Servergruppe.
In dem Fall der Servergruppe *Drucker* ist es sinnvoll, eine lose Servergruppe mit Verteilerprozeß zu realisieren. Es existiert in der Servergruppe zusätzlich ein Druckverteiler, der nun als einziger Prozeß von den Klientenprozessen angesprochen wird. Seine Aufgabe ist es, die Druckjobs gleichmäßig auf die Drucker, unter Berücksichtigung von Druckzeiten, Druckkosten und Druckeigenschaften eines jeden Druckers, zu verteilen. Hierbei wird vorausgesetzt, daß die Daten von jedem Drucker gedruckt werden können.
❑

○ **Gekoppelte Servergruppe**
Mehrere unterschiedliche Prozesse oder Moduln stellen einen **gemeinsamen** Dienst zur Verfügung. Zur Realisierung einer gekoppelten Servergruppe findet eine Aufgabenteilung unter den Prozessen und Moduln statt. Zusätzlich existiert eine Prozeß, der die Klientenanfragen entgegennimmt und die Prozesse der Servergruppe mit den Teilaufgaben anstößt. Hierbei kann dieser Prozeß selbst Teilaufgaben zur Lösung der Klientenanfrage erfüllen. Dieser Prozeß stellt das Gesamtergebnis zur Verfügung indem er die Teilergebnisse zusammenfügt.

Beispiel: Datenbankzugriff
Zugriffe auf eine Datenbank können durch eine gekoppelte Servergruppe realisiert werden. Die Anfrage eines Klienten wird von mehreren Datenbank-Prozessen bearbeitet. Ein *Transaktionsserver* über-

nimmt die Synchronisation von Anfragen und ein *Datenserver* stellt anschließend die Daten dem Klientenprozeß zur Verfügung.

Kennzeichen von losen und gekoppelten Servergruppen
○ Servergruppen unterstützen die Prinzipien Abstraktion und Hierarchisierung. Eine Servergruppe stellt im allgemeinen eine Ressourceabstraktion zur Verfügung.
○ Zur optimalen Auslastung einer losen Servergruppe ist ein Verteilerprozeß nötig, der für die optimale Auslastung der Servergruppenmitglieder sorgt.
○ Lose Servergruppen mit einem Verteilerprozeß sind sinnvollerweise mit einer Interkommunikationspufferung zu versehen. Der Verteilerprozeß stellt sonst einen Flaschenhals für die Intra-Prozeßkommunikation beim Rendezvouskonzept dar. Das asynchrone Botschaftenkonzept stellt für Servergruppen die beste Kommunikationsform dar.
○ Lose Servergruppen mit einem Verteilerprozeß sind leicht wart- und änderbar. Beim Hinzufügen neuer Server muß lediglich der Verteilerprozeß geändert werden.
○ Eine Servergruppe ist ein *langlebiges* Objekt.

4.3.3.3 *Master-Slave*-Prozeßgruppe

Die Abb. 4-23 zeigt den Aufbau einer typischen *Master-Slave*-Prozeßgruppe. Es existieren N voneinander **unabhängige** Prozesse *(Slaves)*, die über einen Verteilerprozeß *(Master)* verbunden sind. Der Verteilerprozeß löst eine Aufgabe, indem er die Aufgabe zerteilt und auf die von ihm abhängigen Prozesse *(Slaves)* verteilt. Diese Prozesse bearbeiten die Teilaufgabe für sich und geben das Ergebnis an den Verteilerprozeß wieder zurück. Der Verteilerprozeß fügt die einzelnen Teilergebnisse den Anforderung entsprechend zusammen und bildet das Gesamtergebnis.

Beispiel
Eine Feld von Meßdaten soll nach dem größten Element durchsucht werden. Es wird eine Prozeßgruppe eingerichtet, die aus einem Verteilerprozeß und N abhängigen Prozessen besteht. Die Daten liegen in einem gemeinsamen Speicher vor, auf den alle N+1 Prozesse zugreifen können. Die Abb. 4-24 verdeutlicht in Ada-ähnlicher Syntax die Aufgabenteilung unter den Prozessen. ❑

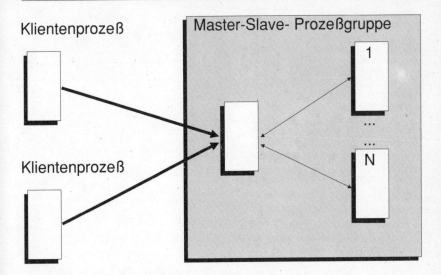

Abb. 4-23: *Master-Slave*-Prozeßgruppe

Kennzeichen
○ Die Inter-Prozeßkommunikation zu einer *Master-Slave*-Gruppe erfolgt stets über den Verteilerprozeß. Die von dem Verteilerprozeß abhängigen Prozesse können nicht von außerhalb der Prozeßgruppe angesprochen werden.
○ Die einzelnen abhängigen Prozesse können gleicher oder unterschiedlicher Art sein. Sind diese Prozesse von gleicher Art, so bietet sich das von den meisten Programmiersprachen (Systemumgebungen) angebotene Konzept eines Prozeßtyps an.
○ Die *Master-Slave*-Prozeßgruppe unterstützt das Abstraktionsprinzip. Insbesondere ist diese Prozeßgruppe für komplexe Aktionsabstraktionen einsetzbar. Viele mathematische Algorithmen sind mit dem Prinzip der *Master-Slave*-Gruppe parallelisierbar.
○ In einigen Fällen ist es sinnvoll, den Verteilerprozeß ebenfalls eine Teilaufgabe des Gesamtproblems lösen zu lassen, damit er nicht untätig auf die Ergebnisse seiner abhängigen Prozesse warten muß.
○ Die *Master-Slave*-Prozeßgruppe ist eine spezialisierte gekoppelte Server-Prozeßgruppe. Die Spezialisierung liegt darin, daß die *Slave*-Prozesse nicht untereinander direkt kommunizieren. Sie sind nur mit dem *Master*-Prozeß verbunden.

```
-- Anzahl der Slaves
N: constant := 10;
Anzahl_Meßdaten: constant := 100;
Feld: array (1..Anzahl_Meßdaten) of Meßdaten;
task Master is
   entry start (Max: out integer);
   entry erledigt -- Synchronisation mit den Slaves
end Master;
task body Master is
   Maximum: integer;
   Max_Feld: array (1..N) of Meßdaten;
   task type Slave is
      entry arbeite (Id: in positive);
   end Slave;
   Slaves: array (1..N) of Slave; -- N Slaves
   task body slave is
      Prozeß_Id: positive;
      i: integer; -- Hilfsvariable
   begin
      accept arbeite(Id: in positive) do  -- Arbeitsannahme
         Prozeß_Id:=Id;
      end arbeite;
      -- Feld in Schritten von N durchsuchen
      Max_Feld(Prozeß_Id):=Feld(Prozeß_Id);
      i:=Prozeß_Id;
      loop
         exit when i > Anzahl_Meßdaten;
         if Max_Feld(Prozeß_Id) < Feld(i) then
            Max_Feld(Prozeß_Id):=Feld(i);
         end if;
         i:=i+N;
      end loop;
      -- Master erhaelt Nachricht ueber die vollendete Arbeit
      Master.erledigt;
   end Slave;
begin
   accept start(Max: out integer) do  -- Start
      -- Aufgabenverteilung
      for i in 1 .. N loop
         Slaves(i).arbeite(i);
      end loop;
      -- Warten auf die Terminierung aller Prozesse
      for i in 1 .. N loop
         accept erledigt do
            null;
         end erledigt;
      end loop;
      -- Ergebnisse der Slaves auswerten
```

Abb. 4-24: Beispiel einer *Master-Slave*-Prozeßgruppe (Teil 1)

```
        Maximum:=Max_Feld(1);
        for i in 2 .. N loop
           if Maximum < Max_Feld(i) then
              Maximum:=Max_Feld(i);
           end if;
        end loop;
        Max:=Maximum;
     end start;
end Master;
```

Abb. 4-24: Beispiel einer *Master-Slave*-Prozeßgruppe (Fortsetzung)

4.3.3.4 Verteilerprozesse *(Scheduler, Dispatcher, Agent, Manager)*

Bei den Verteilerprozessen handelt es sich um Systemkomponenten, die die *anfallende Arbeit* in dem System aufteilen und für die Verwaltung der Prozesse zuständig sind. Sie stellen somit die *Manager* in dem Prozeßsystem dar. Sie realisieren die übergeordneten Systemkomponenten und Systemfunktionen.

Ein wesentlicher Verteilerprozeß in einem Echtzeitsystem verwaltet den Prozessor. Er wird gewöhnlich mit dem Begriff **Scheduler** bezeichnet. Der Scheduler verwaltet die Ressourcen der Hardware und teilt diese Ressourcen den Prozessen zu. Der Scheduler muß bei der Ressourceverteilung die Zeitbedingungen der Prozesse berücksichtigen. Es existieren mehrere Scheduling-Strategien in Abhängigkeit von der verwendeten Hardware und dem verwendeten Kommunikations- und Synchronisationskonzept. Sie werden im Kapitel 6 *Prozeßkoordinierung* ausführlich vorgestellt.
/Buhr 84/ unterteilt die Verteilerprozesse weiterhin in
- *Secretary-*,
- *Agent-* und
- *Manager-*Prozesse.

*Secretary-*Prozeß

Ein *Secretary*-Prozeß ist ein Prozeß, der einen *Service* zur Verfügung stellt, diesen jedoch durch andere Prozesse realisieren läßt. Er übernimmt die Koordinierung dieser Prozesse, nimmt den Auftrag entgegen und liefert das Ergebnis zurück. Die Verteilerprozesse in Servergruppen stellen *Secretary*-Prozesse dar.

4 Prinzipien für den Entwurf von Echtzeitsystemen

Agent-Prozeß
Dies ist ein spezieller *Secretary*-Prozeß, der zusätzlich zu den Secretary-Prozeßaufgaben noch eigene **unabhängige** Tätigkeiten übernimmt. Zur Erbringung dieser unabhängigen Tätigkeiten kommuniziert der Prozeß mit weiteren Prozessen. Aus softwaretechnischer Sicht widerspricht jedoch die Zusammenlegung von mehreren unabhängigen Aufgaben dem Prinzip Abstraktion.

Manager-Prozeß.
Ein Prozeß, der durch Kommunikation mit anderen Prozessen eine *übergeordnete* Systemfunktion zur Verfügung stellt.

4.3.3.5 Puffer- und Transportprozesse

Puffer- und Transportprozesse stellen Bindeglieder zwischen den einzelnen Systemkomponenten dar. Ihre Aufgabe ist es, die einzelnen Komponenten **lose** zu koppeln und den Datentransport zwischen diesen Komponenten zu unterstützen.
Es muß zwischen Puffer- und Transportprozessen unterschieden werden. Die Abb. 4-25 spiegelt die Unterschiede zwischen den beiden Prozeßarten wider.

Pufferprozeß
Ein Pufferprozeß stellt einen passiven Prozeß dar. Von ihm geht keine Kommunikation aus. Seine Aufgabe ist es, die Daten eines Erzeugerprozesses entgegenzunehmen und solange zu speichern, bis ein Verbraucherprozeß diese Daten abholt. Von einem Pufferprozeß gehen keine *Aktionen* aus. Pufferprozesse stellen Ressourceabstraktionen dar.

Transportprozeß
Im Gegensatz zu einem Pufferprozeß können von einem Transportprozeß einzelne Aktionen ausgehen. Er übernimmt aktiv das Entgegennehmen und das Verteilen von Daten zwischen einem Verbraucher- und Erzeugerprozeß. Hierbei geht die Kommunikation für das Entgegennehmen und Verteilen von Daten von ihm aus.
Mischformen zwischen Puffer- und Transportprozeß sind möglich. Entweder geht das Holen oder das Ablegen der Daten vom Puffer- und Transportprozeß aus.

4.4 Fehlertolerante Echtzeitsysteme

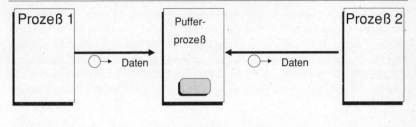

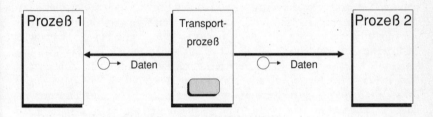

Internes Gedächtnis

Abb. 4-25: Transportprozeß und Pufferprozeß

Transportprozesse eignen sich zum Realisieren der globalen Adressierung (Briefkästen, *Mailbox*).

4.4 Fehlertolerante Echtzeitsysteme

Motivation
Das korrekte Funktionieren von Echtzeitsystemen ist bestimmt durch die Ermittlung von korrekten Ergebnissen und durch die *zeitgerechte* Ermittlung dieser Ergebnisse.
  Die Einsatzgebiete für Echtzeitsysteme liegen zum größten Teil in der Steuerung und Regelung von technischen Anlagen bzw. Prozessen. Ein nicht korrektes Ausführen dieser Aufgaben führt zur Gefährdung von Menschenleben und der technischen Anlage selbst. Als Konsequenz ergibt

4 Prinzipien für den Entwurf von Echtzeitsystemen

sich, daß bei der Entwicklung von Echtzeitsystemen *Fehler* vermieden und auf *nicht vermeidbare Fehler* während des Betriebs in dem Sinne reagiert werden muß, daß zum einen keine Gefährdung von System und Mensch auftritt und zum anderen der Betrieb insgesamt oder von den elementaren Subsystemen aufrecht gehalten wird. Der technische Prozeß bzw. die technische Anlage muß stets in einem gewissen Rahmen *kontrollierbar* bleiben.

Die Entwicklung von fehlertoleranten Systemen ist bereits in der Hardwareentwicklung Stand der Technik, im Bereich der Softwareentwicklung jedoch Neuland. Der derzeitige Stand in der Entwicklung fehlertoleranter Softwarekonzepte liegt in der Übertragung der hardware-erprobten Fehlertoleranzkonzepte auf die Softwareentwicklung. Hierbei werden diese Konzepte auf sequentielle und nebenläufige Systeme übertragen. Eine direkte Anwendung für Echtzeitsysteme mit Behandlung von Zeitschranken existiert bis heute nur ausnahmsweise (s. Kapitel 6 *Prozeßkoordinierung*). In diesem Kapitel werden die fehlertoleranten Verfahren für nebenläufige Programme vorgestellt, die Auswirkungen auf die Entwurfsphase haben. Sie lassen sich auf die meisten Echtzeitsysteme übertragen.

Insbesondere bei der Erstellung von zuverlässiger Software existieren die zwei folgenden prinzipiellen Ansätze:

○ Erstellung fehlerfreier Software (Perfektion)
○ Erstellung fehlertoleranter Software

Erstellung von fehlerfreier Software
Die Erstellung von fehlerfreier Software ist gebunden an einen Beweis der Korrektheit eines Programms bzgl. der Spezifikation. Dies ist z.T. in speziellen Fällen durch einen symbolischen Test oder i. allg. durch eine Programmverifikation möglich. In der industriellen Praxis stellt jedoch die Programmverifikation zur Zeit kein verwendetes Testverfahren dar.

Auch mit der Verwendung der Programmverifikation kann die Fehlerfreiheit eines Echtzeitsystems nicht garantiert werden. Zum einen kann durch die Programmverifikation auch kein fehlerfreies Ablaufen des Echtzeitsystems sichergestellt werden, da stets eine Kopplung von Hardware und Software gegeben ist. Zum anderen ist ein Echtzeitsystem an eine Systemumgebung gebunden. Zur Systemumgebung gehören insbesondere alle Peripheriegeräte und der Benutzer.

Erstellung von fehlertoleranter Software

Als Alternative bei der Erstellung von zuverlässiger Software ergibt sich die Entwicklung von fehlertoleranter Software. Ein System akzeptiert eine gewisse Art und Menge von Fehlern und hält den Betrieb in gewissen Schranken aufrecht. Hierbei muß die Software gewöhnlich
○ physikalische Fehler,
○ Softwarefehler und
○ Fehler durch falsche Bedienung (Bedienungsfehler)
erkennen, lokalisieren und für den weiteren Betrieb beheben oder umgehen (/Syrbe 84/).

Physikalische Fehler der Hardware können durch entsprechende Maßnahmen, wie Qualitätsprüfung der Hardware, Überdimensionierung usw. minimiert, jedoch nicht ausgeschlossen werden. Ein System muß Hardwareausfälle erkennen, lokalisieren und ihnen durch Gegenmaßnahmen, wie z.b. erneute Prozeßplazierung in einem verteilten System, entgegenwirken.

Wie oben beschrieben können **Softwarefehler** i. allg. nur durch eine Programmverifikation ausgeschlossen werden. Beim fehlertoleranten Ansatz muß ein System in der Lage sein, einzelne Systemkomponenten auf Fehler zu überprüfen und gegebenenfalls Gegenmaßnahmen, wie z.b. die Rekonfiguration des Gesamtsystems durch Hinzubinden neuer Systemkomponenten (Moduln und Prozesse), zu ergreifen.

Bedienungsfehler durch den Menschen können durch den Entwurf einer *ergonomischen* und *problemangemessenen* Benutzungsoberfläche minimiert werden.

Bedienungsfehler, die die Sicherheit und Zuverlässigkeit des Echtzeitsystems gefährden, müssen erkannt und dem Bediener verdeutlicht werden.

Ein fehlertolerantes Echtzeitsystem kann nicht allein durch fehlertolerante Software erreicht werden. Vielmehr muß das gesamte System fehlertolerante Eigenschaften aufweisen. Dementsprechend besteht ein fehlertolerantes Echtzeitsystem aus fehlertoleranter Software und fehlertoleranter Hardware.

Die folgenden Abschnitte erläutern die Konzepte zur Erstellung von fehlertoleranten Echtzeitsystemen. Es wird
○ eine Begriffsbildung vorgenommen,
○ das Konzept der Fehlertoleranz in Echtzeit- und nebenläufigen Systemen verdeutlicht und
○ die Verfahren zur Erzeugung von fehlertoleranten Softwaresystemen klassifiziert und beschrieben.

4.4.1 Begriffsbildung und Definitionen

In der Literatur findet man eine Unmenge von Definitionen, die sich mit Korrektheit und dem Fehlerfall innerhalb eines Softwaresystems befassen. Übliche Begriffe sind *bug, crash, error, failure, fault* usw. Hierbei existieren keine einheitlichen Definitionen. Im Rahmen dieses Buches werden deshalb **gebräuchliche** Begriffe und Definitionen gewählt. Insbesondere werden die Begriffe **Fehler, Fehlerursache, Fehlerausprägung, Zuverlässigkeit, Sicherheit** und **Fehlertoleranz** definiert.

Der Begriff Fehler wird in Anlehnung an /Liggesmeyer 90/ folgendermaßen definiert:

Fehler
Als Fehler wird jede Abweichung der tatsächlichen Ausprägung einer Qualitätseigenschaft von der vorgesehenen Soll-Ausprägung und jede Inkonsistenz zwischen der Spezifikation bezeichnet.

Folgende Fehler müssen im Rahmen der Fehlertoleranz unterschieden werden:

○ Physikalische Fehler
○ Permanente Fehler
○ Zeitlich flüchtige Fehler (transiente)
○ Mit zeitlichen Unterbrechungen auftretende Fehler (intermittente)

Je nachdem welche Art eines Fehlers in einem konkreten Fall vorliegt, muß eine entsprechende Fehleridentifizierungs-, Fehlerlokalisierungs- und Fehlerbehebungsstrategie vom Echtzeitsystem gewählt werden.

Im Zusammenhang mit Fehlern sind die Begriffe Fehlerursache und Fehlerausprägung von Bedeutung (/Liggesmeyer 90/):

Fehlerursache
Unter der Fehlerursache wird der Grund für das Auftreten eines Fehlers bezeichnet.

Fehlerausprägung
Unter der Fehlerausprägung *(error)* wird die *wahrnehmbare* Auswirkung einer Fehlerursache bezeichnet.

4.4 Fehlertolerante Echtzeitsysteme

Innerhalb der Fehlertoleranz sind weiterhin die Begriffe Zuverlässigkeit und Sicherheit (s. Kapitel 2 *Entwurf komplexer Echtzeitsysteme*) von Bedeutung (/Etzrodt 84/ und /Syrbe 84/):

Zuverlässigkeit *(reliability)*
Die Zuverlässigkeit eines technischen Systems ist der Grad seiner Eignung (z.B. Wahrscheinlichkeit), die vorgesehenen Aufgaben unter bestimmten Betriebsbedingungen, während einer bestimmten Zeitspanne zu erfüllen.

Der Begriff Zuverlässigkeit darf nicht mit dem Begriff Sicherheit vermischt oder verwechselt werden. Der Begriff Sicherheit macht Aussagen über ein System im Fehlerfall. Zuverlässigkeit bezieht sich nicht auf einen Fehlerfall.

Sicherheit *(safety)*
Die Sicherheit eines technischen Systems ist der Grad der Nichtgefährdung von Mensch, System und Umwelt in bestimmten Bereichen von Betriebszuständen, unter anderem auch bei Störungen und Fehlerbedingungen.

Der zentrale Begriff der Fehlertoleranz geht über die Zuverlässigkeit und Sicherheit hinaus (/NTG 3004 82/).

Fehlertoleranz
Fähigkeit eines Systems, auch mit einer begrenzten Zahl fehlerhafter Subsysteme seine spezifizierte Funktion zu erfüllen.

Das Gesamtsystem muß trotz eines oder mehrerer Fehler seine Systemleistungen erbringen. Insbesondere bei Echtzeitsystemen müssen *alle* Zeitschranken eingehalten werden.

Die oben aufgeführte Definition von Fehlertoleranz ist für Echtzeitsysteme einzuschränken, da hier mit einer unendlichen Anzahl von unterschiedlichen Fehlern und mit schwerwiegenden Fehlern, wie z.B. dem Hardareausfall, gerechnet werden muß.

Einschränkungen der Fehlertoleranz bei Echtzeitsystemen
Graceful Degradation, Fail Soft: Im Fehlerfall ist zumindest ein eingeschränkter Betrieb des Echtzeitsystems möglich. Alle wichtigen Subsysteme erbringen ihre Systemleistungen. Weniger wichtige Subsysteme dürfen versagen.

4.4.2 Fehlertoleranz in Echtzeit- und nebenläufigen Systemen

Generell ist das Vorgehen bei der Fehlertoleranz durch die Fehlerdiagnose und die Fehlerbehandlung gekennzeichnet (Abb. 4-26).

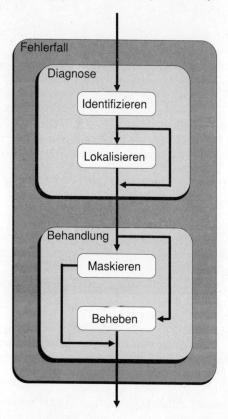

Abb. 4-26: Konzept der Fehlertoleranz

Die Fehlerdiagnose unterteilt sich in die Fehleridentifizierung und Fehlerlokalisierung.

4.4.2.1 Fehlerdiagnose

Bei der Fehleridentifizierung wird eine Fehlerausprägung festgestellt. Hierbei ist es sinnvoll, die Art des Fehlers zu identifizieren. Man unterscheidet
○ permanente Fehler,
○ flüchtige Fehler und
○ zeitlich vorübergehende Fehler.

Bei der Fehlerlokalisierung ist die Fehlerklassifizierung in
○ interne Fehler *(internal)*,
○ externe Fehler *(external)* und
○ „durchdringende" Fehler *(pervasive)*
geläufig (/Anderson, Knight 83/).

Interne Fehler sind Fehler, die nur Auswirkungen auf einen Prozeß (Modul) haben. Der Prozeß selbst identifiziert und behebt den internen Fehler. Hierzu verwenden Prozesse eine interne Ausnahmebehandlung *(exception handling)*. **Externe Fehler** sind ebenfalls Fehler in einem Prozeß, die nur Auswirkungen auf diesen Prozeß haben. Der Fehler kann jedoch nicht von dem Prozeß selbst intern behandelt werden. Sie werden durch *Exceptions* nach außen zur externen Fehlerbehandlung weitergegeben. **„Durchdringende" Fehler** innerhalb eines Prozesses haben Auswirkungen auf mehrere Prozesse. Der Fehler kann nicht innerhalb des Prozesses (Moduls) behandelt werden.

Fehleridentifizierung
Für die Erkennung der Fehlerausprägungen stehen die Möglichkeiten des
○ Tests,
○ der Plausibilitätskontrolle und
○ der Mehrfachermittlung von Ergebnissen
zur Verfügung.

Beim **Test** wird ein Prüfling mit Testdaten versorgt. Das korrekte Ergebnis ist bekannt und wird mit dem ermittelten Ergebnis verglichen. Bei Abweichungen liegt ein Fehlerfall vor. Für die Erkennung von Softwarefehlern ist der Test i. allg. nicht geeignet. Er ist insbesondere für die Erkennung von physikalischen Fehlern geeignet.
Bei der **Plausibilitätskontrolle** werden Ergebnisse bzw. Teilergebnisse auf Konsistenz überprüft. Plausibilitätskontrollen haben bei der Entwick-

lung von fehlertoleranter Software eine große Bedeutung. Durch die Kenntnis des Leistungsumfangs einer Softwarekomponente lassen sich leicht Plausibilitätskontrollen realisieren. Endergebnisse können insbesondere im Zusammenhang mit ihren Eingaben auf Plausibilität untersucht werden. Um eine frühstmögliche Fehlererkennung zu erreichen, sind insbesondere die Eingabedaten bereits auf Plausibilität zu untersuchen.

Eine einfache jedoch aufwendige Möglichkeit der Erkennung von Fehlerausprägungen ist die **mehrfache Ermittlung** von Ergebnissen und ihr Vergleich untereinander. Im Zusammenhang mit Software ist jedoch dabei zu beachten, daß die mehrfache Ermittlung von **unterschiedlichen** Programmkomponenten vorgenommen wird. Dies impliziert, daß die Systemkomponenten getrennt entworfen und unterschiedlich implementiert worden sind. Um Fehler durch Entwicklungssoftware auszuschliessen, sind bei der Entwicklung unterschiedliche Entwicklungsumgebungen zu verwenden.

Fehlerlokalisierung
Für die Behandlung von Fehlern ist eine **Fehlerlokalisierung** von größter Bedeutung. Es muß die fehlerhafte Systemkomponente ermittelt werden. Ziel der Fehlerlokalisierung ist es, den Fehlerort möglichst konkret und früh zu identifizieren.

Die Problematik liegt hierbei in der Fehlerfortpflanzung durch mehrere Subsysteme hindurch. Zur Vermeidung der Fehlerfortpflanzung ist ein komplexe Fehlererkennung nötig. Sinnvollerweise muß jede einzelne Systemkomponente bei einer Berechnung auf das Vorkommen von Fehlern getestet werden, um eine Fehlerbehandlung auf der Ebene der Systemkomponenten zu ermöglichen.

Die Fehlerdiagnose ist durch folgende Problematiken gekennzeichnet:
O Eine Fehlerausprägung kann zu mehreren Fehlern gehören. Eine eindeutige Beziehung zwischen der Fehlerausprägung und dem eigentlichen Fehler ist nur schwer herstellbar.
O Die Anzahl der unterschiedlichen Fehler ist unbegrenzt. Von einer festen Anzahl von Fehlerquellen kann nicht ausgegangen werden.
O Die Fehlerfortpflanzung erschwert die Lokalisierung von Fehlern. Zusammenhänge zwischen erkannter Fehlerausprägung und Fehler sind schwer herzustellen.

4.4.2.2 Fehlerbehandlung

Bei der Fehlerbehandlung können zwei Fehlerbehandlungsmethoden unterschieden werden. Zum einen existiert die **Fehlermaskierung** und zum anderen die **Fehlerbehebung**.

Fehlermaskierung
Eine gängige Methode der Fehlerbehandlung stellt die Fehlermaskierung dar. Wenn eine Fehlerausprägung erkannt wurde, wird das fehlerhafte Ergebnis ignoriert. Hierbei kann das Programm nun unterschiedlich vorgehen:
1) Das fehlerhafte Ergebnis wird ignoriert,. Durch Extrapolieren wird ein neues Ergebnis erzeugt. Eine weitere Möglichkeit besteht darin ein altes Ergebnis zu verwenden.
2) Das Ergebnis wird ignoriert. Es wird versucht, das Ergebnis erneut zu beschaffen. Einerseits kann hierbei bei nichtpermanenten Fehlern die fehlerhafte Systemkomponente erneut verwendet werden. Andererseits ist das Ergebnis durch andere Systemkomponenten zur Verfügung zu stellen.
3) Beim Auftreten eines Fehlers wird die Systemkomponente *definiert* verlassen und ein konsistenter Systemzustand hergestellt. Moderne Programmiersprachen stellen zu diesem Zweck sogenannte *Exception*-Behandlungen zur Verfügung, die bei Auftreten eines Fehlers eine Systemkomponente *definiert* verlassen und den Fehlerzustand an andere Systemkomponenten weiterreichen.
4) Eine einfache Möglichkeit bei **unkritischen** Systemleistungen liegt darin, auf die Systemleistung im konkreten Fehlerfall zu verzichten. Der Fehler muß gemeldet und protokolliert werden. Das Programm und die Programmstruktur werden nicht verändert. Diese Möglichkeit macht insbesondere in Verbindung mit nichtpermanenten Fehlern Sinn.

Fehlerbehebung
Bei der *Fehlerbehebung* muß die Fehlerstelle lokalisiert sein. Durch Maßnahmen der Softwarerekonfigurierung wird dann versucht, die Struktur des Programms so zu verändern, daß die fehlerhafte Systemkomponente entfernt und die Leistungen dieser Systemkomponente durch eine andere Systemkomponente oder durch andere Systemkomponenten zur Verfügung gestellt wird.

Eine Fehlerbehebung ist nicht nur auf Softwarefehler beschränkt. Fehler in der Hardwarestruktur können ebenfalls durch eine Softwarerekonfiguration beseitigt werden. Beim Ausfall eines Rechnerknotens in einem verteilten System ist z.B. ist der Rechnerknotenverlust durch eine neue Prozeßplazierung auszugleichen.

Problematik bei der Fehlerbehebung:
Durch die Fehlerfortpflanzung bezieht sich die Fehlerbehebung nicht nur auf eine Systemkomponente, sondern es müssen zusätzlich alle Systemkomponenten, die durch den Fehler bedingt falsche Daten erhalten haben, *aktualisiert* werden. Die insbesondere hierbei auftretenden Fehler sind bei den *Roll-Back-Recovery*-Verfahren beschrieben.

4.4.3 Verfahren zur Erstellung von fehlertoleranter Software

Das Gebiet der Erstellung von fehlertoleranter Software ist ein aktuelles Forschungsgebiet in der Informatik. Der heutige *state of the art* entspricht bei weitem noch nicht den Möglichkeiten. In der Zukunft ist mit der Entwicklung fehlertoleranter Softwarekonzepte speziell für Echtzeitsysteme zu rechnen.

Die Verfahren zur Fehlertoleranz gliedern sich in die folgenden zwei Bereiche auf:

○ Verfahren, die mit Redundanz (Mehrfachberechnung) Fehlertoleranz erreichen
○ Verfahren, die durch sequentielle Mehrfachberechnung Fehlertoleranz erreichen.

Die Abb. 4-27 klassifiziert die Verfahren zur Erstellung von fehlertoleranten Softwaresystemen.

Fehlertoleranz durch redundante Mehrfachberechnung wird durch das Verfahren der N-Versionen-Programmierung erreicht. Fehlertoleranz durch sequentielle Mehrfachberechnung wird durch die unterschiedlichen Varianten des *Recovery Block*-Verfahrens erreicht. Bei den Varianten können die Konzepte *Conversation* und *Exchange* angewendet werden. Das *Consensus Recovery Block*-Verfahren mischt die Konzepte der N-Versionen-Programmierung und des *Recovery Block*-Verfahrens.

4.4 Fehlertolerante Echtzeitsysteme

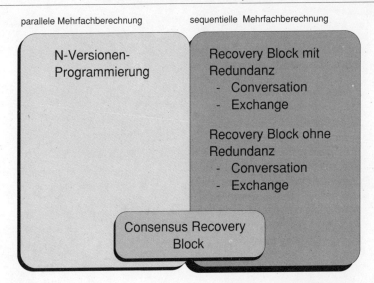

Abb. 4-27: Klassifikation der Verfahren zur Erstellung von fehlertoleranter Software

Fehlertoleranz-Ansätze, die durch eine konkret vorliegende Aufgabenstellung bestimmt sind, werden hier nicht betrachtet. Bei der Klassifikation der Verfahren zur Erstellung fehlertoleranter Software werden nur Verfahren betrachtet, die allgemein auf ein Softwaresystem anwendbar sind.

4.4.3.1 N-Versionen-Programmierung

Das Verfahren der N-Versionen-Programmierung *(N-version-programming)* basiert auf der Idee der Redundanz und der Tatsache, daß mehrere Versionen einer Software nicht dieselben, sondern unterschiedliche Fehler beinhalten (/Avizienis 85/). Für eine Softwaresystemkomponente werden N unterschiedliche Versionen erstellt (N > 1). Diese N Versionen führen unabhängig die gleiche Berechnung durch. Ergebnisse bzw. Zwischenergebnisse werden durch einen **Entscheidungsalgorithmus** analysiert. Der Entscheidungsalgorithmus identifiziert fehlerhafte Berechnungen und bildet ein einheitliches Gesamtergebnis für die N Versionen. Die Abb. 4-28 verdeutlicht das Konzept der N-Versionen-Programmierung mit N = 2.

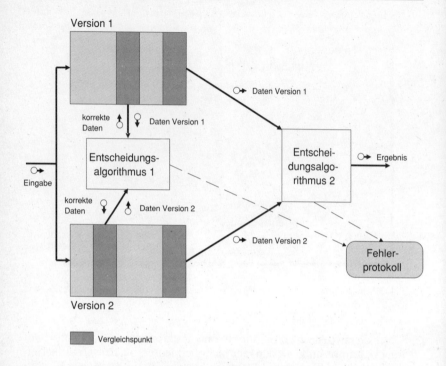

Abb. 4-28: N-Versionen Programmierung mit N=2

Es können mehrere **Vergleichspunkte** in einer Softwarekomponente existieren. Jedem Vergleichspunkt kann ein eigener Entscheidungsalgorithmus zugeordnet sein. Auftretende Fehler werden protokolliert.

Die Entwicklung der N-Versionen ist an folgende Randbedingungen gebunden:

○ Ausgangspunkt für die Entwicklung aller N Versionen ist eine einzige Spezifikation. Die Spezifikation muß neben der *eigentlichen* Problemspezifikation erweitert sein um:
  – Vergleichspunkte *(Cross-check-points)*
    Es werden die Vergleichspunkte für die Versionen festgelegt. Es existiert zumindest ein Vergleichspunkt für die N-Versionen, der mit dem Ende einer jeden Version zusammenfällt. Es können je-

doch auch mehrere interne Vergleichspunkte existieren. Für jeden Vergleichspunkt müssen die Daten, die Datenformate und die Zeitschranken (z.T. weiche Zeitschranken) in der Entwurfsphase spezifiziert sein.
- Entscheidungsalgorithmus
  Für jeden Vergleichspunkt muß ein Entscheidungsalgorithmus spezifiziert werden, der die N Ergebnisse analysiert und aus diesen Ergebnissen das *korrekte* Ergebnis bildet und liefert.
- Fehlerbehandlung
  Zu jedem Vergleichspunkt kann eine Fehlerbehandlung existieren. Die Fehlerbehandlung gibt an, wie mit den fehlerhaften Versionen, die durch den Entscheidungsalgorithmus erkannt worden sind, fortgefahren wird.
○ Ausgehend von der Spezifikation müssen alle N Versionen von **unterschiedlichen** Personen oder Teams entwickelt werden. Ein Informationsaustausch unter den Personen oder Teams ist zu vermeiden.
○ Der Entwurf der Versionen sollte nach unterschiedlichen Methoden durchgeführt werden, um systematische Entwurfsfehler auszuschliessen.
○ Die Entwicklung der einzelnen Versionen sollte in unterschiedlichen Entwicklungsumgebungen durchgeführt werden. Es sollten z.B. unterschiedliche *Compiler* zur Softwareerstellung benutzt werden, um Code-Generierungsfehler auszuschliessen.

Kennzeichen der N-Versionen-Programmierung
○ Fehlererkennung durch Mehrfachprogrammierung. Der Entscheidungsalgorithmus kann unabhängig vom eigentlichen Problem bestimmt werden und ist somit universell einsetzbar. Er basiert nur auf dem Vergleich von Ergebnissen.
○ Eine Fehlerbehebung findet nicht statt. Ein Fehler wird für die aktuelle Berechnung maskiert.
○ Der Entscheidungsalgorithmus ist selbst nicht fehlertolerant und stellt eine mögliche Fehlerquelle dar.
○ Fehler durch die Laufzeitumgebung werden nicht festgestellt, insofern alle Versionen auf die gleiche Laufzeitumgebung Bezug nehmen.
○ Die N-Versionen-Programmierung kann nicht eingesetzt werden, wenn mehrere Ergebnisse korrekt sein können. Dies ist speziell bei Rundungsfehlern bei arithmetischen Berechnungen möglich. In diesem Fall wird ein problemangemessener Entscheidungsalgorithmus benötigt.

Auswirkungen auf die Entwurfsphase
O Entwicklung von mehreren unterschiedlichen Entwürfen für ein Problem.
O Benutzung unterschiedlicher Entwurfsstrategien für die einzelnen Entwürfe.
O Entwurf von Entscheidungsalgorithmen.
O Zusätzlicher Entwurf für die Koordinierung der einzelnen Versionen.

4.4.3.2 Recovery Block

Bei dem Verfahren des *Recovery Blocks* wird versucht, einen Fehler während der Laufzeit im Programm zu identifizieren und anschließend die Software auf einen definierten Startpunkt zurückzusetzen (/Koo, Toueg 87/ und /Scott, Gault et. 87/). Die Software startet dann von diesem Punkt aus erneut die nötigen Berechnungen. Hierzu wird entweder dieselbe Software oder neue Software verwendet. Permanente Fehler können nur durch die Verwendung einer neuen Softwarekomponente für die fehlerhafte Softwarekomponente behoben werden. Flüchtige Fehler, z.B. eine fehlerhafte Kommunikation in einem verteilten System, kann durch die nochmalige Ausführung der *alten* Software behoben werden. Damit das Softwaresystem an einem Startpunkt wieder anlaufen kann, muß der Systemzustand des Startpunkts bekannt sein. Er muß zuvor von dem System selbst auf einem externen Speichermedium gesichert worden sein.
  Die Abb. 4-29 verdeutlicht das Verfahren.
  Die Vorgehensweise beim *Recovery Block*-Verfahren kann in die folgenden Schritte zerlegt werden:
O Zustandssicherung auf externem Speichermedium
  Nach gewissen Zeiträumen muß der Systemzustand extern gesichert werden. Mit Hilfe des gesicherten Systemzustandes muß das System in der Lage sein, neu zu starten. Die Größe der Zeitspanne und die Punkte, an denen eine Zustandssicherung vorgenommen wird, ist stark vom eigentlichen System abhängig. Es können keine allgemeinen Algorithmen zur Bestimmung der Zeitspanne und der Sicherungsorte angegeben werden.
  Bei nebenläufigen Systemen muß für jeden Prozeß oder für mehrere Prozesse zusammen eine eigene Zustandssicherung existieren.
O Akzeptanztest
  Der Akzeptanztest analysiert Ergebnisse auf das Vorhandensein von Fehlern. Der Akzeptanztest ist abhängig von der Software, die er

4.4 Fehlertolerante Echtzeitsysteme

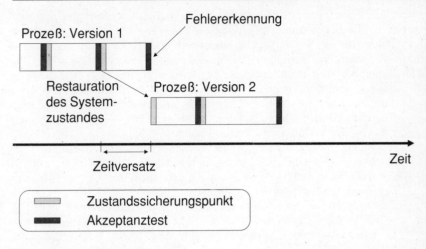

Abb. 4-29: *Recovery Block*-Verfahren

überwacht. Es können keine allgemeinen Verfahren zur Erstellung eines Akzeptanztestes ohne Kenntnisse des vorliegenden Problems gegeben werden.
O Restauration des alten Systemzustandes
Entdeckt der Akzeptanztest einen Fehler, so muß das System restauriert werden. Es muß ein alter Systemzustand installiert werden. Das System wird dann von diesem Zustand aus gestartet. Je nachdem ob ein permanenter oder flüchtiger Fehler vorlag, können folgende Strategien für den Neustart gewählt werden:
– Softwarerekonfiguration
Es wird eine neue Systemkomponente für die fehlerhafte Komponente ausgeführt. Für die Erstellung der neuen Systemkomponente gelten die Bedingungen der N-Versionen-Programmierung.
– Keine Softwarerekonfiguration
Lediglich die Zeit, wann die Software ausgeführt wird, hat sich durch das Restaurieren verändert.

Problematik: Fehlerfortpflanzung
Tritt ein Fehler in einem Prozeß auf und wird dieser Fehler lokalisiert, so reicht i. allg. eine lokale Restauration für diesen Prozeß nicht aus. Vielmehr sind Prozesse, die in einer Kommunikation mit diesem Prozeß

standen, ebenfalls betroffen. Auch sie müssen sich restaurieren und neu starten. Hierbei existieren folgende Probleme:
O Daten, die der Prozeß ereignisgesteuert über die Systemumgebung – z.B. Sensoren – erhalten hat, können nicht restauriert werden. Die Eingabedaten können entweder vernachlässigt oder alle Eingabedaten müssen gepuffert werden. Die gesicherten Werte können dann nach dem Neustart verarbeitet werden. Es ist jedoch dabei zu beachten, daß eine zeitliche Verschiebung für diese Datenwerte vorliegt und z.T. verfälsche Daten verarbeitet werden.
O Ausgaben, die ein Prozeß während der fehlerhaften Ausführung gemacht hat, können nicht restauriert werden. Ausgabedaten müssen vor dem Weiterreichen jeweils auf Plausibilität untersucht werden, um eine Fehlerausbreitung zu vermindern.
O Zustandsrestaurationen können mehrere Zustandsrestaurationen desselben Prozesses bewirken. Dieser Effekt ist unter dem Namen **Domino-Effekt** bekannt (/Anderson, Knight 83/). Abb. 4-30 veranschaulicht das Problem.

Bedingt durch die Prozeßkommunikation kann eine Zustandsrestauration eine Zustandsrestauration bei anderen Prozessen herbeiführen.

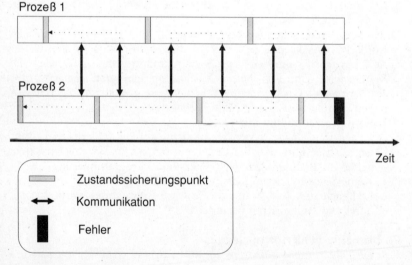

Abb. 4-30: Domino-Effekt

4.4 Fehlertolerante Echtzeitsysteme

Diese neue Prozeßrestauration kann jedoch wiederum dazu führen, daß eine erneute Prozeßrestauration im ursprünglichen Prozeß nötig wird.
Diese Problematik zeigt auf, daß die Punkte für die Zustandssicherung der einzelnen Prozesse aufeinander abgestimmt werden müssen.
O Durch eine Restauration eines Prozeßzustandes werden gewöhnlich Zustandsrestaurationen in anderen Prozessen hervorgerufen. Dies kann z.T. nicht gleichzeitig vonstattengehen. Es kann passieren, das ein bereits *restaurierter* Prozeß Daten an einen noch nicht restaurierten Prozeß versendet. Diese Daten gehen dann verloren. In diesem Fall muß eine neue Zustandsrestauration aller Prozesse stattfinden.

Kennzeichen des *Recovery Block*-Verfahrens
O Der Akzeptanztest ist für das vorliegende Problem zu erstellen. Es gibt keine allgemeinen Richtlinien für die Erstellung des Akzeptanztestes.
O Die Zustandssicherungspunkte werden durch das Problem selbst bestimmt. Es existieren auch hier keine allgemeingültigen Richtlinien für die Ermittlung der Zustandssicherungspunkte.

Auswirkungen auf die Entwurfsphase
O Entwurf von Akzeptanztests.
O Lokalisierung der Akzeptanztestpunkte.
O Planung und Entwurf der Zustandssicherung.
O Planung und Entwurf der Prozeßrestauration.
O Planung von Gegenmaßnahmen für den Domino-Effekt.

4.4.3.3 *Conversation*-Konzept

Beim *Recovery Block*-Verfahren existiert der Domino-Effekt, durch den eine mehrfache Restaurierung bei einem Fehler hervorgerufen werden kann. Zur Vermeidung des Domino-Effekts muß die Plazierung der Zustandssicherungspunkte der einzelnen Prozesse untereinander abgestimmt werden. Eine *Conversation* stellt solch eine Prozeßabstimmung dar (/Tyrell, Holding 86/ und /Anderson, Knight 83/).
Abb. 4-31 stellt eine *Conversation* graphisch dar. Eine *Conversation* besteht unter mehreren Prozessen, die durch Kommunikation verbunden sind. Beim Eintritt eines Prozesses in eine *Conversation* legt jeder Prozeß eine Zustandssicherung auf einem externen Speichermedium an. Die Pro-

4 Prinzipien für den Entwurf von Echtzeitsystemen

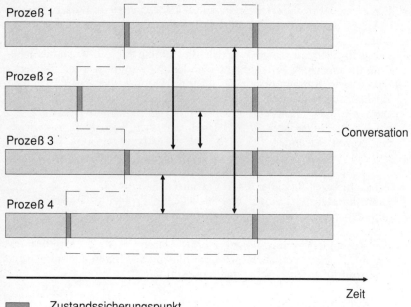

Abb. 4-31: *Conversation*

zesse müssen nicht gleichzeitig in eine *Conversation* eintreten. Es gilt jedoch die Einschränkung für das Betreten einer *Conversation*, daß alle Prozesse in eine *Conversation* eingetreten sein müssen, bevor die *Conversation* beendet ist. Während der *Conversation* können alle Prozesse, die in der *Conversation* sind, ohne Einschränkungen kommunizieren. Verlassen wird eine *Conversation* durch einen gemeinsamen Endpunkt. Innerhalb einer *Conversation* können nur die Mitglieder der *Conversation* untereinander kommunizieren. Eine Kommunikation mit auswertigen Prozessen ist nicht gestattet. Der gemeinsame Endpunkt ist mit einem Sicherungspunkt und einem Akzeptanztest verbunden. Wird der Akzeptanztest nicht erfolgreich bestanden, findet eine Restauration aller Prozesse in der *Conversation* statt. Alle Prozesse restaurieren den Zustand, den sie beim Betreten der *Conversation* angelegt haben.

4.4 Fehlertolerante Echtzeitsysteme

Kennzeichen des *Conversation*-Konzepts
O Es gelten die Kennzeichen des *Recovery Block*-Verfahrens

Auswirkungen auf die Entwurfsphase
O Entwurf von Akzeptanztests.
O Lokalisierung der Akzeptanztestpunkte.
O Planung und Entwurf der Zustandssicherung.
O Ermittlung von *Conversations*.

4.4.3.4 *Exchange*-Konzept

Das *Exchange*-Konzept geht von folgenden Voraussetzungen bzgl. des Systems aus (/Anderson, Knight 83/):
O Es handelt sich um ein nichtsequentielles System mit dynamischer Prozeßerzeugung.
O Die Prozeßstruktur des Systems ist durch einen zeitbehafteten Synchronisationsgraph beschreibbar (Abb. 4-32).

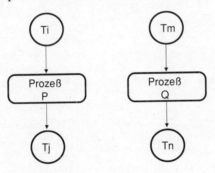

Abb. 4-32: Synchronisationsgraph

O Für die Prozeßkommunikation zwischen den Prozessen P und Q gelten folgende Einschränkungen (Abb. 4-32):
  − Kommunikation von P nach Q: $T_j \leq T_m$ (P vor Q)
  − Kommunikation von Q nach P: $T_n \leq T_i$ (Q vor P)
  − Kommunikation zwischen P und Q: $T_j = T_n$ (nebenläufig)

○ Für einen Exchange werden n Prozesse betrachtet, die durch die Kanten (P_1,T), (P_2,T), ... und (P_n,T) im Synchronisationsgraph gekennzeichnet sind.

Das *Exchange*-Konzept stellt eine Spezialisierung und Einschränkung des *Conversation*-Konzepts dar. Prozesse, die sich in einem *Exchange* befinden legen bei ihrer Erzeugung eine Zustandssicherung an. Sie befinden sich sofort nach ihrer Erzeugung in dem *Exchange*. Der *Exchange* ist beendet, wenn alle Prozesse vernichtet sind. Zu diesem Zeitpunkt können alle Zustandssicherungen vernichtet werden. Eine Prozeßkommunikation kann nur innerhalb eines *Exchange* stattfinden. Prozesse, die nicht in einem *Exchange* sind, können nicht mit Prozessen in einem *Exchange* kommunizieren.

Kennzeichen des *Exchange* Konzepts
○ Trotz der hohen Voraussetzungen ist dieses Konzept speziell bei zyklischen Echtzeitsystemen gut einsetzbar.
○ Effiziente Realisierung möglich.

Auswirkungen auf die Entwurfsphase
○ Entwurf von Akzeptanztests.
○ Planung und Entwurf der Zustandssicherung.

4.4.3.5 *Consensus Recovery Block*-Verfahren

Das *Consensus Recovery Block*-Verfahren stellt ein hybrides fehlertolerantes Verfahren dar (/Scott, Gault et. 87/). Es wird die N-Versionen-Programmierung und das *Recovery Block*-Verfahren gemischt, um die Nachteile der einzelnen Verfahren auszuschließen (Abb. 4-33).

Beim *Consensus Recovery Block*-Verfahren existieren N Versionen von einem Programm, ein Entscheidungsalgorithmus und ein Akzeptanzalgorithmus. Die N Programmversionen werden parallel ausgeführt. Alle Ergebnisse der einzelnen Versionen werden an den Entscheidungsalgorithmus weitergereicht, der eine vorläufige Analyse der Programmausgaben vornimmt. Wenn mehrere Versionen bzgl. einer Ausgabe übereinstimmen, wird dieses Ergebnis als korrektes Ergebnis verwendet. Kann der Entscheidungsalgorithmus kein korrektes Ergebnis identifizieren, wird ein modifizierter *Recovery Block* betreten. Es wird das „beste" Ergebnis mit einem Akzeptanztest überprüft. Ist die Überprüfung erfolgreich, so ist dies

4.4 Fehlertolerante Echtzeitsysteme

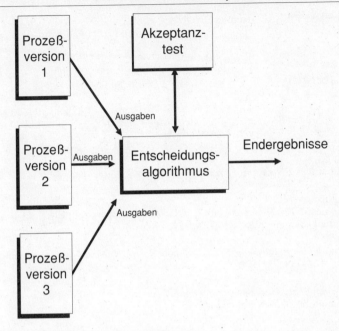

Abb. 4-33: *Consensus Recovery Block*-Verfahren

das korrekte Ergebnis. Andernfalls wird der Akzeptanztest auf das „nächstbeste" Ergebnis angewendet usw. Versagen alle Versionen, so hat das Verfahren insgesamt versagt.

Der Unterschied zum *Recovery Block*-Verfahren liegt darin, daß das *Recovery* parallel und nicht sequentiell stattfindet. Beim *Recovery Block*-Verfahren wird erst nach der Restauration die zweite Programmversion gestartet.

Kennzeichen des *Consensus Recovery Block*-Verfahrens
○ Hybrides Verfahren. Es wird das Konzept der N-Versionen Programmierung mit dem Konzept des *Recovery Block*-Verfahrens kombiniert.
○ Es gelten die Kennzeichen der N-Versionen Programmierung und des *Recovery Block*-Verfahrens.

Auswirkungen auf die Entwurfsphase
○ Entwurf von Akzeptanztests.
○ Entwurf eines Entscheidungsalgorithmus.

○ Mehrfacher Entwurf eines Prozesses.

4.5 Literatur

/Anderson, Knight 83/
   T. Anderson, J. C. Knight, *A framework for software fault tolerance in real-time systems*, IEEE Transactions on Software Engineering, Vol. SE-9, No. 3, May 1983

/Andrews 81/
   G. R. Andrews, *Synchronizing resources*, ACM Trans. Prog. Lang. Syst. Vol. 3, Nr. 4, 1981

/Avizienis 85/
   A. Avizienis, *The N-version approach to fault-tolerant software*, IEEE Transactions on Software Engineering, Vol. SE-11, No. 12, 1985

/Backus 78/
   J. Backus, *Can programming be liberated from the von Neumann style?*, Communications of the ACM, Vol. 21, 1978

/Balzert 82/
   H. Balzert, *Die Entwicklung von Software-Systemen – Prinzipien, Methoden, Sprachen, Werkzeuge*, B.I.-Wissenschaftsverlag, 1982

/Booch 87/
   Booch G., *Software engineering with Ada*, Benjamin/Cummings Publishing Company, Inc., 1987

/Booch 91/
   Booch G., *Object oriented design with applications*, Benjamin/Cummings Publishing Company, Inc., 1991

/Booch 91/
   Booch G., *Object oriented design*, Tutorial-Unterlagen OOPSLA Conference Phoenix Arizona, 10/1991

/Buhr 84/
   Buhr R. J. A., *System Design with Ada*, Prentice Hall, 1984

/Etzrodt 84/
   A. Etzrodt, *Technische Zuverlässigkeit – ein Überblick. Technische Zuverlässigkeit in Einzeldarstellungen*, R. Oldenbourg 1984

/Gomaa 84/
   H. Gomaa, *A Software Design Method for Real-Time Systems*, in Communications of the ACM, Nr. 9, 1984

/Gomaa 86/
   H. Gomaa., *Software Development of Real-Time Systems*, in Communications of the ACM Nr. 7, 1986

/Gomaa Taylor, 85/
   H. Gomaa., J. R. Taylor, *Software Design of a Robot Controller*, in Proceedings of the IEEE Conference on Industrial Electronics, 1985

4.5 Zitierte Literatur

/Jackson 79/
M. A. Jackson, *Grundsätze des Programmentwurfs*, Darmstadt 1979

/Koo, Toueg 87/
R. Koo, S. Toueg, *Checkpointing and rollback-recovery for distributed systems*, IEEE Transactions on Software Engineering, Vol. SE-13, Nr. 1, 1987

/Leler 90/
W. Leler, *Linda meets unix*, COMPUTER, Februar 1990

/Liang, Chanson 90/
L. Liang, S.T. Chanson, G.W. Neufeld, *Process groups and group communications: classifications and requirements*, COMPUTER, Nr. 2, 1990

/Liggesmeyer 90/
P. Liggesmeyer, *Modultest und Modulverifikation*, B.I.-Wissenschaftsverlag, 1990

/Mendelbaum, Finkelman 89/
Mendelbaum H. G., Finkelman D., *CASDA: Synthesized Graphic Design of Real-Time Systems*, in IEEE Computer Graphics & Applications, Nr. 1, 1989

/Myers 78/
G. J. Myers, *Composite/structured design*, Van Nostrand/Reinhold, 1978

/Nielsen 90/
K. Nielsen, *Ada in distributed Real-Time Systems*, McGraw-Hill, 1990

/Nielsen, Shumate 87/
K. Nielsen., K. Shumate, *Designing Large Real-Time Systems With Ada*, Computer Practices, August 1987

/Nielsen, Shumate 88/
K. Nielsen, k. Shumate, *Designing Large Real-Time Systems With Ada*, McGraw-Hill, 1988

/NTG 3004 82/
NTG 3004, *Zuverlässigkeit im Hinblick auf komplexe Software und Hardware, Entwurf einer Ntg-Empfehlung*, Nachrichten technische Zeitung, Nr. 35, 1982

/Scott, Gault 87/
R. K. Scott, J. W. Gault, D.F. McAllister, *Fault-tolerant software reliability modeling*, IEEE Transactions on Software Engineering, Vol. SE-13, Nr. 5, 1987

/Sneidewind 89/
N. F. Sneidewind, *Distributed system software design paradigm with application to computer networks*, IEEE Trans. on Software Eng., Vol. 15, Nr. 4, 1989

/Syrbe 84/
M. Syrbe, *Zuverlässigkeit von Realzeitsystemen: Fehlermanagement*, Informatik-Spektrum, Nr. 7, 1984

/Tanenbaum, van Renesse 85/
A. S. Tanenbaum, R. van Renesse, *Distributed operating systems*, ACM Computer Surveys, Dec. 1985

/Tyrrell, Holding 86/
A. M. Tyrrell, D. J. Holding, *Design of reliable software in distributed systems using the conversation scheme*, IEEE Transactions on Software Engineering, Vol. SE-12, Nr. 9, 1986

5 Methoden der Entwurfsphase

5.1 Einführung

Methode
Eine Methode ist ein systematisches schrittweises Verfahren, das die Vorgehensweise zum Erreichen eines oder mehrerer Ziele beschreibt. Eine Entwurfsmethode der Softwaretechnik muß die Entwurfsziele, die im Kapitel 3 *Entwurf von komplexen Echtzeitsystemen* beschrieben sind, sicherstellen.

Im Rahmen des Buches werden lediglich Methoden für die Entwurfsphase behandelt. Sie werden im folgenden mit dem Begriff Entwurfsmethoden bezeichnet. Methoden für die Definitionsphase, für den Entwurf von sequentieller Software, für die Implementierungsphase und für das Softwaremanagement sind unter anderem in /Balzert 82/ beschrieben und werden hier nicht weiter betrachtet.

Prinzipielle Anforderungen an eine Methode
○ Eine Methode sollte Entscheidungen nicht vorwegnehmen. Die Entwicklung einer Softwarekomponente ist ein zeitlich ausgedehnter Vorgang. Entscheidungen, die früh getroffen worden sind, haben Auswirkungen auf den späteren Softwareentwurfsprozeß. Diese nachhaltigen Auswirkungen auf den späteren Entwurfsprozeß sind zumeist bei der Entscheidungsfindung nicht vorhersehbar. Somit sollte eine Methode Entscheidungen nicht früher als nötig treffen.
○ Eine Methode muß den zeitlichen Verlauf des Softwareentwurfs unterstützen. Der Entwurf eines Softwaresystems benötigt einen längeren Zeitraum, so daß nicht alle Informationen über das Softwaresystem zu einer bestimmten Zeit existieren. Während der Entwicklung entstehen laufend neue Informationen, die in den Entwurfsprozeß miteinbezogen werden müssen. Eine Methode muß deshalb gegenüber neuen Informationen, Erkenntnissen und daraus resultierenden Änderungen offen sein. Die Entwurfsmethode muß eine *iterative* Vorgehensweise unterstützen.
○ Eine Entwurfsmethode muß zielorientiert und angemessen im Hinblick auf das zu erreichende Ziel sein. Sie muß das Ziel konsequent

verfolgen. Der Aufwand für die Anwendung der Methode muß im angemessenen Verhältnis zum erreichten Ziel stehen.
Man unterscheidet zwischen
○ **problemunabhängigen** (allgemeinen) und
○ **problemabhängigen**
Entwurfsmethoden.

Problemunabhängige (allgemeine) Entwurfsmethoden
Problemunabhängige Entwurfsmethoden sind solche Entwurfsmethoden, die das Vorgehen ohne Kenntnisse über das konkret vorliegende Entwurfsproblem bestimmen. Sie beschreiben vielmehr das *prinzipielle* Vorgehen beim Lösen von Problemen bzw. Aufgaben. Bekannte problemunabhängige Entwurfsmethoden sind:

○ *Top-Down*
○ *Bottom-Up*
○ *Edges-In*
○ *Middle-Out*

Problemunabhängige Entwurfsmethoden zeichnen sich dadurch aus, daß sie bei Problemen jeder Art angewendet werden können. Sie sind allgemeine Methoden zur Erstellung von konstruktiven Lösungen für ein vorgegebenes Problem. Problemabhängige Entwurfsmethoden enthalten in irgendeiner Form eine oder mehrere allgemeine Methoden.
Problemunabhängige Entwurfsmethoden werden in diesem Buch nicht weiter betrachtet.

Problemabhängige Entwurfsmethoden
Problemabhängige Methoden bestimmen das Vorgehen in der Entwurfsphase durch Kenntnisse über das vorliegende Problem. Problemabhängige Methoden müssen die oben angeführten prinzipiellen Anforderungen an eine Methode erfüllen.
Die problemabhängigen Entwurfsmethoden für nebenläufige Systeme und Echtzeitsysteme sollten folgende Eigenschaften besitzen:
○ Die softwaretechnischen Prinzipien sollten in der Entwurfsmethode integriert sein. Die Entwurfsmethode muß sicherstellen, daß die softwaretechnischen Prinzipien eingehalten werden.
○ Die Entwurfsmethode muß für nebenläufige Programme und Echtzeitsysteme zugeschnitten sein.
○ Die Entwurfsmethode muß zielorientiert sein. Sie muß ein schnelles Auffinden einer akzeptablen Systemarchitektur unterstützen.

5.1 Einführung

○ Die Entwurfsmethode muß mit den Methoden der Implementierungsphase abgestimmt sein. Als Ergebnis der Entwurfsphase wird die Systemarchitektur auf der Modul- und Prozeßebene festgelegt. Diese Systemarchitektur sollte in der Implementierungsphase *prinzipiell* umsetzbar sein.
○ Die Entwurfsmethode muß neue Kenntnisse aus der Implementierungsphase in den Entwurf integrieren können.
○ Die Entwurfsmethode muß die Systemarchitektur eines Softwaresystems in angemessener Form darstellen, um der Implementierungsphase als Ausgangsdokument zu dienen.
Eine graphische Darstellung der Systemarchitektur ist hierbei wünschenswert aber nicht ausreichend.

Eine Entwurfsmethodik führt nicht zwingend zu einer optimalen Lösung. Sie versucht vielmehr, durch Einschränkung der Entwurfsfreiheiten eine verständliche und wartbare Systemarchitektur zu erreichen. Entwurfsmethodiken sind deshalb insbesondere bei der Entwicklung von komplexen Softwaresystemen einzusetzen. Sie sind somit ein Hilfsmittel zur Handhabung der Komplexität in der Entwurfsphase. *Überschaubare Probleme können auch ohne Anwendung einer bestimmten Entwurfsmethodik gelöst werden.*
Die Anwendung einer Entwurfsmethode garantiert nicht das Erreichen der gewünschten Ziele. Ihr Einsatz hat sich jedoch bei komplexen Systemen bewährt. Durch unsystematisches Vorgehen beim Entwurfsprozeß von komplexen Systemen ist das Ziel der Erstellung einer verständlichen und wartbaren Systemarchitektur für ein vorgegebenes Problem nicht erreichbar.

Die Methoden für den Entwurf von komplexen, nebenläufigen und echtzeitfähigen Softwaresystemen stehen noch in der Entwicklung. Es existieren noch keine Methoden, die den Entwerfer in allen Aspekten vollkommen unterstützen. Die Methoden von heute stellen vielmehr eine **grobe Vorgehensweise** dar, wobei bei den Methoden unterschiedliche Detaillierungsniveaus vorliegen. Insgesamt gehören alle Methoden dem Grobentwurf an. **Nur wenige Methoden weisen einen rudimentären Feinentwurf auf.** Keine Methode ist vollständig. Sie weisen große Defizite bei den Problemen
○ Integration von Software- und Hardwareentwurf
○ Abbildung der Systemarchitektur auf eine Hardwarestruktur
○ Prozeßkoordinierung *(scheduling),*
○ Prozessorüberlastung und

○ Fehlertoleranz

auf.

Die Methoden stellen eigentlich Methoden für komplexe nebenläufige Softwaresysteme dar. Die für harte Echtzeitanwendungen wichtigen zeitlichen Aspekte werden z.T. gar nicht oder nur rudimentär behandelt.

Klassifikation der problemabhängigen Entwurfsmethoden
Die beim Entwurf von komplexen, nebenläufigen und echtzeitfähigen Softwaresystemen existierenden Entwurfsmethoden werden in die folgenden drei Kategorien eingeteilt:

○ Funktionsorientierte (prozeßorientierte) Entwurfsmethoden
○ Datenorientierte Entwurfsmethoden
○ Objektorientierte Entwurfsmethoden

Die **funktionsorientierten (prozeßorientierten) Entwurfsmethoden** sind diejenigen Entwurfsmethoden, die im Entwurfsprozeß hauptsächlich das Prinzip der funktionalen Abstraktion (Aktionsabstraktion) verwenden. Die Identifikation und Isolierung von einzelnen datenunabhängigen Aktionen (Prozessen) steht im Vordergrund. Die Systemarchitektur beim funktionsorientierten Entwurf umfaßt Prozesse und Modulen, wobei die Prozesse und Modulen nicht über interne Daten verfügen. Die Daten des Systems liegen global vor und werden von Aktion zu Aktion transportiert.

Funktionsorientierte Entwurfsmethoden eignen sich für diejenigen echtzeitfähigen Softwaresysteme, die durch komplexe Aktionen und nicht durch komplexe Daten gekennzeichnet sind.

Datenorientierte Entwurfsmethoden basieren auf dem Prinzip der Ressourceabstraktion. Prinzipielle Entwurfsvorgehensweise ist die Identifikation der Systemdaten und der auf diesen Daten auszuführenden Aktionen. Daten und die auf diesen Daten definierten Aktionen stellen eine Einheit dar.

Beim Entwurf von nebenläufigen Systemen muß jedoch z.T. von der einheitlichen Sicht von Daten und den zugehörigen Operationen Abstand genommen werden, um eine parallele Ausführung von Aktionen, die auf denselben Daten arbeiten, zu ermöglichen.

Datenorientierte Entwurfsmethoden haben insbesondere für den Entwurf von komplexen nebenläufigen Softwaresystem eine große Bedeutung, da i. allg. die Systemdaten im Gegensatz zu den Aktionen keinen starken Änderungen bzgl. der Lebensdauer des Systems unterworfen sind.

5.1 Einführung

Die datenorientierten Entwurfsmethoden werden z.T. mit funktionsorientierten Entwurfsmethoden gekoppelt. Bei diesen Entwurfsmethoden werden die im System vorwiegend anfallenden Daten durch den datenorientierten Entwurfsansatz entworfen. Die wesentlichen Systemaktionen unterliegen einem funktionsorientierten Ansatz.

Objektorientierte Entwurfsmethoden sind der jüngste Entwurfsansatz. Sie stellen eine Erweiterung der datenorientierten Entwurfsmethoden dar. Daten und diejenigen Aktionen (nun Methoden genannt), die auf diesen Daten arbeiten, werden zu einer Einheit (Objekt) zusammengefaßt. Zusätzlich wird ein System durch die Konzepte
○ Klasse, Metaklasse,
○ Vererbung (einfache und mehrfache Vererbung) und
○ dynamisches Binden bei Methoden
strukturiert.

Die objektorientierten Konzepte Klasse, Metaklasse, Objekt, Vererbung und dynamisches Binden bei Methoden werden in diesem Buch als bekannt vorausgesetzt und nicht weiter erläutert.

Die Konzepte Klasse und Vererbung führen dazu, daß objektorientierte Softwaresysteme eine hohe Wiederverwendbarkeit aufweisen.

Der objektorientierte Entwurfsansatz ist der jüngste der drei Ansätze und ist noch in der Entwicklung. Es existieren bereits einige wenige Entwurfsmethoden für den Entwurf von rein objektorientierter Software, die nun für die Anwendung auf komplexe und echtzeitfähige Softwaresysteme erweitert werden.

Die Klassifikation der Methoden erfolgt nach dem oben angeführten Schema. Es werden funktionsorientierte, datenorientierte Entwurfsmethoden, Mischformen zwischen funktionsorientierten und datenorientierten Entwurfsmethoden und objektorientierte Entwurfsmethoden betrachtet. Für die Darstellungen von funktionsorientiert entworfener Systemsoftware existieren graphische Darstellungsformen, die speziell beim Prozeß-Scheduling große Bedeutung erlangt haben. Diese Darstellungsformen sind an keine Methode gebunden. Da sie jedoch nur für die Darstellung von funktionsorientierten Softwaresystemen geeignet sind, werden diese Darstellungsformen bei den funktionsorientierten Entwurfsmethoden vorgestellt.

Abb. 5-1 zeigt die in diesem Buch betrachteten Methoden unter Berücksichtigung der oben beschriebenen Klassifikation.

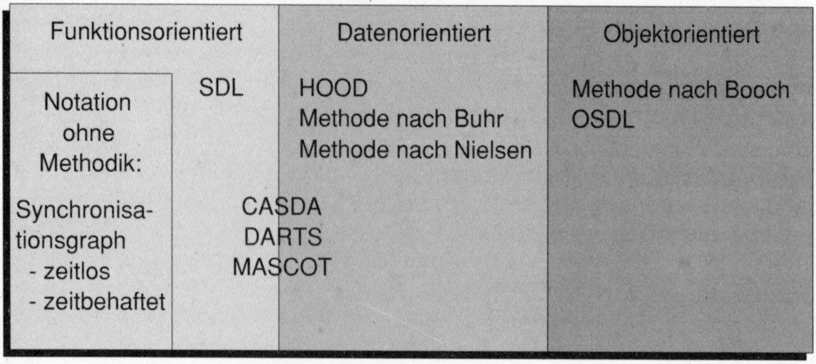

	Funktionsorientiert		Datenorientiert	Objektorientiert
Notation ohne Methodik:		SDL	HOOD Methode nach Buhr Methode nach Nielsen	Methode nach Booch OSDL
Synchronisationsgraph - zeitlos - zeitbehaftet			CASDA DARTS MASCOT	

Abb. 5-1: Klassifikation von Entwurfsmethoden

Für die Anwendung der Entwurfsmethoden auf komplexe und echtzeitfähige Softwaresysteme sind insbesondere folgende Aspekte von Bedeutung:

○ Welches Prozeßmodell unterstützt die Entwurfsmethodik?
○ Welche softwaretechnischen Prinzipien werden von der Entwurfsmethode unterstützt?
○ Welche Randbedingungen gelten für eine Entwurfsmethode?
○ Ist die Entwurfsmethodik an eine problemunabhängige Entwurfsmethodik gebunden?

Abb. 5-2 beantwortet diese Fragen für die betrachteten Entwurfsmethoden. Detailliertere Informationen zu einer Methode sind jeweils bei der Methodenbeschreibung angeführt.

Im weiteren Verlauf des Kapitels werden nun die einzelnen Methoden vorgestellt. Er werden nur die wesentlichen Methodenmerkmale herausgearbeitet. Zur Veranschaulichung der Methoden werden die Methoden auf kleine verständliche Beispiele angewendet, die jedoch nicht den hauptsächlichen Methodeneinsatz, der in der Entwicklung von komplexen und echtzeitfähigen Softwaresystemen liegt, widerspiegeln können.

	Zeitloser Synchronisationsgraph	Zeitbehafteter Synchronisationsgraph	SDL	CASDA	DARTS	MASCOT	HOOD	Buhr	Nielsen	Booch	Osdl
Prozeßmodell											
Synchrone Kom.	○	○		●	●			●	●	●	
Asynchrone Kom.			●	●	●	●	●		●	●	●
Gemeinsame Daten							○				
Statische Prozeßerzeugung	●	●		●	●	●					
Dynamische Prozeßerzeugung				●			●	●	●	●	●
Prozeßschachtelung							●	●	●		
Prinzipien											
Aktionsabstraktion	●	●	●	●	●	●	●	●	●	●	●
Ressourceabstraktion				●	●	●	●	●	●	●	●
Abstr. Ressourceabst.							●	●	●	●	
Informale Bindung				●	●	●	●	●	●	●	●
Aktionsbindung			●	●	●	●	●	●	●	●	●
Kommutative Bindung				●	●		●		●		
Bind. n. Zeitschranken				●	●						
Hierarchisierung			●	●	●	●	●	●	●	●	●
Modularisierung			●	●	●	●	●	●	●	●	●
Feinentwurf											
Sprachabhängigkeit			●				Ada	Ada	Ada		
Prozeß-Scheduling				○					○	○	
Verteiltheit				●		●			●	●	●

Legende: ○ → geringfügig; ● → zutreffend

Abb. 5-2: Eigenschaften von Entwurfsmethoden (Teil 1)

Allgemeine Kennzeichen	Zeitloser Synchronisationsgraph	Zeitbehafteter Synchronisationsgraph	SDL	CASDA	DARTS	MASCOT	HOOD	Buhr	Nielsen	Booch	Osdl
Graphisch			●	●	●	●	●	●	●	●	●
Textuell	●			●	●	●	●	●	●	●	●
Iterativ			●	●			●				
Top-Down			●	●	●	●	●	●			●
Edges In									●		
Round Trip										●	

Legende: $\bigcirc \rightarrow$ geringfügig; ● →zutreffend

Abb. 5-2: Eigenschaften von Entwurfsmethoden (Teil 2)

5.2 Synchronisationsgraphen

Die einzelnen Prozesse eines Echtzeitsystems sind mehr oder weniger miteinander gekoppelt. Die Prozesse kommunizieren untereinander und synchronisieren sich. Um diesen Sachverhalt auszudrücken, existieren mehrere Beschreibungsmittel für die Prozeßstrukturen und für die Systemarchitektur eines Echtzeitsystems.

Zum einen existieren Beschreibungsmethoden, die lediglich die reine Prozeßstruktur unter Berücksichtigung der Synchronisation darstellen. Bei der Synchronisation interessieren hier lediglich die Aspekte Sequenz und Nebenläufigkeit. Bei der Prozeßstruktur wird nur betrachtet, welche Prozesse nebenläufig oder sequentiell ausgeführt werden müssen. Es handelt sich hierbei um Synchronisationsgraphen. Im Gegensatz dazu existieren Beschreibungsmethoden für die Prozeßstruktur unter Berücksichtigung der Prozeßkommunikation und -Synchronisation. Auch sie stellen die

Systemarchitektur ohne Berücksichtigung von hardwarespezifischen Voraussetzungen dar. Sie legen die Daten für die Kommunikation, die Art der Kommunikation und die Synchronisationsmittel fest. Sie werden in späteren Abschnitten beschrieben.

Die Beschreibung der reinen Prozeßstruktur ist insbesondere sinnvoll für die Entwurfsgebiete Prozeß-Scheduling und Fehlertoleranz.

Bei der Beschreibung der reinen Prozeßstruktur unterscheidet man
○ zeitlose Synchronisationsgraphen und
○ zeitbehaftete Synchronisationsgraphen.

5.2.1 Zeitloser Synchronisationsgraph

Jeder Knoten des Graphs stellt einen Prozeß dar. Es können auch mehrere Knoten mit demselben Prozeß identifiziert werden (/Gonzalez 77/). Zwei Prozesse $Prozeß_i$ und $Prozeß_j$ sind durch einen gerichteten Pfeil von $Prozeß_i$ nach $Prozeß_j$ verbunden, wenn
○ $Prozeß_i$ vor der Ausführung von $Prozeß_j$ beendet sein muß, und wenn,
○ es keinen Prozeß gibt, der nach $Prozeß_i$ und vor $Prozeß_j$ ausgeführt werden muß.

Prozesse, die in einem Pfad des Synchronisationsgraphen angeordnet sind, müssen in der Pfadreihenfolge berechnet werden. Zwei Prozesse, die nicht über einen gerichteten Pfad verbunden sind, können ohne Einschränkung parallel ausgeführt werden. Ein Synchronisationsgraph ist ein endlicher azyklischer gerichteter Graph.

Beispiel: Protokollierung von Sensordaten
Es existieren zwei Sensoren, deren Daten jeweils durch den Prozeß *Sensor1 Datenerfassen* und *Sensor2 Datenerfassen* erfaßt werden. Nachdem die Daten erfaßt worden sind, werden sie durch die Prozesse *Sensordaten1 aufbereiten* und *Sensordaten2 aufbereiten* für die weitere Verarbeitung aufbereitet. Anschließend werden beide Sensordaten durch den Prozeß *Sensordaten anzeigen* auf einem Bildschirm angezeigt. Das Anzeigen findet erst dann statt, wenn beide Sensordaten existieren. Die aufbereiteten Sensordaten werden beide durch den Prozeß *Sensordaten verarbeiten* weiterverarbeitet und anschließend durch den Prozeß *verarbeitete Sensordaten* ausgegeben. *Sensordaten verarbeiten* benötigt zur Aktivierung beide aufbereiteten Sensordaten. Die Ausgabe seines Ergebnisses kann erst dann erfolgen, wenn die ursprünglichen Sensordaten bereits ausgegeben wurden (Abb.5-3). ❏

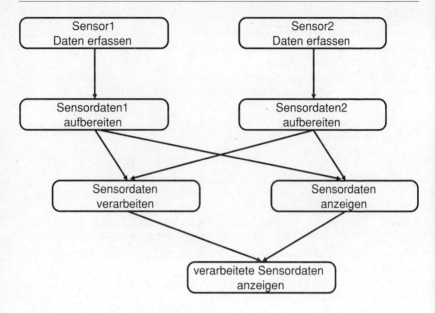

Abb. 5-3: Zeitloser Synchronisationsgraph

Problematik
- Bei einem Synchronisationsgraphen stellt sich die Synchronisation nur dadurch dar, daß ein Prozeß vollkommen vor einem anderen Prozeß abgearbeitet sein muß. Eine Synchronisation innerhalb eines Prozesses ist nicht möglich.
- Die Periodizität eines Prozesses kann nicht dargestellt werden. Mit einem Synchronisationsgraphen kann nur ein endlicher Zeitausschnitt aus der Prozeßausführung aufgezeigt werden (Szenario). Wird ein zyklischer Prozeß mehrmals während des dargestellten Zeitausschnitts ausgeführt, so existieren entsprechend viele Knoten für diesen Prozeß.

5.2.2 Zeitbehafteter Synchronisationsgraph

Ein zeitbehafteter Synchronisationsgraph ist ein endlicher, gerichteter, azyklischer und bipartiter Graph. Jeder Knoten des Graphen ist entweder mit einem Prozeß (Prozeßknoten) oder einer diskreten Zeit (Zeitknoten)

5.2 Synchronisationsgraphen

identfiziert. Mehrere Knoten können mit demselben Prozeß oder derselben Zeit identifiziert sein. Im zeitbehafteten Synchronisationsgraph existieren ein ausgezeichneter Start- und Endknoten. Die ausgezeichneten Knoten sind Zeitknoten. Für die Pfeile des Graphen gilt:

○ Ein Pfeil kann jeweils nur zwei Knoten vom unterschiedlichen Typ verbinden (Zeitknoten mit Prozeßknoten oder umgekehrt). Hierbei bedeutet ein Pfeil von einem Zeitknoten zu einem Prozeßknoten, daß der Prozeß erst nach der im Zeitknoten angegeben Zeit ausgeführt werden kann. Ein Pfeil von einem Prozeßknoten zu einem Zeitknoten bedeutet, daß der Prozeß vor der im Zeitknoten angegebenen Zeit vollkommen ausgeführt sein muß.
○ Prozeßknoten haben jeweils nur einen Eingangs- und einen Ausgangspfeil.
○ Der Startknoten hat keinen Eingangspfeil.
○ Der Endknoten hat keinen Ausgangspfeil.

Beispiel: Protokollierung von Sensordaten
Für die oben beschriebene Protokollierung von Sensordaten sind folgende Zeiten für die existierenden Prozesse bekannt:

	Anfangszeitschranke	Endzeitschranke
Sensor1 Datenen fassen	T_1	T_2
Sensor2 Datenen fassen	T_1	T_2
Sensordaten1 aufbereiten	T_2	T_3
Sensordaten2 aufbereiten	T_2	T_3
Sensordaten anzeigen	T_3	T_4
Sensordaten verarbeiten	T_3	T_5
verarbeitete Sensordaten	T_5	T_6

wobei gilt: $T_1 < T_2 < T_3 < T_4 < T_5 < T_6$

Für das beschriebene Beispiel erhält man den zeitbehafteten Synchronisationsgraphen (Abb. 5-4). Der Anfangs- und der Endknoten sind jeweils grau unterlegt. ❏

Problematik
Für den zeitbehafteten Synchronisationsgraphen existieren analoge Probleme wie beim Synchronisationsgraphen ohne Zeiten:

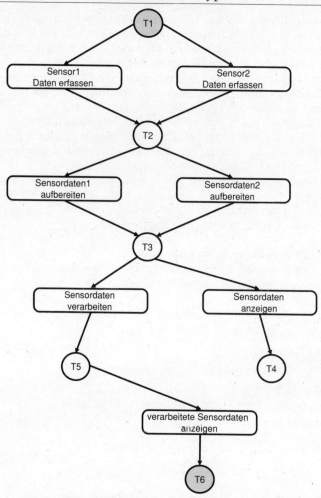

Abb. 5-4: Zeitbehafteter Synchronisationsgraph

○ Bei einem zeitbehafteten Synchronisationsgraph stellt sich die Synchronisation nur durch die Anfangs- und Endzeitschranke dar. Eine Synchronisation innerhalb eines Prozesses ist nicht möglich.
○ Die Periodizität eines Prozesses kann nicht dargestellt werden. Mit einem Synchronisationsgraphen kann nur ein endlicher Zeitausschnitt

aus der Prozeßausführung aufgezeigt werden. Der Zeitausschnitt beginnt mit der im Anfangsknoten angegebenen Zeit und terminiert mit der im Endknoten angegebenen Zeit. Wird ein zyklischer Prozeß mehrmals während des dargestellten Zeitausschnitts ausgeführt, so existieren entsprechend viele Knoten für diesen Prozeß.

Ausprägungen: Zeitbehaftete Prozeßknoten
Im Unterschied zu dem zeitbehafteten Synchronisationsgraphen handelt es sich bei dieser Ausprägung nicht um einen bipartiten Graphen. Ausgangspunkt ist der Synchronisationsgraph ohne Zeiten, dem durch eine Gewichtung Berechnungszeiten zugeordnet werden. Jedem Knoten wird ein Prozeß und ein Gewicht zugeordnet. Das Gewicht eines Knotens entspricht der Berechnungszeit des Prozesses (/Gonzalez 77/ und /Muntz, Coffman 70/).

5.3 SDL

Prozeßmodell
O Dynamische Prozeßerzeugung
O Verteilte Prozesse; keine gemeinsamen Speicherbereiche
O Asynchrone Prozeßkommunikation

Kennzeichen
O Spezialisierte Entwurfsmethode für Telekommunikationssoftware. Entwurfsmethodik übertragbar auf beliebige nebenläufige Software.
O Textuelle und graphische Entwurfsmethode
O Unterstützung der Definitions- und Entwurfsphase
O *Top-Down*-Entwurf
O Hierarchische Entwurfsvorgehensweise
O Datenflußorientierte Entwurfsmethode

Prinzipienunterstützung
O Modularisierung
O Abstraktion: Aktions- und Ressourceabstraktion
O Geheimnisprinzip
O Hierarchisierung

5.3.1 Methodik

SDL *(Specification and Description Language)* ist eine Entwurfsmethodik für Telekommunikationssoftware, die auf den Entwurf beliebiger verteilter Systeme übertragbar ist. SDL deckt die Definitions- und die Entwurfsphase ab. Der Entwurfsprozeß wird textuell und graphisch unterstützt. Die beiden Darstellungsformen sind zueinander äquivalent. In dieser Kurzzusammenfassung von SDL wird lediglich die graphische Darstellungsform vorgestellt. Eine ausführliche Beschreibung von SDL befindet sich in /CCITT 88/.

Der Entwurf mit SDL gliedert sich in mehrere einzelne Schritte. Zu diesen Schritten gehören:

○ Identifikation der groben Systemstruktur
○ Identifikation der Interaktionen zwischen den Entwurfskomponenten
○ Interner Entwurf der einzelnen Prozesse und Beschreibung der Aktionen

Identifikation der groben Systemstruktur
Der erste Entwurfsschritt ist die Identifikation der groben Systemstruktur. Hierzu unterstützt SDL Blockdiagramme. Die grobe Systemstruktur bzw. ein Blockdiagramm besteht aus **Blöcken** (Subsystemen). Die Blöcke sind untereinander durch **Kanäle verbunden**. Kanäle können auch zur *Systemaußenwelt* führen. Zu den Kanälen werden die Nachrichten, die über diesen Kanal transportiert werden, festgehalten.

Bei der Entwicklung der groben Systemstruktur ist eine hierarchische Vorgehensweise möglich.

Abb. 5-5 zeigt ein einfaches Blockdiagramm einer Steuerung in SDL.

Identifikation der Interaktionen zwischen den Entwurfskomponenten
Subsysteme kommunizieren untereinander. Zur Festlegung der Interaktion werden in SDL Interaktionsdiagramme *(sequence-chart)* verwendet. Ein Interaktionsdiagramm beschreibt ein Kommunikationsszenario in dem Gesamtsystem.

In einem Interaktionsdiagramm stellen Pfeile Kommunikationen unter Komponenten dar. Die vertikale Achse stellt die Zeitachse dar.

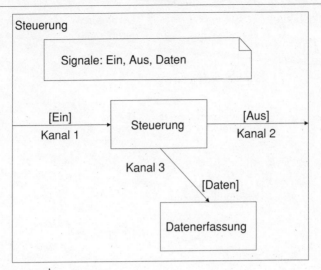

Abb. 5-5: Blockstruktur in SDL

Beispiel
Die Steuerung aus Abb. 5-5 wird verfeinert in die Komponenten *Systemumgebung*, *Steuerung*, *Teilaufgabenberechnung* und *Protokoll*. Abb. 5-6 zeigt das entsprechende Interaktionsdiagramm. ❑

Interner Entwurf der einzelnen Prozesse und Beschreibung der Aktionen
Ein Block oder Subsystem aus dem Blockdiagramm besteht aus Prozessen. SDL geht von einem eigenem Prozeßmodell aus, das folgende Kennzeichen hat:
○ Jeder Prozeß stellt einen erweiterten endlichen Automaten dar. Jeder Prozeß ist durch Zustände gekennzeichnet, in denen er auf Kommunikationsereignisse wartet. Eine eingehende Kommunikation stößt eine Zustandstransformation an. Bei den Zustandsübergängen können neue Prozesse erzeugt und lokale Prozeßdaten verwendet werden. Diese Eigenschaften eines Prozesses unterscheiden einen Prozeß in SDL von einem endlichen Automaten.
Prozessen liegt eine Prozeßschablone (Prozeßtyp) zugrunde. Ein Prozeß stellt eine Inkarnation von einem Prozeßtyp dar.
○ Prozesse kommunizieren asynchron mit dem Botschaftenkonzept. Das synchrone Botschaftenkonzept kann modelliert werden. Gemeinsame

198   5 Methoden der Entwurfsphase

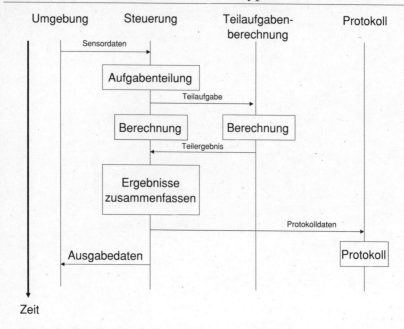

Abb. 5-6: Interaktionsdiagramm

Daten unter Prozessen existieren nicht.
Eine Kommunikation unter Prozessen hat die folgende syntaktische Form (in EBNF):

Botschaft = [Senderangaben] Empfängerangaben Ereignis
            [Priorität] [Daten | Datenverweis]

Zur Beschreibung eines Prozesses verwendet SDL *Zustandsübersichtsdiagramme* und *Zustandsdiagramme*.
Für jeden einzelnen Prozeß wird ein Zustandsübersichtsdiagramm spezifiziert. Es beschreibt die Zustandswechsel eines Prozesses durch das Eintreffen von Nachrichten. Ein Zustandsübersichtsdiagramm in SDL beinhaltet
O alle Prozeßzustände, einschließlich eines Anfangzustandes,
O alle möglichen Zustandswechsel und
O alle Nachrichten, die die einzelnen Zustandswechsel aktivieren.

5.3 SDL

Abb. 5-7 zeigt ein das Zustandsübersichtsdiagramm für den Prozeß *Steuerung* aus Abb. 5-6. Der Zustand *Aufgabenteilung* besteht aus der Partitionierung der Aufgabe und der eigenen Teilberechnung.

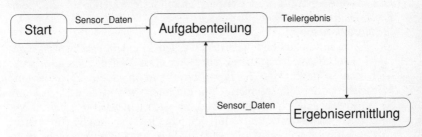

Abb. 5-7: Zustandsübersichtsdiagramm

Zu jedem Zustand des Prozesses gehört ein eigenes Zustandsdiagramm. Das Zustandsdiagramm beschreibt die Aktionen und Prozeßkommunikationen, die bei einem Zustandswechsel ausgeführt werden. Aktiviert wird der Zustandswechsel durch eine Nachricht. Nach dem Empfangen einer Nachricht führt der Prozeß sequentiell Aktionen, die auch auf lokale Prozeßdaten zugreifen und Kommunikationen mit anderen Prozessen durchführen können, durch.
Für die Zustandsdiagrammdarstellung existieren folgende Symbole:
○ Start-Symbol
  Jedes Zustandsübersichtsdiagramm beinhaltet genau ein Start-Symbol. Das Start-Symbol hat kein Vorgängersymbol. Es entspricht dem Prozeßstart.
○ Stop-Symbol
  Das Stop-Symbol repräsentiert das Prozeßende. Es hat kein Nachfolgersymbol.
○ Zustands-Symbol
  Das Zustands-Symbol kennzeichnet einen Prozeßzustand. Das Zustands-Symbol stellt das eigentliche Start-Symbol eines Zustandsdiagramms dar. Im Zustandsdiagramm folgen dem Zustands-Symbol Eingabe- und Sicherungs-Symbole.
○ Eingabe-Symbol
  Das Eingabe-Symbol folgt dem Zustands-Symbol im Zustandsdiagrammen. Es aktiviert den Zustandsübergang vom alten Prozeßzustand zum neuen Prozeßzustand, wenn eine Nachricht für den Prozeß vorliegt. Hierbei wird bei einer Prozeßeingabe festgelegt, auf welche Kommunikation der Prozeß wartet.

○ Ausgabe-Symbol
Das Ausgabe-Symbol symbolisiert das Versenden einer Nachricht.
○ Aktions-Symbol
Das Aktions-Symbol repräsentiert eine lokale Operation, die beim Zustandsübergang ausgeführt wird.
○ Sicherungs-Symbol
Die Nachrichten für einen Prozeß werden in einer dem Prozeß eigenen Nachrichtenwarteschlange verwaltet. Die Warteschlange arbeitet nach der Strategie *First In First Out*. Liegt in einem Zustand eine Nachricht in der Warteschlange an, die nicht bearbeitet werden kann, so wird diese gelöscht, und die nächste Nachricht wird bearbeitet. Mit einer Sicherungsanweisung kann jedoch diese Nachricht für spätere Zustandsübergänge gesichert werden. Die Nachricht, die nicht bearbeitet werden konnte, steht dann in dem Folgezustand wieder zur Verfügung. Das Sicherungs-Symbol folgt in einem Zustandsdiagramm direkt dem Zustands-Symbol.
○ Entscheidungs-Symbol
Das Symbol für eine Entscheidung erlaubt es, Zustandsübergänge in Abhängigkeit von Bedingungen zu beschreiben.
○ Prozeßerzeugungs-Symbol
Ein neuer Prozeß wird erzeugt.
○ Symbol für den nächsten Zustand
Das Symbol zeigt den Endzustand nach dem Zustandswechsel in einem Zustandsdiagramm an. Es hat keine Nachfolgersymbole.
○ Kommentar-Symbol
Dieses Symbol beinhaltet einen Kommentar.
○ N-Typ Prozeduraufruf-Symbol
Aufruf einer Prozedur. Für die Prozedur existiert ein eigenes Diagramm. Nach der Ausführung der Prozedur wird im Zustandsdiagramm nach dem Prozeduraufruf-Symbol fortgefahren.
○ X-Typ Prozeduraufruf-Symbol
Aufruf einer Prozedur, die zu einem Zustandsübergang führt. Der ursprüngliche Zustandsübergang ist somit beendet. Für die Prozedur muß ein eigenes Diagramm vorliegen.
○ Ergebnis-Symbol
Stellt das Ende einer N-Typ Prozedur dar. Es wird bei der Prozedurspezifikation von Prozeduren des Typs N verwendet. Es hat keine Nachfolgersymbole.
○ N-Typ Prozedurstart-Symbol
Start-Symbol für eine Prozedurspezifikation vom Typ N.

5.3 SDL

○ X-Typ Prozedurstart-Symbol
  Start-Symbol für eine Prozedurspezifikation vom Typ X

Die vorgestellten Symbole können nicht beliebig miteinander in den Diagrammen verbunden werden. Die erlaubten Symbolverbindungen in den Diagrammen werden mit Hilfe der EBNF angegeben. Die EBNF-Regeln erzeugen jeweils eine Sequenz von Symbolen, die jeweils miteinander verbunden sein können.

X-Typ_Prozedur ::=
  X-Typ Prozedurstart-Symbol *Mitte* Stop-Symbol

N-Typ_Prozedur ::=
  N-Typ Prozedurstart-Symbol *Mitte Ende*

Zustandsdiagramm ::=
  Anfang Mitte Ende | Zustands-Symbol Sicherungs-Symbol

mit:

Anfang ::=
  Start-Symbol | Zustands-Symbol | Eingabe-Symbol

Mitte ::=
  { Aktions-Symbol | Ausgabe-Symbol | Prozeßerzeugungs-Symbol
  | Entscheidungs-Symbol | N-Typ Prozeduraufrufs-Symbol }

Ende ::=
  Stop-Symbol | Symbol für den nächsten Zustand |
  X-Typ Prozeduraufrufs-Symbol

Weiterführend gilt:
○ Ein Entscheidungssymbol hat mehrere Nachfolgersymbole.
○ In einem Zustandsdiagramm kann das Zustands-Symbol mehrere Sicherungs-Symbole und Eingabesymbole als Nachfolger haben.

Abb. 5-8 zeigt die Symbolik der Zustandsübersichtsdiagramme und der Zustandsdiagramme an. Zur Behandlung von Zeiten in Prozessen existieren *Timer*.

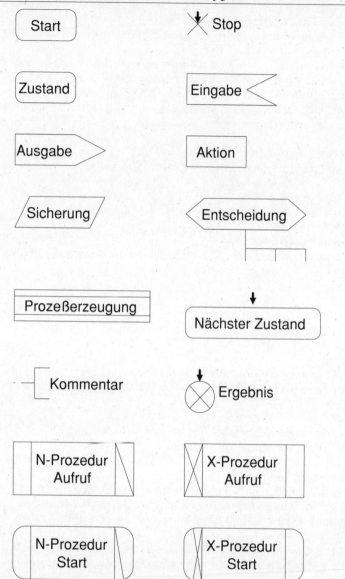

Abb. 5-8: Symbolik für Zustandsdiagramme

Zu jedem Prozeß gehört ein *Timer*, durch den ein Prozeß auf eine absolute Zeit zugreifen kann. Es existieren vordefinierte Aktionen mit dem ein *Timer* aktiviert und deaktiviert werden kann.
Set Zeitangabe aktiviert einen *Timer* mit einer Zeit. Nach Verstreichen dieser Zeit sendet der Timer eine Nachricht an den Prozeß. Deaktiviert wird ein *Timer* durch erneutes Aktivieren oder durch die Aktion *Reset*. Der Timer kann innerhalb der Zustandsdiagramme verwendet werden. Für ihn existiert kein eigenes Symbol. Die Abb. 5-9 zeigt ein Zustandsdiagramm mit Verwendung des *Timers*.

Für die Beschreibung von Zustandsübergängen, die von jedem Prozeßzustand beim Eintreffen einer bestimmten Nachricht ausgehen, existieren ein Symbol *Any-State* und eine Eingabe-Symbol *Generic Event*.

Bemerkung
SDL basiert auf der Normung von CCITT *(Comité Consultatif International Télégraphique et Téléphonique)*.
Es existiert eine objektorientierte Erweiterung von SDL. Sie wird im Abschnitt 4.11 *OSDL* beschrieben.

Literaturhinweise
/CCITT 88/, /Hochgrefe 89/ und /Rockstrøm 85/

5.4 CASDA

Prozeßmodell
○ Synchron und asynchron kommunizierende Prozesse
○ Prozesse haben keine gemeinsamen Speicherbereiche
○ Statische Prozeßerzeugung. Keine Schachtelung von Prozessen

Kennzeichen
○ Datenfluß- und zustandsorientierte Entwurfsmethode
○ Graphische Entwurfsmethode
○ Iteratives Verfahren
○ Entwurfsmethode für den Grobentwurf

Prinzipienunterstützung
○ Modularisierung
○ Aktions- und Ressourceabstraktion bei Prozessen

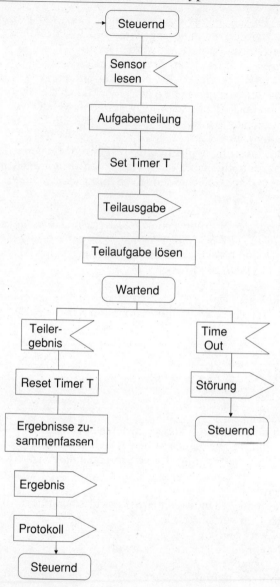

Abb. 5-9: Zustandsdiagramm

○ Prozeßbindungsarten: Zeitliche Bindung, Bindung durch starke Kommunikation, Aktionsbindung und informale Bindung

5.4.1 Methodik

CASDA nach /Mendelbaum, Finkelman 89/ ist eine graphisch unterstützte Entwurfsmethodik für Echtzeitsysteme. In der Entwurfsphase deckt sie den Grobentwurf ab. Der Echtzeitsystementwurf besteht in *CASDA* aus den folgenden sechs Schritten:

○ Systemzustandsanalyse
○ Datenflußanalyse
○ Prozeßidentifikation
○ Festlegung der Prozeßkommunikation und Prozeßsynchronisation
○ Entwurf eines System-*Schedulers*
○ Interner Prozeßentwurf

Die ersten beiden Schritte der *CASDA*-Entwurfsmethodik gehören der Definitionsphase an. Mit ihnen werden die Anforderungen *(requirements)*, die das System erfüllen muß, beschrieben.

Systemzustandsanalyse
Ausgangspunkt von CASDA ist eine Zustandsanalyse. Sie wird mit Hilfe von Zustandsdiagrammen beschrieben. In einem Zustandsdiagramm stellen Kreise Systemzustände dar. Pfeile zwischen Kreisen stellen Systemzustandsübergänge dar. Die Zustandsübergänge haben einen Namen. Ein einfaches Zustandsdiagramm zeigt Abb. 5-10.

Das Zustandsdiagramm kann auch in Tabellenform vorliegen. Es handelt sich hierbei um eine Zustandstabelle.

Datenflußanalyse
Einzelnen Systemzuständen oder einer Zusammenfassung von mehreren Systemzuständen wird jeweils ein Datenflußdiagramm zugeordnet. Abb. 5-11 zeigt ein Datenflußdiagramm für den Zustand *I/O Steuerung* des Zustandsdiagramms aus Abb. 5-10. Hierbei verwendet *CASDA* die folgende Symbolik:

○ Kreise stellen Funktionen dar.
○ Rechtecke stellen *Devices* dar.

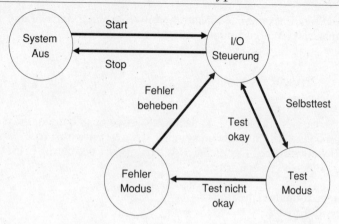

Abb. 5-10: Zustandsdiagramm

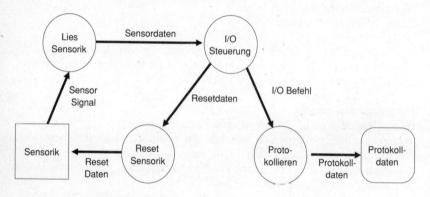

Abb. 5-11: Datenflußdiagramm

○ Abgerundete Rechtecke stellen Datenspeicher dar.
○ Pfeile stellen Datenflüsse dar.

Die Systemzustandsanalyse und die Datenflußanalyse gehören nicht der eigentlichen Entwurfsphase an. Erst mit der Prozeßidentifizierung wird die Entwurfsphase betreten.

Prozeßidentifikation

Aus den Datenflußdiagrammen wird ein Prozeßdiagramm entwickelt. Hierbei können Funktionen des Datenflußdiagramms oder Zusammenfassungen von mehreren Funktionen des Datenflußdiagamms als Prozeß identifiziert werden. Zur graphischen Darstellung der Prozesse werden Rechtecke verwendet. Sie werden in das Zustandsdiagramm eingezeichnet. Ein Prozeß enthält alle Funktionen, die in dem entsprechenden Rechteck liegen. Abb. 5-12 zeigt ein Prozeßdiagramm zum Datenflußdiagramm der Abb. 5-11.

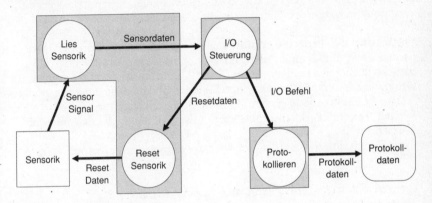

Abb. 5-12: Prozeßdiagramm

Für die Prozeßidentifikation gelten in *CASDA* folgende Richtlinien:
- Eingabe- und Ausgabeabhängigkeiten: Funktionen eines Datenflußdiagramms, die mit Eingabe- und Ausgabeeinheiten in Kommunikation stehen, werden als eigenständige Prozesse identifiziert.
- Kommunikationsintensität: Funktionen eines Zustandsdiagramms, die mit einer großen Intensität untereinander kommunizieren, werden zu einem Prozeß zusammengefaßt. Durch die Zusammenlegung dieser Funktionen wird der *Overhead*, der durch eine Prozeßkommunikation verbunden ist, minimiert.
- Gemeinsame Datenstruktur: Funktionen eines Zustandsdiagramms, die auf derselben Datenstruktur arbeiten, werden zu einem Prozeß zusammengefaßt. Ziel dieser Zusammenlegung ist es, die Synchronisation unter Prozessen zu minimieren. Hierbei wird jedoch auch die Parallelität des Systems minimiert.

○ Ressourceabstraktion: Ist eine Zusammenlegung von Prozessen, die auf einer gemeinsamen Datenstruktur arbeiten, nicht möglich, so ist die gemeinsame Datenstruktur durch einen Prozeß zu realisieren. Dieser Prozeß beinhaltet die Datenstruktur und alle Zugriffsoperationen für die Datenstruktur. Die Synchronisation für den Datenzugriff wird von diesem Prozeß gesteuert.

○ Parallelität: Funktionen eines Zustandsdiagramms, die vollkommen unabhängig voneinander sind, werden jeweils als eigenständiger Prozeß identifiziert.

○ Zeitschranken: Eine Funktionen eines Zustandsdiagramms, der Zeitschranken zugeordnet sind, realisiert einen eigenständigen Prozeß.

Festlegung der Prozeßkommunikation und Prozeßsynchronisation
In den Datenflußdiagrammen und Prozeßdiagrammen sind Datenflüsse dargestellt. Bei der Festlegung der Prozeßkommunikation und Synchronisation werden diese Datenflüsse durch Steuerdaten ersetzt. Ausgangspunkt hierfür ist ein Prozeßdiagramm. In diesem Prozeßdiagramm wird
1) jeder Datenfluß durch eine Datenflußschnittstelle *(dataflow interface)* ersetzt und
2) zu jedem Prozeß werden Prozeßaktivierungsregeln *(activation rules)* hinzugefügt.

CASDA unterscheidet bei den Datenflußschnittstellen
○ das asynchrone Botschaftenkonzept,
○ das synchrone Botschaftenkonzept und
○ die einfache Kommunikation, die keinen Bedingungen unterworfen ist.

Zur graphischen Darstellung der Datenflußschnittstellen werden die Symbole aus Abb. 5-13 verwendet.
Bei der Prozeßaktivierung unterscheidet *CASDA* vier mögliche Prozeßaktivierungsarten:
○ OR: Die Aktivierung eines Prozesses hängt von mehreren Ereignissen ab. Bei Eintreffen eines Ereignisses wird der Prozeß gestartet oder erneut aktiviert.
○ AND: Ein Prozeß hängt von mehreren Ereignissen ab. Erst wenn alle Ereignisse eingetreten sind, wird der Prozeß gestartet oder erneut aktiviert.
○ XOR: Ein Prozeß hängt von mehreren Ereignissen ab. Der Prozeß wird gestartet oder erneut aktiviert, wenn eines der Ereignisse einge-

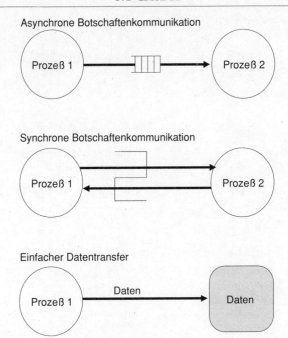

Abb. 5-13: Symbolik für Datenflußschnittstellen

troffen ist. Treffen mehrere Ereignisse *gleichzeitig* ein, wird der Prozeß weder gestartet noch erneut aktiviert.
O Interruptereignisse und Zeitereignisse: Ein Prozeß wird durch einen Systeminterrupt oder durch ein Zeitereignis gestartet oder erneut aktiviert.

Für die vier unterschiedlichen Prozeßaktivierungsarten wird die Symbolik aus Abb. 5-14 verwendet. Die Datenflußschnittstellen und die Prozeßaktivierung werden in das Prozeßdiagramm eingezeichnet. Man erhält so ein Synchronisationsdiagramm. Abb. 5-15 zeigt das Synchronisationsdiagramm zum Prozeßdiagramm aus Abb. 5-12.

Entwurf eines System-*Schedulers*
Nachdem das eigentliche System entworfen ist, wird in *CASDA* diesem System ein Laufzeit-*Scheduler* hinzugefügt. Dieser Scheduler übernimmt die Synchronisation der Prozesse und bildet die Schnittstelle zum Betriebs-

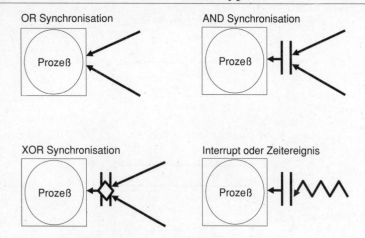

Abb. 5-14: Symbolik für die Prozeßaktivierung

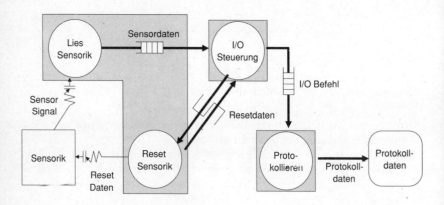

Abb. 5-15: Synchronisationsdiagramm

system. In ihm ist eine Zustandstabelle, die bei eintreffenden Ereignissen die Zustandsübergänge überprüft und für jede Prozeßaktivierungbedingung eine Boolesche Funktion zur Überwachung der Prozeßaktivierung realisiert.

Interner Prozeßentwurf

Für den Entwurf jedes einzelnen Prozesses ist in *CASDA* keine allgemein verwendbare Entwurfsmethode angegeben. Dem Entwerfer sind keine Einschränkungen auferlegt. Es wird lediglich die Richtlinie gegeben, die Prinzipien Abstraktion, Modularisierung und Hierarchisierung anzuwenden und einzuhalten.

Bemerkung

CASDA ist eine Entwurfsmethode für den Grobentwurf. Zeitbedingungen können zwar spezifiziert werden, jedoch wird das Einhalten der Zeitbedingungen nicht weitergehend betrachtet.

Das Synchronisationsdiagramm kann als *Petri-Netz* interpretiert werden (/Mendelbaum, Finkelman 89/). Prozesse, Datenspeicher, Ereignisse und *Devices* sind die Stellen des Petri-Netzes. Die Kommunikations- und Synchronisationsschnittstellen entsprechen den Transitionen. Eine dynamische Simulation ist somit möglich.

Literaturhinweise

/CASDA 87/ und /Mendelbaum, Finkelman 89/

5.5 DARTS

Prozeßmodell
○ Synchron und asynchron kommunizierende Prozesse
○ Prozesse haben keinen gemeinsamen Speicherbereich
○ Statische Prozeßerzeugung
○ Keine Prozeßschachtelung

Kennzeichen
○ Datenflußorientiert: Ausgangspunkt des Entwurfsprozesses ist ein Datenflußdiagramm erstellt mit der Methode SA *(structured analysis)*.
○ Erweiterung der Methode SD *(structured design)* um Prozesse, Prozeßkommunikaktion und Prozeßsynchronisation.
○ Entwurfsmethodik wird graphisch unterstützt.
○ Iteratives Verfahren
○ Methode unterstützt nur den Grobentwurf.
○ Keine direkte Spezifikation von Zeiten möglich.

Prinzipienunterstützung
○ Modularisierung
○ Aktions- und Ressourceabstraktion bei Prozessen
○ Prozeßbindungsarten: Zeitliche Bindung, Bindung durch starke Kommunikation, Aktionsbindung und informale Bindung

5.5.1 Methodik

Ausgangspunkt des Entwurfprozesses in *DARTS (design approach for realtime systems)* nach /Gomaa 84/ ist ein Datenflußdiagramm. Das Datenflußdiagramm entsteht in der Definitionsphase. Ein Datenflußdiagramm wird in *DARTS* nach der Methode SA *(structured analysis)* entwickelt. Es besteht aus Kreisen *(transform bubbles)*, Pfeilen *(arrows)* zwischen den Kreisen und Datenspeichern *(data stores)*. Die Kreise beschreiben die einzelnen Funktionen des Systems. Die Pfeile kennzeichnen den Datenfluß zwischen den Funktionen. Es wird nicht zwischen Daten und Steuerdaten unterschieden. In einem *Data Dictionary* werden die Daten der Datenflüsse spezifiziert. Ein einfaches Datenflußdiagramm zeigt Abb. 5-16.

In der Entwurfsphase wird dann ausgehend von dem Datenflußdiagramm des Systems folgendermaßen vorgegangen:

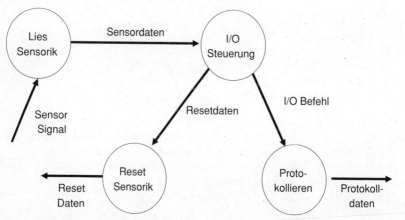

Abb. 5-16: Datenflußdiagramm

1) Identifizierung von Prozessen im Datenflußdiagramm.
2) Definition der Prozeßkommunikations- und Prozeßsynchronisationsschnittstellen. Erzeugung eines Prozeßstrukturdiagramms.
3) Definition der Systemzustandsverwaltung
4) Interner Prozeßentwurf

Identifizierung von Prozessen im Datenflußdiagramm
In der graphischen Darstellung des Datenflußdiagramms werden Prozesse identifiziert. Hierbei können Funktionen als einzelne Prozesse identifiziert werden oder mehrere Funktionen werden zu einem Prozeß zusammengefaßt.

Für die Prozeßidentifizierung werden folgende Richtlinien angeführt:
○ Eingabe- und Ausgabeabhängigkeiten: Funktionen, die Eingaben und Ausgaben des Systems ausführen, bilden je einen Prozeß, da die Ein- und Ausgabegeräte die Geschwindigkeit dieses Prozesses (dieser Funktion) bestimmen.
○ Intensive Berechnung: Intensive Berechnungen werden als ein Prozeß identifiziert. Dieser Prozeß stellt eine Aktionsabstraktion dar.
○ Funktionale Beziehungen: Funktionen im Datenflußdiagramm, die eine starke funktionale Beziehung untereinander aufweisen, werden zu einem Prozeß zusammengefaßt. Hierdurch wird die Prozeßkommunikation minimiert. Die Kommunikation innerhalb des Prozesses steigt. Jedoch ist die Kommunikation innerhalb eines Prozesses effizienter und insbesondere im Vergleich mit verteilten Systemen fehlerunanfällig.
○ Zeitliche Beziehungen: Funktionen des Datenflußdiagramms, die in der gleichen Zeitspanne ausgeführt werden, bilden einen Prozeß.
○ Periodische Berechnungen: Periodische Funktionen des Datenflußdiagramms werden als ein Prozeß identifiziert.

Die Prozeßidentifizierung wird innerhalb des Datenflußdiagramms angezeigt. Funktionen oder Zusammenfassungen von Funktionen, die einen Prozeß bilden, werden durch ein Rechteck zusammengefaßt. Die Funktionen, die innerhalb des Rechtecks liegen, bilden den Prozeß. Die Abb. 5-17 zeigt die Prozeßidentifizierung innerhalb des Datenflußdiagramms aus Abb. 5-16 an.

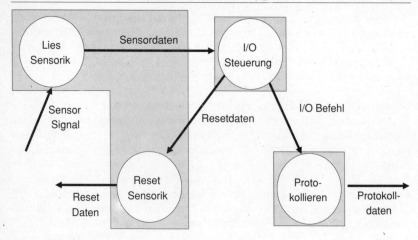

Abb. 5-17: Prozeßidentifizierung

Definition der Prozeßkommunikations- und Prozeßsynchronisationsschnittstellen

In *DARTS* wird bei der Schnittstellenspezifikation von Prozessen zwischen **Prozeßkommunikationsmoduln** *(task communication module)* und **Prozeßsynchronisationsmoduln** *(task synchronisation module)* unterschieden. Mit beiden Modularten ist eine Prozeßsynchronisation und ein wechselseitiger Ausschluß verbunden.

Prozeßkommunikationsmoduln werden untergliedert in **Botschaftenkommunikationmoduln** *(message communication module)* und **Moduln, die das Geheimnisprinzip unterstützen** *(information hiding module)*.

Botschaftenkommunikationmoduln unterstützen das synchrone und das asynchrone Botschaftenkonzept. Beim asynchronen Botschaftenkonzept wird von einer Datenpufferung ausgegangen. Diese Datenpufferung ist bei der synchronen Kommunikation gleich eins und mit jeder Kommunikation ist eine Rückantwort verbunden. Prozesse, die Daten in einen vollen Kommunikationspuffer schreiben oder Daten aus einem leeren Kommunikationspuffer lesen, werden blockiert.

Moduln, die das Geheimnisprinzip unterstützen, realisieren Ressourceabstraktionen. Sie bieten für eine Ressource Zugriffsoperationen an.

Prozeßsynchronisationsmoduln realisieren die ereignisgesteuerte Kommunikation, bei der keine Daten transportiert werden. Es wird lediglich ein Signal an einen Prozeß gesendet.

5.5 DARTS

Aus dem Datenflußdiagramm, der Prozeßidentifizierung und den Prozeßkommunikationsschnittstellen wird ein Prozeßstrukturdiagramm erstellt. In dem Prozeßstrukturdiagramm werden Prozesse als Kreise und Prozesse, die eine Datenabstraktion darstellen, als Rechtecke dargestellt. Für die Kommunikationsverbindung werden die aus Abb. 5-18 dargestellten graphischen Symbole verwendet.

Abb. 5-19 zeigt das Prozeßstrukturdiagramm zur Abb. 5-18.

Definition der Prozeßzustandsverwaltung
Zustandsorientierte Echtzeitsysteme werden mit einem Prozeß zur Verwaltung des Systemzustandes versehen *(state transition manager)*. Dieser Prozeß stellt eine Ressourceabstraktion auf eine Zustandstabelle dar. In der Zustandstabelle sind alle möglichen Systemzustände und alle möglichen Zustandsübergänge festgelegt. Zugriffsoperationen mit wechselseitigem Ausschluß ermöglichen anderen Prozessen, auszuführende Zustandstransformationen vor ihrer Ausführung zu überprüfen und den Systemzustand zu aktualisieren.

Interner Prozeßentwurf
Jeder Prozeß stellt ein sequentielles Programm dar. Ein Prozeß kann keine lokalen Prozesse beinhalten. Für den Entwurf der einzelnen Prozesse wird die Standardentwurfsmethode für sequentielle Programme SD verwendet. Sie erlaubt die Definition von Funktionen, Funktionsschnittstellen, Datenflüssen unter Funktionen, Funktionsaufrufen, Moduln und Modulnschnittstellen auf der Programmiersprachenebene. Die Abb. 5-20 zeigt ein SD-Diagramm zum Prozeß *Lies Sensorik*.

Die Standardtechniken SA und SD werden hier nicht dargestellt. Sie sind in /Balzert 82/, /Myers 78/ und /Steven, Myers et. 78/ und /Yourdon, Constantine 79/ beschrieben.

Bemerkung
DARTS ist eine Entwurfsmethodik für den Grobentwurf. Zeitschranken und Hardwareaspekte werden nicht betrachtet.

Literaturhinweise
/Gomaa 84/, /Gomaa, Taylor 85/ und /Gomaa 86/

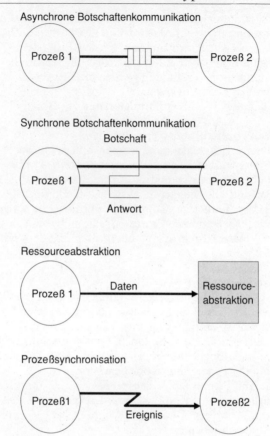

Abb. 5-18: Kommunikations- und Synchronisationsformen

5.6 MASCOT

Prozeßmodell
○ Verteilte Prozesse
○ Asynchrone Kommunikation über Kanäle und *Ports*

Kennzeichen
○ *Top-Down*-Entwurf

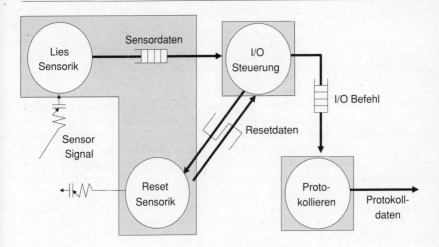

Abb. 5-19: Prozeßstrukturdiagramm

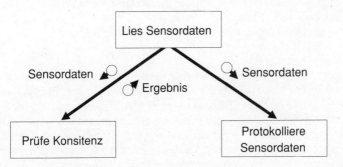

Abb. 5-20: Strukturdiagramm in SD *(structured design)*

○ Hierarchische Entwurfsvorgehensweise
○ Datenflußorientierte Entwurfsmethode
○ Graphische Unterstützung

Prinzipienunterstützung
○ Modularisierung
○ Abstraktion: Aktionsabstraktion und Ressourceabstraktion
○ Geheimnisprinzip

○ Hierarchisierung

5.6.1 Methodik

MASCOT *(Modular Approach to Software Construction, Operation and Test)* ist insbesondere eine Methode für die Entwurfsphase. Die Implementierungsphase und die Testphase werden ebenfalls unterstützt. Die Methode unterstützt nicht die Definitionsphase *(requirement engineering)* und geht davon aus, daß zu Beginn des Entwurfs die Definitionsphase vollkommen abgeschlossen ist. Im weiteren Verlauf wird nur auf die Entwurfskonzepte von MASCOT eingegangen. Die Konzepte für die Implementierung und für den Test werden nicht weiter betrachtet.

Der Entwurf mit MASCOT besteht im wesentlichen aus den folgenden zwei Einzelschritten:

○ Netzwerk-Entwurf *(network design)*
 – Hierarchische Dekomposition *(hierarchical decomposition)* des Systems in elementare Elemente
○ Entwurf und Implementierung der elementaren Elemente

Netzwerk-Entwurf
Ziel des Netzwerkentwurfs ist die Festlegung der Gesamtstruktur des Systems, bevor Entwurfsdetails näher betrachtet werden. Hierbei wird ein konsequenter *Top-Down*-Entwurf verfolgt. Ausgangspunkt für den Netzwerkentwurf ist ein Ausgangs-Entwurfsdiagramm *(initial design diagram;* bei anderen Methoden wird oft der Begriff *context diagram* verwendet). Abb. 5-21 zeigt ein typisches Ausgangs-Entwurfsdiagramm. Es stellt die Verbindung des Softwaresystems zu der Systemumgebung dar. Interna des Softwaresystems werden nicht dargestellt. In den weiteren Entwurfsschritten wird nun das Softwaresystem hierarchisch verfeinert *(hierarchical decomposition)*.

Die Verfeinerungen des Ausgangs-Entwurfsdiagramms stellen die Netzwerkdiagramme dar. Dabei beinhalten Netzwerk-Diagramme die folgenden drei Grundelemente:

○ Aktive Subsysteme *(active processing subsystems)*
○ Datenbereichselemente zur Kommunikation *(intercommunication data areas)*

5.6 MASCOT

Abb. 5-21: Anfangs-Entwurfsdiagramm

O Hardwareschnittstellenelemente *(hardware interface elements* bzw. *servers)*

Die **aktiven Subsysteme** stellen komplexe nebenläufige Aktionen dar. Die **Datenbereichselemente zur Kommunikation** sind Ressourceabstraktionen, die jedoch nur für die Kommunikation benutzt werden. Es handelt sich hierbei um passive Elemente, die nur von aktiven Elementen oder selbst durch weitere Datenbereichselemente zur Kommunikation aktiviert werden können. Ausgangspunkt einer jeden Kommunikation ist stets ein aktives Element. Eine externe *Device* entspricht einem **Hardwareschnittstellenelement** bzw. einem **Server**. Zu jeder *Device* existiert genau ein Hardwareschnittstellenelement bzw. ein Server.

Die Netzwerkdiagramme werden solange hierarchisch verfeinert, bis ein *Elementenniveau* erreicht ist. Zu diesem Zeitpunkt besteht ein Netzwerkdiagramm aus elementaren Elementen, die nicht weiter verfeinert werden. Diagramme auf dem Elementenniveau bestehen aus
O Aktivitäten *(active processing units; activities)* und
O Datenbereichselemente zur Kommunikation
  - Kanäle
  - Pools

Aktivitäten stellen einzelne Prozesse dar. Die Datenbereichselemente zur Kommunikation unterteilt man in Kanäle und *Pools*. **Kanäle** sind in MASCOT asynchrone Kommunikationsverbindungen unter Prozessen. Es wird von einer begrenzten Kanalkapazität ausgegangen. **Pools** sind gemeinsame Datenbereiche zur Kommunikation von mehreren Prozessen.

Abb. 5-22 zeigt schematisch die hierarchischen Entwurfsstufen von MASCOT.

Kommunikation unter Elementen
Beim Entwurf von komplexen Echtzeitsystemen ist eine Arbeitsteilung in der Entwurfsphase unumgänglich. Einzelne Subsysteme müssen durch unterschiedliche Teams entworfen werden. Hierzu müssen die Schnittstel-

5 Methoden der Entwurfsphase

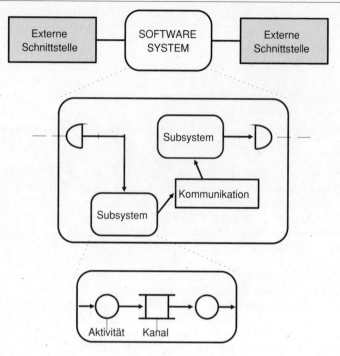

Abb. 5-22: Entwurf mit MASCOT

len zwischen den Subsystemen festgelegt werden. Die Schnittstellen (Kommunikationen) unter den Subsystemen wird in MASCOT durch sogenannte Pfade *(path)* beschrieben.

Abb. 5-23 zeigt das logische Konzept von Pfaden. Ein Pfad verbindet zwei Elemente miteinander. Zur Verwendung des Pfads besitzen das eine Element einen **Port** und das andere Element ein **Fenster** *(access points)*. Ports werden von einem Element verwendet, um Operationen von einem anderen Element zu aktivieren. Ein Fenster beinhaltet Operationen, die nur von anderen Elementen aktiviert werden können.

Pfade verbinden Ports und Fenster miteinander. Hierdurch findet eine Kommunikation (Aktivierung) vom Port zum Fenster statt. Die Datenflußrichtung ist hierdurch jedoch nicht bestimmt. Ein Datenfluß kann vom Port zum Fenster, vom Fenster zum Port oder in beiden Richtungen erfolgen.

5.6 MASCOT

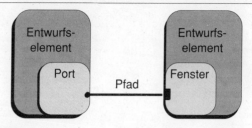

Abb. 5-23: Pfade

Graphische Repräsentation von Pfaden
Abb. 5-24 zeigt die in MASCOT verwendete Repräsentation von Pfaden, Ports und Fenstern. Man benutzt insgesamt fünf unterschiedliche Darstellungsformen.
○ Datenflußrichtungen
  In Netzwerkdiagrammen wird mit Hilfe von Pfeilen die Datenflußrichtung *durch einen* Pfad angezeigt. Für die Datenflußrichtung innerhalb eines Pfads existieren keine Einschränkungen.
○ Ports
  Ports werden in Elementen durch ausgefüllte Kreise dargestellt. Ports liegen an der Außenlinie eines Elementsymbols.
○ Gemeinsame Daten
  Wenn Aktivitäten Operationen einer Ressource verwenden, können Pfade vermischt werden. Dies gilt insbesondere für Verfeinerungen von Elementen. Eine Verfeinerung eines Subsystems kann zum Aufspalten eines Kommunikationsports führen. Die von dem Port importierten Operationen können auf mehrere interne Subsysteme aufgeteilt werden. In diesem Fall splittet sich der ursprüngliche Pfad auf und führt dann zu den internen Subsystemen.
○ Fenster
  Fenster werden durch kleine ausgefüllte Rechtecke, die am Rand eines Elementsymbols liegen, dargestellt.
○ Gemeinsame Operationen
  Wenn eine Operation an mehrere Fenster weitergereicht wird, werden ebenfalls, wie schon bei Ports, Pfade gemischt.

Netzwerkdiagramme
Zur Darstellung der Netzwerkdiagramme auf den unterschiedlichen Abstraktionsniveaus werden Darstellungen von
○ Subsystemen,

Datenflußrichtungen

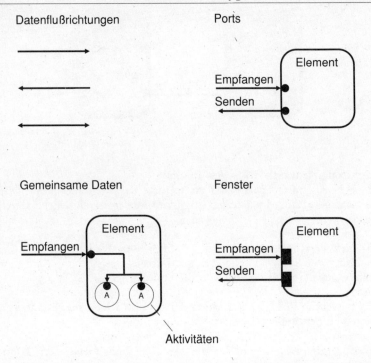

Gemeinsame Daten

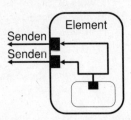

Gemeinsame Operationen

Abb. 5-24: Graphische Darstellung von Pfaden

○ Datenbereichselementen zur Kommunikation,
○ Hardwareschnittstellenelementen,
○ Aktivitäten,
○ Kanälen,
○ Pools und
○ Moduln
benötigt.

Die Abb. 5-25 zeigt die graphischen Repräsentationen dieser Elemente. Zusammen mit den Pfaddarstellungen werden Netzwerkdiagramme aufgebaut. Ein Beispiel für die graphische Repräsentation eines Entwurfs mit MASCOT zeigt Abb. 5-26.

Textuelle Repräsentation
In MASCOT gehört zur graphischen Repräsentation des Entwurfs eine programmiersprachenähnliche textuelle Darstellung. Die textuelle Darstellung ist detaillierter und beinhaltet die Beschreibung der Schnittstellen und der Entwurfselemente. Textuelle Beschreibungen existieren für
○ Pfade,
○ Netzwerkelemente und
○ Moduln.

Die textuelle Beschreibung der **Pfade** erfogt durch eine Schnittstellenspezifikation *(access interface specification)*. In ihr werden für jeden Pfad diejenigen Prozeduren deklariert, die über den Pfad erreichbar sind.

Bei den **Netzwerkelementen** werden die benutzten und die bereitgestellten Elemente bzw. Operationen formal deklariert.

Moduln werden durch die bereitgestellten und die benötigten Operationen spezifiziert.

Entwurf und Implementierung der elementaren Elemente
Jede Aktivität wird zerlegt in Moduln. Dabei existieren genau ein Hauptmodul *(main)* und weitere Untermoduln. Der Hauptmodul beinhaltet die Initialisierung der Aktivität und die Aktivierung der Untermoduln. Die Untermoduln beinhalten Prozeduren und realisieren die Ports bzw. Fenster. Abb. 5-27 zeigt eine Zerlegung einer Aktivität in Moduln.

Für den Entwurf der Moduln wird keine explizite Entwurfsmethode in MASCOT angegeben. Es kann eine beliebige Entwurfsmethode gewählt werden.

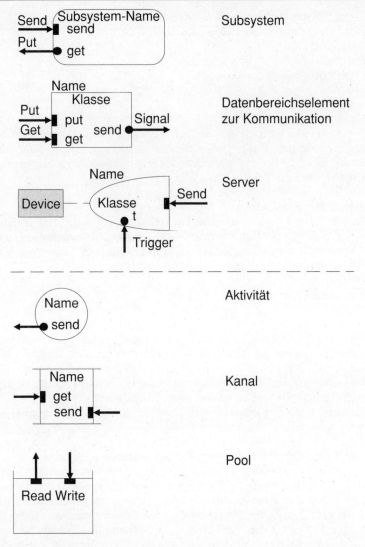

Abb. 5-25: Netzwerkdiagrammelemente

5.6 MASCOT

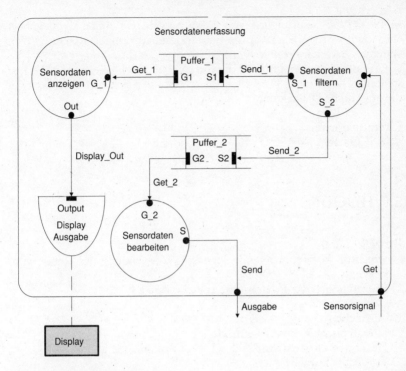

Abb. 5-26: Netzwerkdiagramm

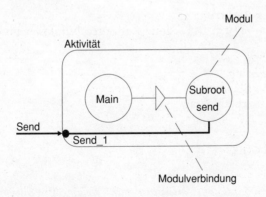

Abb. 5-27: Aktivitätsverfeinerung

Bemerkung
MASCOT ist ursprünglich von *Royal Signals and Radar Establishment* entwickelt worden. Ziel war die Entwicklung von eingebetteten Echtzeitsystemen *(embedded realtime systems)*.
 Grundlage des Entwurfs ist die textuelle und nicht die graphische Darstellung. Die textuelle Darstellung beschreibt den Entwurf detaillierter als die graphische Darstellung.

Literaturhinweise
/MASCOT 83/, /MASCOT 87/ und /Cooling 91/

5.7 HOOD

Prozeßmodell
○ Synchron kommunizierende Prozesse; Verwendung des Rendezvouskonzepts
○ Prozeßmodell der Programmiersprache Ada 83

Kennzeichen
○ Hierarchische Entwurfsmethode
○ Deckt den Grobentwurf und z.T. den Feinentwurf ab..
○ *Top-Down*-Entwurf
○ Iterative Entwurfsmethode

Prinzipienunterstützung
○ Abstraktion: Datenabstraktion, Ressourceabstraktion und Aktionsabstraktion
○ Geheimnisprinzip
○ Hierarchisierung
○ Starke Prozeßbindung
○ Geringe Prozeßkopplung

5.7.1 Methodik

HOOD (hierarchical object oriented design) ist eine Entwurfsmethode, die objektbasierte Entwurfsansätze mit dem hierarchischen Systementwurf verbindet. HOOD basiert nicht auf einem objektorientierten Ansatz. **Die objektorientierten Konzepte Klassen, Vererbung und das Botschaftenkonzept werden nicht unterstützt.** Unter Objekt wird bei *HOOD* eine Ressourceabstraktion bzw. Datenabstraktion verstanden.

Objekte
In *HOOD* bezeichnet ein Objekt Daten mit Operationen. Die Operationen eines Objekts manipulieren die Daten des Objekts. Ein Objekt stellt eine Ressourceabstraktion bzw. innerhalb der sequentiellen Programmierung eine Datenabstraktion dar. Kennzeichen von Objekten sind:
○ Ein Objekt besitzt eine Schnittstelle, die für andere Objekte sichtbar ist. In der Schnittstelle werden Operationen definiert, die von anderen Objekten ausgeführt werden können.
○ Ein Objekt besitzt einen Rumpf. Der Rumpf ist gegen andere Objekte geschützt.
○ Man unterscheidet **aktive** und **passive Objekte**.
  Passive Objekte sind diejenigen Objekte, die von anderen Objekten aktiviert werden. Ein Objekt aktiviert ein passives Objekt, indem es die Steuerung an dieses Objekt durch einen Operationsaufruf abgibt. Nachdem das aktivierte Objekt seine Aufgabe erfüllt hat, wird die Steuerung an das aufrufende Objekt wieder zurückgegeben. Passive Objekte stellen auf der Ebene von Programmiersprachen Moduln dar.
  Aktive Objekte werden durch *externe Stimuli* aktiviert. Auf der Ebene von Programmiersprachen stellen aktive Objekte Prozesse dar.
○ Die Abb. 5-29 zeigt die graphische Darstellung von Objekten in *HOOD*. In der graphischen Notation wird zwischen aktiven und passiven Objekten unterschieden.
○ Jedes Objekt kann eine interne Fehlerbehandlung besitzen. Diese Fehlerbehandlung fängt Fehler, die bei der Ausführung von Operationen des Objekts auftreten, ab *(exceptions)*.
○ Objekte können andere Objekte benutzen. Hierbei gelten die folgenden Einschränkungen.
  1) Passive Objekte können nur passive Objekte benutzen.
  2) Benutzen passive Objekte andere Objekte, so dürfen hierbei keine Zyklen bei der Abhängigkeitsbeziehung entstehen. Eine Abhängigkeit wie in Abb. 5-30 ist in *HOOD* nicht erlaubt.
  3) Aktive Objekte können alle Arten von Objekten benutzen.
○ Zur Identifizierung der Objekte dienen die Aktions- und Ressourceabstraktion. Aktionsabstraktionen werden hierbei durch aktive Objekte dargestellt. Bei *HOOD* werden Aktionsabstraktion als *Functinal Abstraction* und Datenabstraktion als *Entity Abstraction* bezeichnet.

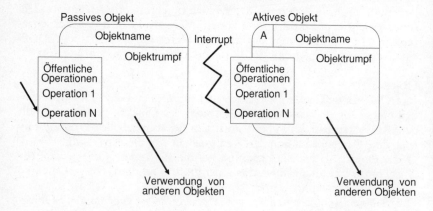

Abb. 5-29: Objekte in *HOOD*

○ Werden mehrere Exemplare von einem Objekt benötigt, so wird eine Objektklasse definiert. Die Objektklasse stellt auf der Ebene der Programmiersprache einen *Abstrakten Datentyp* dar.

Objekthierarchie
HOOD ist eine Entwurfsmethode, die das Prinzip der Hierarchisierung unterstützt. Objekte werden hierarchisch untereinander angeordnet. Hierbei wird die
○ Senior-Junior-Beziehung und
○ Vater-Sohn-Beziehung
unterstützt.
Die Senior-Junior-Beziehung wird durch die Benutzung von Objekten definiert. Benutzt ein Objekt ein anderes Objekt, so ist das benutzte Objekt das Juniorobjekt und das benutzende Objekt das Seniorobjekt. Kennzeichnend für die Senior-Junior-Beziehung ist:
○ Aktive Objekte bilden die *Senior-Ebenen*. Passive Objekte sind auf den *Junior-Ebenen* angesiedelt.
○ Ausgangspunkt für den Entwurf ist ein Seniorobjekt ohne Operationen für andere Objekte.
○ Graphisch wird die Senior-Junior-Beziehung unter Objekten durch einen Pfeil ausgedrückt.
○ Datenflüsse, die mit einer Senior-Junior-Beziehung verbunden sind, können in Anlehnung an *Structured Design* beschrieben werden. Abb. 5-31 zeigt die graphische Notation für den Datenfluß unter Objekten.

5.7 HOOD

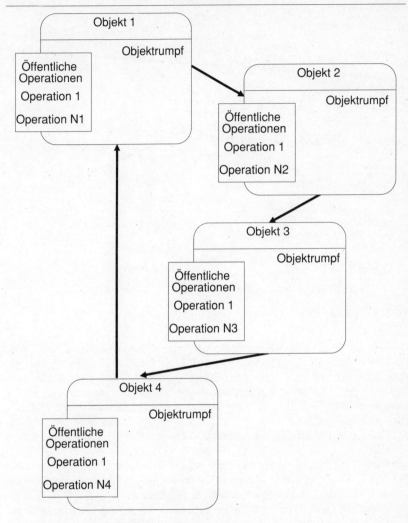

Abb. 5-30: Verbotene Objektbenutzung

Datenflüsse, die durch Fehlerbehandlungen aufgetreten sind, können ebenfalls beschrieben werden.

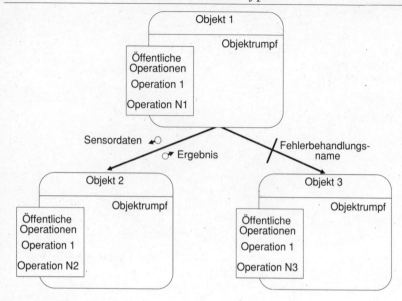

Abb. 5-31: Datenflüsse

Bei der Vater-Sohn-Beziehung wird ein Objekt (Vater) durch eine *top-down* Entwurfsvorgehensweise in mehrere Objekte (Kinder) aufgeteilt. Die Kindobjekte realisieren das Vaterobjekt. Die Vater-Sohn-Beziehung spiegelt die allgemeine Entwurfsmethode *Stepwise Refinement* wider. Vater-Sohn-Beziehungen unter Objekten sind gekennzeichnet durch folgende Besonderheiten:
○ Die Operationen des Vaterobjekts werden auf die Kindobjekte aufgeteilt.
○ Passive Objekte können auch nur passive Kindobjekte haben.
○ Aktive Objekte, die durch eine Vater-Sohn-Beziehung verfeinert wurden, enthalten zumindest ein aktives Kindobjekt.
○ Abb. 5-32 zeigt die graphische Notation für eine Vater-Sohn-Beziehung unter Objekten. Alle Operationen des Vaterobjekts werden unter den Kindobjekten aufgeteilt. Pfeile kennzeichnen die Zuordnung der Vateroperationen zu den Kindobjekten.

Entwurfsprozeß
HOOD unterteilt den Entwurf in mehrere Entwurfsebenen. Jede Entwurfsebene entspricht hierbei einem *Abstraktionsniveau*. Ein Objekt, das in

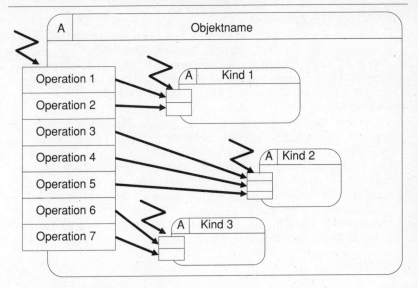

Abb. 5-32: Vater-Sohn-Beziehung

einer Entwurfsebene neu eingefügt worden ist, wird in der nächsten Entwurfsebene verfeinert. Hierbei ist dieses Objekt bei seiner ersten *Einführung* ein Kindprozeß und bei der Verfeinerung ein Vaterprozeß.

Innerhalb jeder Entwurfsebene wird die Entwurfsvorgehensweise in die folgenden vier Schritte unterteilt:
○ Definition und Analyse
○ Informale Strategie
○ Formalisierung der Strategie
○ Formalisierung der Problemlösung

1) Definition und Analyse
 Informale Beschreibung des Problems auf der entsprechenden Entwurfsebene. Im Gegensatz zur Definitionsphase geschieht die Problembeschreibung aus Sicht des Entwerfers und nicht aus der Sicht des Anwenders. Insbesondere werden die Daten, die zur Problemlösung benötigt werden, analysiert und informal definiert.
2) Informale Strategie
 Informale Beschreibung des Lösungswegs. Diese Beschreibung muß nicht vollständig sein. Die Beschreibung muß der entsprechenden Entwurfsebene angepaßt sein.

3) Formalisierung der Strategie
Es werden die Objekte, die Operationen der Objekte und die Beziehungen der Objekte zu anderen Objekten identifiziert. Für die Objektidentifizierung werden die oben angeführten Kriterien betrachtet. Ergebnis aus diesem Entwurfsschritt ist ein Strukturdiagramm mit den identifizierten Objekten, Operationen und Objektbeziehungen.

4) Formalisierung der Problemlösung
Zu jedem Objekt wird eine Schnittstellenbeschreibung erzeugt. Es wird die Schnittstelle aber auch die Funktionalität der Operationen in einer Entwurfssprache angegeben. Hier wird auch die Kommunikation und Synchronisation von parallelen Objekten beschrieben. Ausgehend von dieser textuellen Beschreibung ist die Möglichkeit einer automatischen *Programmrahmengenerierung* für eine vorgegebene Programmiersprache möglich.

Die textuelle Beschreibung der Objekte basiert auf einem *Object Definition Skelton*. Diese Objektbeschreibung hat folgende Form:

OBJECT Objektname IS

DESCRIPTION
Beschreibung des Objekts und seiner Aufgabe. Beschreibung der Bedingungen, die für dieses Objekt gelten.

PROVIDED INTERFACE
Formale Beschreibung der Objektschnittstelle
   TYPES
    Typdefinition
   OPERATIONS
    Operationsdefinition mit Parametern
   EXCEPTIONS
    Definition der Ausnahmebehandlung, falls für andere Objekte sichtbar.

REQUIRED INTERFACE
Beschreibung der benutzten Ressourcen.
   OBJECT NAME
    Liste der benutzten Objekte.
   TYPES
    Definitionen aus anderen Objekten.
   OPERATIONS
    Benutzte Operationen mit Parameterangabe.

EXCEPTIONS
Verwendete externe Fehlerbehandlungen.

INTERNALS
  OBJECTS
  Beschreibung der Kindobjekte.
  TYPES
  Beschreibung der Typendefinitionen, die im Objektrumpf benötigt werden.
  DATA
  Beschreibung der Daten, die im Objektrumpf benötigt werden.
  OPERATIONS
  Beschreibung von internen Operationen.

OBJECT CONTROL STRUCTURE
  Beschreibung der Synchronisation zwischen Operationen bei aktiven Objekten. Hierbei wird das Rendezvouskonzept verwendet.
  DESCRIPTION
  Informale Beschreibung der Echtzeitbedingungen
  CONSTRAINED_OPERATION
  Liste von Operationen mit Ereignissen, die diese Operationen aktivieren.
  CODE
  Pseudocode für die Synchronisation von Operationen

OPERATION CONTROL STRUCTURE
Beschreibung der internen und externen Operationen
  OPERATION *(Operationsname)*
    DESCRIPTION
    Textuelle Beschreibung.
    INTERFACE
    Beschreibung der Schnittstelle. Hierzu gehören die Parameter der Operation, benutzte Operationen und die benutzten Fehlerbehandlungen.
      PARAMETERS
      OPERATION_USED
      EXCEPTIONS
    CODE
    Pseudocode für die Operation.

EXCEPTION_HANDLER *(Exceptionname)*
    DESCRIPTION
    Beschreibung der Fehlerbehandlung.
    INTERFACE
    *Beschreibung der Schnittstelle der
    Fehlerbehandlung in Anlehnung an die
    Programmiersprache Ada.*
        PARAMETERS
        OPERATION_USED
        EXCEPTIONS
    CODE
    Pseudocode für die Fehlerbehandlung.
    END *Exceptionname*;
  END *Operationname*;
END *Objectname*;

Die Beschreibung der Objekte lehnt sich an die Programmiersprache Ada an. Es werden eine Ada-ähnliche Notation und Ada-ähnliche Konzepte verwendet.

Eine Übersetzung in die Programmiersprache Ada aus der textuellen Objektbeschreibung ist einfach durchzuführen.

Bemerkung
HOOD ist nicht objektorientiert. Die objektorientierten Konzepte Klassen, Vererbung und das Botschaftenkonzept werden nicht unterstützt. Ein Objekt in *HOOD* stellt eine Ressourceabstraktion dar. *HOOD* ist eine **objektbasierte** Entwurfsmethode.

Der Feinentwurf ist nur in spezialisierter Form behandelt. Er ist an die Programmiersprache Ada gebunden.

Literaturhinweise
/Heitz 87/ und /Cooling 91/

5.8 Entwurfsmethode nach Buhr

Prozeßmodell
O Es wird das Prozeßmodell der Programmiersprache Ada unterstützt. Es ist gekennzeichnet durch:

- Dynamische Prozeßerzeugung
- Prozeßschachtelung. Ein Prozeß kann nur dann terminieren, wenn alle lokalen Prozesse (d.h. alle Prozesse, die in diesem Prozeß erzeugt worden sind) zuvor terminiert sind.
- Kommunikation über das Rendezvouskonzept und gemeinsame Speicherbereiche.

Kennzeichen
○ Datenflußorientierte Entwurfsmethode
○ Graphisch unterstützte Entwurfsmethode
○ Entwurfsmethode für den Grobentwurf
○ Entwurfsmethode basiert auf *Structured Design*
○ Iterative Entwurfsmethode
○ *Top-Down-* und *Edges-In-*Entwurf

Prinzipienunterstützung
○ Modularisierung
○ Abstraktion: Aktions-, Daten- und Ressourceabstraktion
○ Geheimnisprinzip
○ Hierarchisierung
○ Starke Prozeßbindung
○ Geringe Prozeßkopplung

5.8.1 Methodik

Abb. 5-33 zeigt die Grundkonzepte der Entwurfsmethode nach /Buhr 84/. Die Entwurfsmethode basiert auf der Programmiersprache Ada, der Entwurfsmethode *Structured Design* und einer graphischen Repräsentation zur Darstellung des Entwurfs.

Die Entwurfsmethode nach Buhr ist an die Programmiersprache Ada gebunden. Erweiterungen für andere Programmiersprachen sind nicht vorgesehen. Die Vorgehensweise im Entwurfsprozeß basiert auf der bekannten Entwurfsmethode *Structured Design*. Sie ist so erweitert, daß die Konzepte der Programmiersprache Ada berücksichtigt werden. Eine graphische Entwurfssprache unterstützt den Entwurf. Diese Sprache basiert auf der graphischen Entwurfssprache von *Structured Design* und erweitert sie für Ada. Buhr unterteilt seinen Entwurf in folgende drei Phasen:
1) Globaler Entwurf *(global design)*
2) Testplangenerierung *(test plan)*

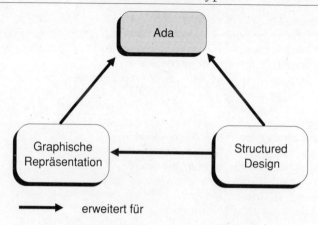

Abb. 5-33: Grundkonzepte der Entwurfsmethode nach Buhr

3) Detaillierter Entwurf *(detailed design)*

1) Globaler Entwurf *(global design)*
Im „globalen" Entwurf wird eine informelle und datenflußorientierte Vorgehensweise vorgeschlagen. Sie ist mit einer *Top-Down-* und einer *Edges-In-*Vorgehensweise gekoppelt. Es existieren vier Entwurfsschritte:
○ Identifikation von Subsystemen
○ Verfeinerung der Subsysteme
○ Funktionszuordnung
○ Entwicklung von Strukturdiagrammen

Jeder Entwurfsschritt ist mit einer Kontrolle *(Review)* verbunden, die die Entwurfsunterlagen gegenüber den Systemanforderungen überprüft. Die Schritte *Funktionszuordnung* und *Entwicklung von Strukturdiagrammen* werden rekursiv für alle Subsysteme vorgenommen.

Identifikation von Subsystemen
Der Entwurfsprozeß startet mit der Identifikation von Subsystemen, die eine externe Verbindung zur Systemumgebung haben. Hierzu gehören Schnittstellen zu Benutzern, Sensoren usw. Das eigentliche Problem wird noch nicht im Detail betrachtet.

Verfeinerung der Subsysteme

Die Subsysteme werden genauer analysiert. Zu diesem Zweck wird eine Datenflußanalyse durchgeführt. Die Subsysteme werden detaillierter beschrieben und in Moduln zerlegt (keine Moduln einer Programmiersprache!).

Funktionszuordnung

Den Moduln werden die bei der Definitionsphase festgelegen Systemfunktionen zugeordnet.

Entwicklung von Strukturdiagrammen

Basierend auf den Datenflußanalysen werden Strukturdiagramme erzeugt, die die Systemarchitektur des Systems widerspiegeln. In den Strukturdiagrammen sind die Funktionen, die Funktionsschnittstellen, Moduln (hier Ada-Pakete), Modulschnittstellen, Prozesse und die Prozeßkommunikation auf der Ebene der Programmiersprache Ada definiert.

Die Strukturdiagramme von Buhr sind erweiterte Strukturdiagramme von *Structured Design*. Es wird die Symbolik von Abb. 5-34 bis Abb. 5-36 verwendet.

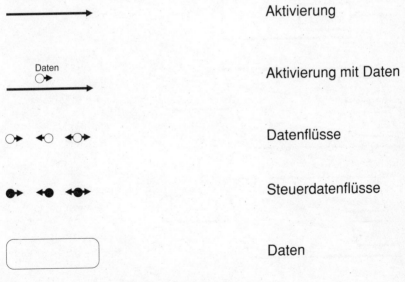

Abb. 5-34: Strukturdiagrammsymbole (Teil 1)

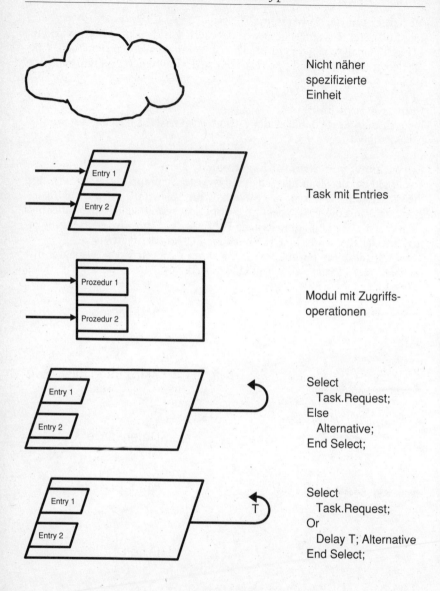

Abb. 5-35: Strukturdiagrammsymbole (Teil 2)

5.8 Entwurfsmethode nach Buhr

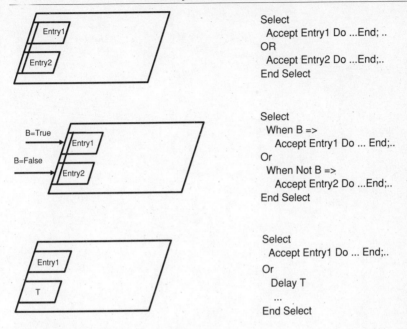

Abb. 5-36: Strukturdiagrammsymbole (Teil 3)

Prozesse, Prozeßkommunikation und Prozeßsynchronisation stellen die wesentlichen Erweiterungen dar. Prozesse kommunizieren mit dem Rendezvouskonzept. Ein Pfeil stellt einen Rendezvousaufruf dar. Der Rendezvousempfänger verfügt über *Entries (entfernte Prozeduren)*. Es existieren graphische Repräsentationen für die bedingte Kommunikation, selektive Kommunikation und zeitbegrenzte Kommunikation.

Wolken *(clouds)* spezifizieren Dinge, die im Entwurf noch nicht festgelegt sind. Sie müssen im weiteren Verlauf des Entwurfs analysiert werden.

Abb. 5-37 zeigt ein einfaches Strukturdiagramm nach Buhr. Schachtelungen bei Moduln und Prozessen sind erlaubt. Es gelten die Sichtbarkeitsregeln von Ada.

Die graphische Entwurfssprache ist lediglich eine Darstellungsform der Systemarchitektur. Sie beinhaltet noch kein methodisches Vorgehen. Buhr sieht für das methodische Vorgehen bei der Entwicklung von Strukturdiagrammen folgende Schritte vor:

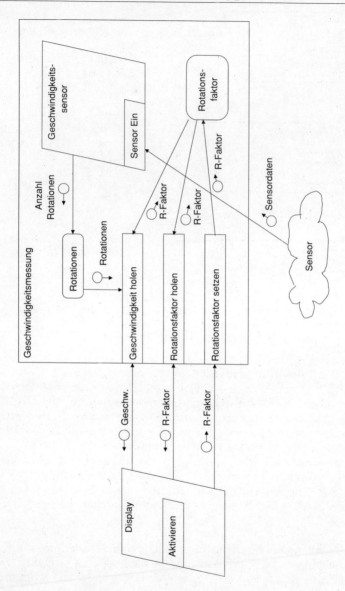

Abb. 5-37: Strukturdiagramm

5.8 Entwurfsmethode nach Buhr

○ Identifizierung von Moduln und Prozessen
Es ist eine geringe Kopplung und eine hohe Bindung der einzelnen Komponenten zu erreichen. Funktionale und informale Bindungen sind anzustreben.
○ Bestimmung der Kommunikation unter Moduln und Prozessen
Moduln und Prozesse sollten nur Daten austauschen. Steuerdaten sollten vermieden werden. Bei der Wahl der Kommunikationsrichtung des Rendezvous sollten die Prinzipien, die im Abschnitt 4.2.2 *Angemessene Anwendung der Kommunikations- und Synchronisationsarten* angegeben sind, angewendet werden.
Nach der Festlegung der Prozeßkommunikation ist eine Untersuchung auf mögliche Verklemmungen vorzunehmen.
○ Das Gesamtsystem sollte in Subsysteme strukturiert sein. Ein planarer Entwurf des Gesamtsystems sollte vermieden werden.

2) Testplangenerierung *(test plan)*
Die Testplangenerierung entwickelt Testdaten, Moduln und Prozeduren für den Test des Systems und entwickelt eine allgemeine *Test*strategie für das System.

3) Detaillierter Entwurf *(detailed design)*
Im detaillierten Entwurf werden die Ergebnisse aus der *globalen* Entwurfsphase so verfeinert, daß einer Implementierung „nichts im Weg steht". Jedes Modul und jeder Prozeß wird verfeinert.

Bemerkung
Die Entwurfsmethode von Buhr ist speziell an die Programmiersprache Ada gebunden. Eine Übertragung auf andere Programmiersprachen ist möglich, jedoch von Buhr nicht vorgesehen.
Die Entwurfsmethode nach Buhr ist objektbasiert und nicht, wie in der Literatur angegeben, objektorientiert. Die objektorientierten Prinzipien Vererbung und das Botschaftenkonzept mit dynamischer Bindung werden nicht unterstützt.

Literaturhinweis
/Buhr 84/

5.9 Entwurfsmethode für verteilte Echtzeitsysteme nach Nielsen

Prozeßmodell
○ Nebenläufige Prozesse, die auf mehreren Rechnerknoten verteilt sein können.
○ Prozeßkommunikation und Prozeßsynchronisation:
  – Asynchrone Prozeßkopplung. Kommunikation über Pufferprozesse, Transportprozesse oder Mischformen von Puffer- und Transportprozessen *(relay)*.
  – Synchrone Prozeßkommunikation. Da die Entwurfsmethode die Programmiersprache Ada unterstützt, wird speziell das Rendezvouskonzept zur synchronen Prozeßkommunikation betrachtet.
  – Ereignisgesteuerte Prozeßkommunikation
○ Prozeßschachtelung ist möglich. Ein *Vaterprozeß* kann nur dann terminieren, wenn alle seine *Kindprozesse* (lokalen Prozesse) terminiert sind.

Kennzeichen
○ Entwurfsmethode für verteile Echtzeitsysteme
○ Deckt den Grobentwurf und den Feinentwurf ab
○ Starke Anlehnung an die Konzepte der Programmiersprache Ada
○ Beim Entwurf eines Echtzeitsystems ist die Hardware frei wählbar.
○ Iterative Entwurfsmethode
○ Graphisch unterstützte Entwurfsmethode
○ *Edges-In*-Entwurfsmethode

Prinzipienunterstützung
○ Abstraktion: Aktions-, Daten- und Ressourceabstraktion
○ Geheimnisprinzip
○ Hierarchisierung
○ Modularisierung
○ Starke Prozeßbindung
○ Geringe Prozeßkopplung

5.9.1 Methodik

Die Entwurfsmethode von Nielsen (/Nielsen 90/, /Nielsen, Shumate 87/ und /Nielsen, Shumate 88/) ist eine Entwurfsmethode für verteilte Echtzeitsysteme, die mit der Programmiersprache Ada realisiert werden. Der Entwurf wird in Grob- und Feinentwurf unterteilt. Im Feinentwurf werden hardwareabhängige Eigenschaften betrachtet. In den Phasen wird der Entwurf direkt mit Ada beschrieben. Es wird keine Entwurfssprache *(program design language)* verwendet. Ausgangspunkt des Entwurfs sind Datenflußanalysen (in Form von Datenflußdiagrammen) und Zustandsanalysen (in Form von Zustandsdiagrammen) eines Systems, die in der Definitionsphase erstellt worden sind. In der Definitionsphase ist eine *Edges-In*-Vorgehensweise einzuhalten. Zuerst werden die externen Schnittstellen *(devices)* identifiziert. Von diesen externen Schnittstellen des Systems wird dann das System analysiert.

Im Grobentwurf werden die folgenden Entwurfsschritte durchgeführt:
○ Prozeßidentifikation
○ Festlegung der Prozeßkommunikation und Prozeßsynchronisation
○ „Modularisierung" in Ada-Pakete
○ Identifikation zeitkritischer Ereignisse
○ Identifikation von virtuellen Rechnerknoten

Im Feinentwurf werden
○ die Auswahl einer Hardwarearchitektur und
○ eine Plazierung der virtuellen Knoten auf die Rechnerarchitektur
durchgeführt.

Prozeßidentifikation
Innerhalb eines Datenflußdiagramms werden Prozesse identifiziert. Graphisch wird die Prozeßidentifizierung durch unterlegte Rechtecke in dem Datenflußdiagramm angezeigt. Alle Funktionen des Datenflußdiagramms, die innerhalb eines Rechtecks liegen, gehören zu demselben Prozeß. Die graphische Repräsentation unterscheidet sich nur geringfügig von der Darstellung der Entwurfsmethode *CASDA*. Es werden die Symbole aus Abb. 5-38 im **Datenfluß-** und **Prozeßidentifikationsdiagramm** verwendet. Ein Prozeßidentifikationsdiagramm für *CASDA* zeigt Abb. 5-12.

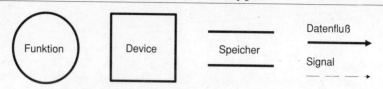

Abb. 5-38: Symbolik des Datenfluß- und Prozeßidentifikationsdiagramms

Richtlinien für die Prozeßidentifikation:
○ Externe *Devices* werden als Prozeß identifiziert.
○ Funktional zusammenhängende Transformationen des Datenflußdiagramms bilden einen Prozeß.
○ Zeitkritische Funktionen realisieren einen Prozeß.
○ Periodische Funktionen stellen einen Prozeß dar.
○ Zeitintensive Berechnungen, die nicht zeitkritisch sind, realisieren einen Prozeß.
○ Funktionen, die innerhalb desselben Zeitintervalls ausgeführt werden, bilden einen Prozeß.
○ Datenbankzugriffe, die auf derselben Datenbank durchgeführt werden, bilden einen Prozeß.
○ Funktionen, die asynchron zueinander ausgeführt werden können, stellen jeweils einen Prozeß dar.
○ Stark kommunizierende Funktionen werden zu einem Prozeß zusammengefügt.

Festlegung der Prozeßkommunikation und Prozeßsynchronisation
Es wird die Prozeßkommunikation und die Prozeßsynchronisation festgelegt. Hierzu wird der Prozeßidentifikationsgraph transformiert. Jeder Prozeß wird durch einen Kreis dargestellt. Pfeile zwischen den Prozessen beschreiben die Prozeßkommunikation und die Prozeßsynchronisation. Es wird zwischen
○ einer synchronen Prozeßkommunikation (Rendezvous),
○ einer asynchronen Prozeßkommunikation (Kommunikation über Pufferprozesse, Transportprozesse oder Mischformen von Puffer- und Transportprozessen),
○ einer ereignisgesteuerten Prozeßkommunikation und
○ einer rückantwortlosen Prozeßkommunikation
unterschieden.
Für die graphische Darstellung dieser Kommunikationsarten werden die Symbole aus Abb. 5-39 verwendet. Das so erhaltene **Prozeßstrukturdiagramm** ist unabhängig von einer konkreten Programmiersprache.

5.9 Entwurfsmethode für verteilte Echtzeitsysteme nach Nielsen

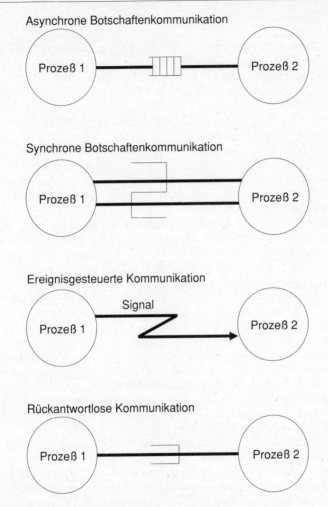

Abb. 5-39: Symbolik des Prozeßstrukturdiagramms

Modularisierung in Ada-Pakete

Ausgehend vom Prozeßstrukturgraph wird nun das System den Konzepten der Programmiersprache Ada angepaßt. Zum einen werden die Kommunikationsrichtungen bei den Prozessen festgelegt, zum anderen wird eine Modularisierung (Bildung von Ada-Paketen) des Systems vorgenommen.

Beim Rendezvouskonzept hat der Prozeß, der ein Rendezvous empfängt, größere Freiheiten als der Prozeß, von dem ein Rendezvous ausgeht. Da das Rendezvouskonzept einen bidirektionalen Datentransfer erlaubt, kann die Rendezvousrichtung umgekehrt werden. Nielsen gibt zur Bestimmung der Rendezvousrichtung folgende Richtlinien an:
- Prozesse, die ein *Device* umkapseln, sind meistens Serverprozesse. Sie empfangen Rendezvous.
- Prozesse, die eine Kommunikation aktiv beeinflussen müssen, sind Rendezvousempfänger. Prozesse, die auf ein Rendezvous flexibel reagieren müssen, sind Rendezvousempfänger.
- Prozesse, die mit mehreren Prozessen in Kommunikation stehen, sind Rendezvousempfänger.
- Berechnungsintensive Prozesse starten ein Rendezvous. Sie sind keine Rendezvousempfänger. Anderenfalls kann eine Kommunikation mit einem solchen Prozeß zu „langen" Blockierungsphasen für den Prozeß, der das Rendezvous gestartet hat, führen.
- Prozesse, die einen Service anbieten, sind Rendezvousempfänger.
- Prozesse, von denen Rendezvous ausgehen aber auch empfangen werden, sind zu vermeiden *(hybrid task)*.
- Minimierung der Prozeßkommunikation.

Die Kommunikationsrichtung wird in einem **Ada-Prozeßdiagramm** festgehalten. Abb. 5-40 zeigt ein einfaches Ada-Prozeßdiagramm. Ausgangspunkt für dieses Diagramm ist das Prozeßidentifikationsdiagramm. Pfeile zwischen den Prozessen geben nun die Kommunikationsrichtung an. Der Datenfluß bei einer Kommunikation wird analog zur Entwurfsmethode *Structured Design* angegeben.

Ada gliedert ein Programm in Pakete. Pakete können Moduln oder Prozesse beinhalten. Nachdem die Prozeßkommunikationsrichtung festgelegt worden ist, werden nun die Ada-Pakete für das System festgelegt und in das Ada-Prozeßdiagramm eingezeichnet. Das graphische Symbol für ein Paket ist ein unterlegtes Rechteck. Alle Elemente, die in diesem Rechteck liegen, gehören zu einem Paket. Abb. 5-41 zeigt ein einfaches **Ada-Modularisierungsdiagramm**.

Identifikation zeitkritischer Ereignisse
Während der gesamten Grobentwurfsphase müssen zeitkritische Ereignisse identifiziert und im Entwurf berücksichtigt werden. Zeitkritische Pro-

5.9 Entwurfsmethode für verteilte Echtzeitsysteme nach Nielsen

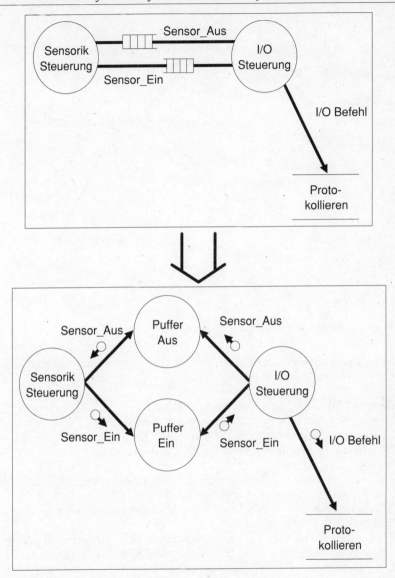

Abb. 5-40: Prozeßstruktur- und Ada-Prozeßdiagramm

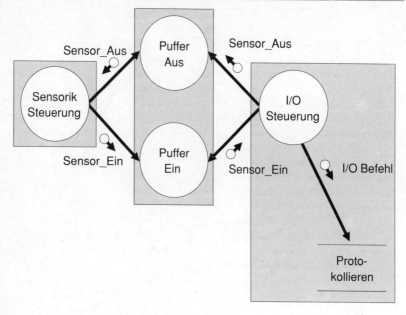

Abb. 5-41: Ada-Modularisierungsdiagramm

zesse müssen hohe Prioritäten, eigene Prozessoren und ihnen fest zugeordnete Kommunikationskanäle bekommen.

Identifikation von virtuellen Rechnerknoten
Prozesse werden zu virtuellen Knoten zusammengefaßt. Diese Prozesse werden später in dem System auf demselben Rechnerknoten ausgeführt. Für die Identifikation der virtuellen Knoten existieren folgende Richtlinien:
- Prozesse können nur dann gemeinsame Speicher verwenden, wenn sie zu demselben virtuellen Knoten gehören.
- Prozesse, die stark untereinander kommunizieren, gehören zu einem virtuellen Rechnerknoten.
- Zwischen Prozessen, die zu unterschiedlichen virtuellen Rechnerknoten gehören, findet nur eine asynchrone Kommunikation statt. Eine synchrone Prozeßkommunikation zwischen unterschiedlichen Rechnerknoten ist nicht gestattet.

Auswahl einer Hardwarearchitektur
Zur Rechnerarchitekturbestimmung existieren folgende Richtlinien:
○ Externe *Devices* sind durch ihre Geschwindigkeit gekennzeichnet. Die ausgewählten Prozessoren müssen diesen Geschwindigkeiten gerecht werden.
○ Existieren in dem System virtuelle Knoten, die eine spezialisierte Aufgabe erfüllen, so soll ein spezieller Prozessor für diesen virtuellen Knoten ausgewählt werden.
○ Zeitkritische Prozesse des Echtzeitsystems benötigen einen „schnellen" Prozessor. Ihnen kann ein eigener Prozessor zugeteilt werden.
○ Berechnungsintensive Prozesse benötigen einen Prozessor mit entsprechenden MIPS oder MFLOPS.
○ Es ist sinnvoll, bei einem Echtzeitsystem nur homogene Prozessoren zu verwenden, wenn dieses möglich ist.
○ Systeme, die eine besondere Sicherheit aufbringen müssen, sind durch fehlertolerante Hardware zu unterstützen.
○ Systeme sollten Standards verwenden. Spätere Systemergänzungen sind dann einfacher durchzuführen.
○ Die Kommunikation unter den Rechnerknoten muß auf das genauste untersucht werden und durch eine adäquate Hardwareverbindung sichergestellt sein.

Plazierung der virtuellen Knoten auf die Hardwarearchitektur
Bei der Plazierung von virtuellen Knoten zu Rechnerknoten ist folgendes zu beachten:
○ Prozesse, die *Interrupts* bearbeiten, müssen auf dem Rechnerknoten plaziert werden, auf dem der *Interrupt* ausgelöst wird.
○ Lokale Prozesse müssen auf dem Prozeß ausgeführt werden, auf dem der Vaterprozeß ausgeführt wird.
○ Hardwarekomponenten, die speziell für einen virtuellen Knoten ausgelegt sind, werden diesem virtuellen Knoten zugeteilt.

Die Identifikation von virtuellen Knoten und die Plazierung von virtuellen Knoten auf eine existierende Hardware ist ein iterativer Prozeß. Eine akzeptable Aufteilung der Prozesse und Moduln in virtuelle Knoten, die sich auf eine Zielhardware abbilden lassen, erhält man i. allg. erst nach mehreren iterativen Ausführungen der beiden Entwurfsschritte.

Bemerkung
Die Entwurfsmethode nach Nielsen basiert auf der Programmiersprache Ada. Sie unterstützt das Prozeßmodell von Ada, insbesondere das Ren-

dezvouskonzept zur Prozeßkommunikation und Prozeßsynchronisation. Eine Anwendung der Entwurfsmethode in Verbindung mit anderen Programmiersprachen ist möglich, insofern die verwendeten Kommunikations- und Synchronisationskonzepte in diese Sprache abgebildet werden können.

Die Methode ist in abgewandelter Form für nichtverteilte Echtzeitsysteme anwendbar. Hierzu müssen im Grobentwurf keine virtuellen Knoten identifiziert werden, und der Feinentwurf kann wegfallen. Alle Prozesse werden auf demselben Prozessor plaziert. Durch die Vergabe von Prioritäten müssen die zeitlichen Anforderungen der einzelnen Prozesse sichergestellt werden.

Literaturhinweise
/Nielsen 90/, /Nielsen, Shumate 87/ und /Nielsen, Shumate 88/

5.10 Objektorientierter Entwurf nach Booch

Objektorientiertes Modell und Prozeßmodell
○ Klassen, Objekte
○ Einfach- und Mehrfachvererbung mit dynamischer Bindung und Typpolymorphie
○ Metaklassen für die Darstellung von abstrakten Klassen
○ Synchrone und asynchrone Prozeßkommunikation
○ Nebenläufigkeit der Objekte und Nebenläufigkeit innerhalb eines Objekts

Kennzeichen
○ *Round-Trip*-Entwurf
○ Nebenläufigkeit von Objekten und Nebenläufigkeit innerhalb von Objekten
○ Graphische und textuelle Entwurfsmethodik
○ Programmiersprachenunabhängig (z.T.)
○ Objektorientierte Analyse (OOA) als Ausgangspunkt sinnvoll, aber keine Voraussetzung.

Prinzipien
○ Abstraktion: Ressourceabstraktion und abstrakte Ressourceabstraktion bei der Klassen- und Metaklassenidentifikation

○ Geheimnisprinzip
○ Hierarchisierung
○ Starke Objektbindung und geringe Objektkopplung
○ Starke Klassenkopplung durch Vererbung

5.10.1 Methodik

Die Entwurfsmethodik von Booch ist objektorientiert und programmiersprachenunabhängig. Bei der Implementierung können auch *nichtobjektorientierte Sprachen*, wie z.B. Ada, mit Einschränkungen angewendet werden. Der Entwurf gliedert sich in den logischen und den physikalischen Entwurf. Die beiden Entwurfsschichten unterteilen sich jeweils in den statischen und den dynamischen Entwurf. Abb. 5-42 verdeutlicht die vier Aspekte des Entwurfs.

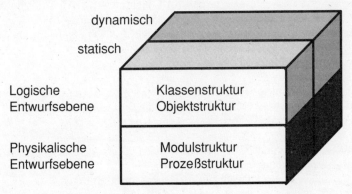

Abb. 5-42: Einteilung der Entwurfsphase

Der logische Entwurf befaßt sich mit den Klassen und den Objekten des Systems. Dieser Teil des Entwurfs ist stark programmiersprachenunabhängig. Es wird eine Klassenhierarchie und eine Objektstruktur entworfen. Der physikalische Entwurf bildet den logischen Entwurf auf eine reale Entwicklungsumgebung ab. Klassen und Objekte werden modularisiert und zu einem Prozeß oder mehreren Prozessen (Programm) zusammengefügt. Anschließend werden die Moduln und die Prozesse auf eine Rechnerarchitektur abgebildet.

Beim Entwurf wird stets zwischen der dynamischen und der statischen Struktur unterschieden. Zur dynamischen Beschreibung des Systems werden Zustandsautomaten, Zeitdiagramme und eine Entwurfssprache *(program design language*, PDL) eingesetzt. Die statische Struktur wird durch Klassen-, Objekt-, Modul- und Prozeßdiagramme beschrieben.

In der Entwurfsphase wird strikt zwischen Klassen und Objekten unterschieden. Es existiert eine Klassenstruktur, gekennzeichnet durch die Vererbung, und eine Objektstruktur, die die Beziehungen der Objekte untereinander darstellt. Die Objektinkarnation stellt die Verbindung zwischen beiden Strukturen her.

In der Entwurfsphase wird weder eine *Top-Down-* noch eine *Bottom-Up-*Vorgehensweise angestrebt. Vielmehr wird ein *Round-Trip-*Entwurf eingeschlagen. Dies beinhaltet eine inkrementelle und iterative Entwurfsvorgehensweise beim logischen und physikalischen Entwurf.

Innerhalb des *Round-Trip-*Entwurfs muß
O die Identifikation von Klassen und Objekten – hierbei sind die realen Dinge des Systems Ausgangspunkt der Identifikation –
O die Festlegung der Semantik von Klassen und Objekten und die
O Identifikation der Klassen- und Objektbeziehungen
inkrementell und iterativ durchgeführt werden.

Ist in der Definitionsphase eine objektorientierte Analyse durchgeführt worden, so kann das OOA-Modell der Definitionsphase direkt als Ausgangspunkt des Entwurf übernommen werden.

Zur Durchführung des Entwurfs werden von Booch die folgenden vier Schritte vorgeschlagen:
1) Identifikation der Klassen und der Klassenbeziehungen
2) Identifikation der Objekte und der Objektbeziehungen
3) Festlegung der Sichtbarkeit und Gültigkeit von Klassen und Objekten
4) Festlegung der Prozeßplazierung und der Scheduling-Strategie

Die vier Schritte werden inkrementell und iterativ bis zu einem endgültigen Entwurf durchgeführt. Die ersten beiden Schritte gehören zum logischen Entwurf. Die letzten beiden Schritte bilden den physikalischen Entwurf. In jedem der vier Schritte werden jeweils dynamische und statische Aspekte betrachtet.

1) Identifikation der Klassen und der Klassenbeziehungen

Die Klassenidentifikation findet durch die bekannten Prinzipien der Abstraktion statt. Insbesondere stellen Klassen Schablonen für Ressourceabstraktionen und abstrakte Ressourceabstraktionen (Metaklassen) dar. Die einzelnen Methoden stellen funktionale Abstraktionen dar. Für die Methoden einer Klasse gilt das Prinzip der starken Bindung. Bei der Vererbungsstruktur der Klassen ist eine **starke Kopplung** anzustreben, um eine hohe Wiederverwendbarkeit zu erreichen.

Die Spezifikation der Klassen und der Klassenhierarchie erfolgt in **Klassendiagrammen**, **Zustandsdiagrammen** und durch **textuelle Repräsentation** der einzelnen Klassen. Die Klassendiagramme geben einen Überblick über die Klassenstruktur. Zustandsdiagramme verdeutlichen das dynamische Verhalten von Objekten einer Klasse. Die textuelle Repräsentation spiegelt den Entwurf mit mehr Details wider. Sie ist die eigentliche Grundlage des Entwurfs.

Klassendiagramme

Klassendiagramme stellen Klassen und die Klassenvererbungsstruktur dar. Es wird hierbei folgende Symbolik verwendet:
○ Darstellung von Klassen durch gestrichelte Wolken
○ Darstellung von Klassenbeziehungen durch Pfeile. Es existieren Pfeile für:
- Verwendung einer anderen Klasse zur Klassenschnittstellenrealisierung. Der Punkt gibt an, welche Klasse die andere Klasse benutzt.
- Verwendung einer anderen Klasse innerhalb der Klassenimplementierung. Der ausgefüllte Punkt gibt an, welche Klasse die andere Klasse verwendet.
- Instanzierung
- Vererbung
- Metaklassenbeziehung
- Undefinierte Beziehung

Abb. 5-43 stellt die Symbolik von Klassendiagrammen dar.

Bei der Instanzierung und Vererbung wird jeweils eine Typisierung betrachtet. Zur graphischen Verdeutlichung ist hierzu der Pfeilausgangspunkt mit einem Querstrich versehen. Ist eine Unterklasse nicht *typkompatibel* mit der Oberklasse, so ist eine typisierte Instanzierung und Vererbung zu verwenden. Es zeigt sich hier eine Abhängigkeit zwischen dem logischen Entwurf und der verwendeten Programmiersprache. Programmier-

Abb. 5-43: Symbolik für Klassendiagramme

sprachen, die nicht über einen Typpolymorphismus verfügen, sind auf die typisierte Instanzierung und Vererbung angewiesen.
Die Pfeilrichtung gibt jeweils die Richtung der Beziehung an.

Im Zusammenhang mit den Klassenbeziehungen können Kardinalitäten betrachtet werden. Die Kardinalitäten werden an die Enden des Beziehungssymbols notiert. Bei den Kardinalitäten wird die 0, die 1, das N für eine feste Anzahl, der * für beliebig viele, das + für beliebig viele aber mindestens eins und das ? für keins oder eins verwendet. Bildung von einfachen logischen Ausdrücken mit den Booleschen Operatoren =, <, >, <>, ≥ und ≤ ist erlaubt. Abb. 5-44 zeigt ein Klassendiagramm für eine Steuerung. Es werden Sensordaten empfangen, bearbeitet, protokolliert und ein Stellglied angesteuert.

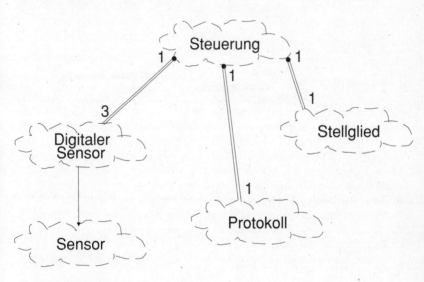

Abb. 5-44: Klassendiagramm für eine einfache Steuerung

Unterprogramme, die keiner Klasse angehören, können ebenfalls dargestellt werden. Unterprogramme sind eine Ansammlung von Operationen, die nach den bekannten Prinzipien der sequentiellen Programmierung und den in diesem Buch vorgestellten Prinzipien entworfen werden.
Zur besseren Strukturierung der Klassenstruktur können Klassenkategorien betrachtet werden. Sie stellen die Klassenstruktur auf einem höhe-

ren Niveau dar. Eine Klassenkategorie läßt sich in eine Klassenstruktur verfeinern. Abb. 5-45 zeigt die Klassenkategoriestruktur zu Abb. 5-44.

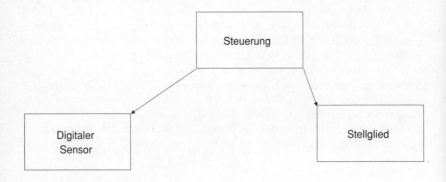

Abb. 5-45: Klassenkategorien

Zustandsdiagramme
Das dynamische Verhalten von Klassen wird durch Zustandsdiagramme beschrieben. Kreise stellen Zustände dar. Pfeile zwischen den Zuständen sind Signale bzw. Aktionen, die einen Zustandswechsel herbeiführen. Zu einem Zustandsdiagramm gehört eine textuelle Beschreibung und eine Beschreibung jeder Aktion durch PDL oder durch ein Objektdiagramm.

Textuelle Beschreibung der Klassenstruktur
Für die textuelle Beschreibung der Klassenstruktur wird jede Klasse, jedes Unterprogramm, jede Methode der einzelnen Klassen und jede Operation eines Unterprogramms beschrieben.
○ Klassenbeschreibung
  In einer Klassenbeschreibung werden folgende Dinge festgehalten:
  – Name
  – Informale Klassenbeschreibung
  – Sichtbarkeit bzgl. der Klassenkategorie: Es wird angegeben, ob eine Klasse nur innerhalb der Kategorie oder auch außerhalb der Kategorie sichtbar ist.
  – Maximale Anzahl der Inkarnationen
  – Superklasse(n) und Metaklasse
  – Generische Parameter: Realisiert die Klasse einen abstrakten Datentyp (ADT), so werden die generischen Parameter angeführt.

- Schnittstellen- und die Implementierungsbeschreibung: Bei Klassen unterscheidet man einen öffentlichen (*public*; sichtbar für alle Klassen), einen geschützten (*protected*; nur sichtbar für alle Unterklassen) und einen privaten (*private*; nur sichtbar innerhalb der eigenen Klasse) Bereich. Für jeden Bereich werden die Deklarationen und die verwendeten Klassen beschrieben.
- Dynamische Beschreibung: Hierzu wird i. allg. ein Zustandsdiagramm verwendet.
- Nebenläufigkeit für die **gesamte** Klasse: Es wird festgelegt, ob in einer Klasse selbst Nebenläufigkeit erlaubt ist, und ob die Kommunikation mit Objekten dieser Klasse synchron oder asynchron ist.
- Speicherplatzkomplexität
- Lebensdauer eines Objekts: Angabe, ob ein Objekt für die gesamte Laufzeit eines Programms existiert oder ob es dynamisch erzeugt und vernichtet wird.

○ Unterprogrammbeschreibung
Die Unterprogramme erhalten eine „abgespeckte" Beschreibung. Bei ihnen werden analog zu Klassen der Name, ein Kommentar, die Sichtbarkeit, die generischen Parameter, die Schnittstelle und die Implementierung beschrieben.

○ Methoden- und Operationsbeschreibung
Bei den Methoden und Operationen werden der Name, ein Kommentar, die Kategorie, die Parameter, das Ergebnis, die Vorbedingung, die auszuführende Aktion, die Nachbedingung, die Ausnahmebehandlung, die Nebenläufigkeit (im Einklang mit der Klassennebenläufigkeit) und die Zeit- und Speicherplatzkomplexität beschrieben. Die Vorbedingung, die auszuführende Aktion und die Nachbedingung werden mit PDL beschrieben.

2) Identifikation der Objekte und der Objektbeziehungen
Objekte sind Inkarnationen von Klassen. Die Objekte bilden das eigentliche Softwaresystem. Das Objekt selbst hat die Eigenschaften der Klasse. Vom besonderen Interesse sind die Objektbeziehungen. Welches Objekt beinhaltet welches Objekt und welches Objekt sendet Botschaften an ein anderes Objekt. Auf die Entwicklung der Objektstruktur kann das Prinzip der geringen Objektkopplung angewendet werden. Für die Darstellung der Objekte und der Objektbeziehungen existieren Objektdiagramme, Zeitdiagramme und textuelle Beschreibungen.

Objektdiagramme

Objektdiagramme stellen Objekte und die Beziehungen (Botschaftenaustausch, Sichtbarkeit, Verwendung und Synchronisation) unter Objekten dar. Bei den Objektbeziehungen unterscheidet man den Botschaftenaustausch, die Sichtbarkeit unter Objekten und die Objektsynchronisation. Zur Darstellung der Objektstruktur existiert die Symbolik von Abb. 5-46.

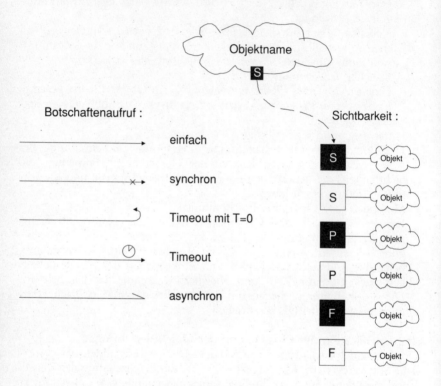

Abb. 5-46: Symbolik für Objektdiagramme

○ Botschaftenaustausch und Synchronisation
Pfeile zwischen Objekten stellen Kommunikationen dar. Die Pfeile werden mit der entsprechenden Botschaft beschriftet. Bei den Pfeilen unterscheidet man eine einfache, eine synchrone, eine zeitbedingte Kommunikation und eine asynchrone Objektkommunikation.

○ Sichtbarkeit
  Objekte, die im gleichen Gültigkeitsbereich *(scope)* definiert sind, sind mit einer Linie verbunden, die mit dem Buchstaben S *(scope)* beschriftet ist.

○ Verwendung
  – Parameterbeziehung
    Dient ein Objekt als Methodenparameter eines anderen Objekts, so sind die Objekte durch eine Linie verbunden, die mit dem Buchstaben P *(parameter)* beschriftet ist.
  – Instanzvariablenbeziehung
    Ist ein Objekt als Instanzvariable eines anderen Objekts definiert, so sind die Objekte durch eine Linie verbunden, die mit dem Buchstaben F *(field)* gekennzeichnet ist.

Da ein Objekt zu mehreren anderen Objekten Beziehungen haben kann, existiert für alle Beziehungen eine *Shared*-Variante. Durch die *Shared*-Variante einer Beziehung wird aufgezeigt, daß ein Objekt nicht exklusiv von einem anderen Objekt verwendet werden kann. Es finden noch weitere Zugriffe auf das Objekt statt. Zur graphischen Verdeutlichung von Beziehungen werden die entsprechenden Objekte durch Linien verbunden und durch einen Buchstaben gekennzeichnet. Sind die Buchstaben durch einen weißen Kasten unterlegt handelt es sich um die *Shared*-Variante der Beziehung.

Abb. 5-47 zeigt das Objektdiagramm zu einer einfachen Steuerung.

Zeitdiagramme
Zeitdiagramme beschreiben das dynamische Kommunikationsverhalten von Objekten. Über eine Zeitachse wird das Kommunikationsverhalten von Objekten aufgetragen. Hierbei werden nicht alle Objekte des Systems betrachtet, sondern nur diejenigen Objekte, die direkt oder indirekt an der Kommunikation beteiligt sind. In dem Beispiel von Abb. 5-48 liest ein Objekt *Steuerung* synchron Daten von einem Objekt *Sensor*. Nachdem die Daten gelesen worden sind, findet eine Bearbeitung und ein anschließendes Protokollieren statt. Das Protokollieren wird durch das Objekt *Protokoll* übernommen. Die Kommunikation mit diesem Objekt ist synchron. Die gestrichelte Linie verdeutlicht jeweils die Kommunikationszeit des entsprechenden Objekts. Ein Sternsymbol * im Zeitdiagramm kennzeichnet eine Objekterzeugung und ein Ausrufezeichen ! eine Objektvernichtung.

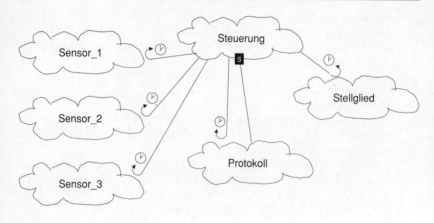

Abb. 5-47: Objektdiagramm

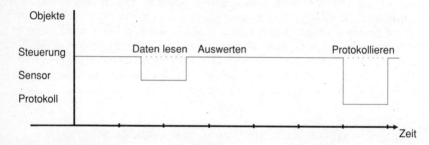

Abb. 5-48: Zeitdiagramm

Zeitdiagramme können für die Spezifikation und das Überprüfen von Zeitschranken verwendet werden. Sie stellen für den Echtzeitsystementwurf ein wichtiges Darstellungsmittel dar.

Eine PDL-Beschreibung kann auch zur besseren Dokumentation der Zeitdiagramme verwendet werden.

Textuelle Beschreibung
Bei der textuellen Beschreibung von Objekten wird der Objektname, ein Kommentar, die Klasse und die Lebensdauer spezifiziert.

Für jede versandte Botschaft wird der Name, ein Kommentar, Periodizität (zyklisch- bzw. nichtzyklisch) und die Synchronisation (einfach, synchron, zeitbedingt synchron und asynchron) festgehalten.

3) Festlegung der Sichtbarkeit und Gültigkeit von Klassen und Objekten

Mit diesem Entwurfsschritt wird der logische Entwurf verlassen und der physikalische Entwurf betreten. Klassenbeschreibungen und Objekte werden in Moduln und Prozessen (Programmen) zusammengefaßt. Für die Identifikation der Moduln und Prozesse werden von Booch lediglich die Prinzipien der starken Modul- und Prozeßbindung und der geringen Modul- und Prozeßkopplung angeführt.

Moduldiagramme

Moduldiagramme verdeutlichen das Zusammenfassen von Klassen und Objekten in Moduln und Prozesse. Hierzu werden die Symbole von Abb. 5-49 verwendet. Abb. 5-50 zeigt ein einfaches Moduldiagramm. Es besteht aus drei Hauptprogrammen, die auf verteilten Rechnerknoten arbeiten sollen. Pfeile stellen eine Modul- bzw. Prozeßabhängigkeit dar, die durch einen Import oder durch das Verwenden eines anderen Moduls bzw. Prozesses (Kommunikation) gegeben ist.

Bei den Moduldiagrammen ist ein Schachteln von Moduln möglich. Zu diesem Zweck wird einfach ein Modul in ein anderes Modul gezeichnet. Das innere Modul ist nach außen nicht sichtbar.

Besteht ein System aus zu vielen Moduln, können auch auf höheren Abstraktionsebenen Subsysteme betrachtet werden. Jedes Subsystem wird dann auf tieferen Abstraktionsebenen in Moduln aufgeteilt. Hierbei wird bei diesen Moduln kenntlich gemacht, ob sie von dem Subsystem exportiert oder vom Subsystem importiert werden oder für das Subsystem privat sind. Importierte Moduln sind durch einen unterstrichenen Namen gekennzeichnet. Moduln, die von dem Subsystem exportiert werden, haben einen umrandeten Namen. Private Moduln werden nicht besonders gekennzeichnet.

Textuelle Beschreibung

Textuell wird jeder Modul durch den Namen, einen Kommentar und eine Liste der Deklarationen beschrieben.

4) Festlegung der Prozeßplazierung und der Scheduling-Strategie

Die Prozesse (Programme) und Moduln werden auf eine Rechnerarchitektur verteilt. Es werden hierbei Prozessoren, *Devices* und Verbindungen zwischen Prozessoren und *Devices* betrachtet. Für jeden Prozessor wird die Scheduling-Strategie festgelegt.

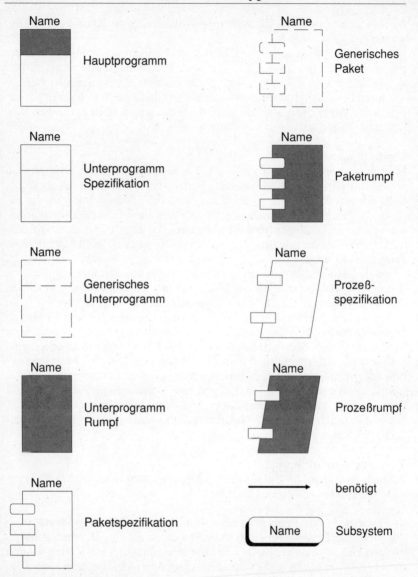

Abb. 5-49: Symbolik für Moduldiagramme

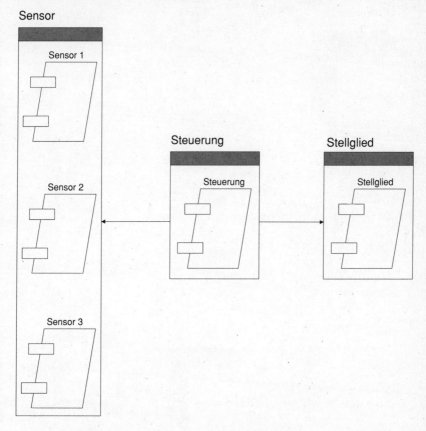

Abb. 5-50: Moduldiagramm für eine verteilte Steuerung

Für diesen Entwurfsschritt führt Booch keine Prinzipien und Richtlinien an. Er ermöglicht nur die graphische (Prozeßdiagramme) und textuelle Darstellung der Modul- und Prozeßverteilung.

Prozeßdiagramme
Prozeßdiagramme enthalten die Symbole von Abb. 5-51. Abb. 5-52 zeigt ein einfaches Prozeßdiagramm. Sie stellen die Verbindung von Prozessoren zu *Devices* und die Zuordnung von Prozessen und Moduln zu Prozessoren dar.

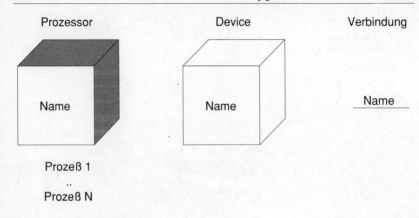

Abb. 5-51: Symbolik für Prozeßdiagramme

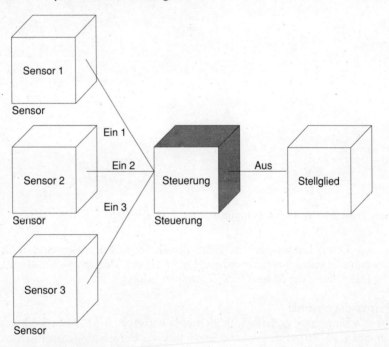

Abb. 5-52: Einfaches Prozeßdiagramm

Textuelle Beschreibung
Zu jedem Prozessor wird der Name, ein Kommentar, die Charakteristika des Prozessors, eine Liste der Prozesse und der verwendete Scheduling-Algorithmus (*preemptive, nonpreemptive*, zyklisch mit fester Zeit, externer Algorithmus oder *manual*) festgehalten. Bei den Prozessorcharakteristika handelt es sich um eine informale Beschreibung.
Beim Scheduling wird unter den folgenden Scheduling-Strategien unterschieden:
○ Prozeß ist in seiner Abarbeitung unterbrechbar *(Preemptive Scheduling)*.
○ Prozeß ist in seiner Abarbeitung nicht unterbrechbar *(Non-Preemptive Scheduling)*.
○ Jedem Prozeß steht zyklisch für eine feste Zeitspanne der Prozessor zur Verfügung.
○ Das Prozeß-Scheduling wird durch einen *externen* applikationsabhängigen Scheduling-Algorithmus durchgeführt.
○ Das Prozeß-Scheduling wird manuell durch den Benutzer des Systems durchgeführt.
Zu jedem Prozeßß wird der Name, ein Kommentar und eine Priorität festgehalten.
Zu jeder *Device* und zu jeder Verbindung wird der Name, ein Kommentar und die Charakteristika festgehalten.

Bemerkung
Booch entwickelte mehrere Entwurfsmethoden. Die hier vorgestellte objektorientierte Entwurfsmethodik deckt ältere Entwurfsmethoden, die Booch speziell für Ada entwickelt hat, ab. Aus diesem Grund werden die älteren Entwurfsmethodiken von Booch in diesem Buch nicht vorgestellt.

Literaturhinweise
/Booch 87/ und /Booch 91/

5.11 OSDL

Prozeßmodell
○ Dynamische Prozeßerzeugung
○ Verteilte Prozesse
○ Asynchrone Prozeßkommunikation

Kennzeichen
- O Objektorientierte Erweiterung der Entwurfsmethode SDL
- O Die Kennzeichen von SDL bleiben erhalten:
  - Textuelle und graphische Entwurfsmethode
  - Unterstützung der Definitions- und Entwurfsphase
  - *Top-Down*-Entwurf
  - Hierarchische Entwurfsvorgehensweise
  - Datenflußorientierte Entwurfsmethode
- O Einfachvererbung bei Prozessen
- O Spezialisierung bei Blöcken und Prozeduren
- O Virtuelle Prozeduren und virtuelle Transitionen für die Bindung von Methoden

Prinzipienunterstützung
- O Modularisierung
- O Abstraktion: Aktions- und Ressourceabstraktion
- O Geheimnisprinzip
- O Hierarchisierung

5.11.1 Methodik

OSDL *(Object Oriented Specification and Description Language)* stellt eine objektorientierte Erweiterung der Entwurfsmethodik SDL dar. Die Konzepte von SDL werden vollkommen übernommen, und SDL wird um
- O eine Vererbung bei Prozessen,
- O virtuelle Prozeduren,
- O virtuelle Transitionen,
- O Spezialisierung bei Prozeduren und um eine
- O Spezialisierung bei Blöcken

erweitert.

Die Grundelemente in einem SDL-Entwurf sind Prozesse. OSDL erweitert das Prozeßmodell um ein Vererbungskonzept. Spezialisierungen von Unterprozessen (Unterklassen) werden durch virtuelle Prozeduren und virtuelle Transitionen erreicht. Durch diese Konzepte wird das *Überschreiben von Methoden* im objektorientierten Entwurf erreicht.

Vererbung bei Prozessen
Prozesse sind in SDL bzw. OSDL durch eine Menge von Zuständen und Signalen gekennzeichnet. Ein Prozeß kann in bestimmten Zuständen nur

auf bestimmte Signale reagieren und geht in Abhängigkeit vom aktuellen Zustand und dem empfangenen Signal deterministisch in einen neuen Zustand über.

Eine Vererbung unter Prozessen wird durch das Erweitern dieses Verhaltens erzeugt. Ein Prozeß, der als ein *Unterprozeß* (Subklasse) definiert wird, hat das Verhalten des *Oberprozesses* (Oberklasse) und verfügt über weitere Zustände und/oder Signale. Er verhält sich in Zuständen und bei Signalen, die auch der Oberprozeß besitzt, genauso wie der Oberprozeß selbst. Für einen Unterprozeß müssen also nur die neuen Zustände, die neuen Signale und die neuen Signalübergänge spezifiziert werden.

Virtuelle Prozeduren
Bei der Prozeßvererbung erbt ein Unterprozeß **alle** Eigenschaften des Oberprozesses. Das objektorientierte Konzept des *Überschreibens von Methoden* kann mit der Prozeßvererbung nicht realisiert werden. Zu diesem Zweck verfügt OSDL über virtuelle Prozeduren.

Prozesse sind durch Zustandsdiagramme gekennzeichnet. In einem Zustandsdiagramm werden die Zustandswechsel eines Prozesses in Abhängigkeit von Signalen angeführt. Während eines Zustandswechsels führt ein Prozeß Aktionen aus. Zu diesem Zweck ist es in SDL und OSDL erlaubt, Prozeduren aufzurufen. Mit dem Konzept der virtuellen Prozeduren ist es nun möglich, Prozeduren bei der Vererbung durch neue Prozeduren zu überschreiben.

Abb. 5-53 zeigt das Zustandsdiagramm einer einfachen Steuerung. Dieses Zustandsdiagramm ist bereits in leicht abgewandelter Form bei der SDL-Beschreibung angeführt worden. Im Gegensatz zu dieser Prozeßbeschreibung beinhaltet die Beschreibung von Abb. 5-53 einen Aufruf der virtuellen Prozedur *Ausgabe*. Der Aufruf einer virtuellen Prozedur hat das gleiche Symbol wie ein Prozeduraufruf, jedoch an Stelle einer durchgezogenen Umrandung hat dieses Symbol eine gestrichelte Umrandung.

Bei einer Vererbung wird zu jeder virtuellen Prozedur eine für diese Prozeßklasse gültige Prozedur definiert. Wird von einem Prozeß nun eine virtuelle Prozedur aufgerufen, so wird diejenige Prozedur ausgeführt, die in der Prozeßklasse des Aufrufers spezifiziert ist. Virtuelle Prozeduren realisieren somit ein *Überschreiben von Methoden*. In dem in Abb. 5-53 angeführten Beispiel kann nun die virtuelle Prozedur für die Klasse *Steuerung* wie in Abb. 5-54 angeführt werden. Die Klasse *Steuerung_mit_Protokoll* kann als Unterklasse der Klasse *Steuerung* aufgefaßt werden. Diese Klasse hat keine neuen Zustände und Signale. Nur die virtuelle Prozedur *Ausgabe* wird für diese Klasse neu spezifiziert. Abb. 5-55 zeigt eine mögliche Spezifikation.

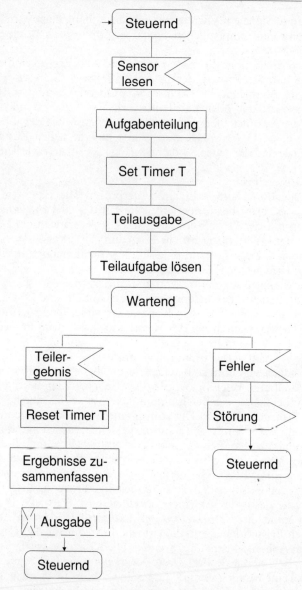

Abb. 5-53: Zustandsautomat mit virtueller Prozedur

Virtuelle Transitionen

Virtuelle Transitionen erlauben ebenfalls wie virtuelle Prozeduren, das Verhalten von Unterprozessen bzgl. ihrer Oberprozesse zu verändern bzw. zu spezialisieren. Zu diesem Zweck existieren virtuelle Startpunkte, virtuelle Eingabepunkte und virtuelle Sicherungspunkte. Sie haben die gleiche Symbolik wie der aus SDL bekannte Startpunkt, Eingabepunkt und Sicherungspunkt. Lediglich die Umrandung wird gestrichelt gezeichnet. Wird in einer Prozeßspezifikation eine virtuelle Transition verwendet, so hat diese Transition die gleiche Bedeutung wie die entsprechende nichtvirtuelle Transition. Nach einer virtuellen Transition folgt eine *Default*-Aktionsfolge; diese wird nach der Transition ausgeführt. Bei einer Vererbung kann (muß aber nicht) ein Unterprozeß die virtuelle Transition überschreiben. Überschreibt ein Unterprozeß die Transition, dann überschreibt er auch alle Operationen und Transitionen, die der virtuellen Transition gefolgt wären. Bei der Überschreibung von virtuellen Transitionen ist der Unterprozeß an folgende Randbedingungen gebunden:

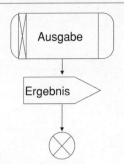

Abb. 5-54: Spezifikation fer virtuellen Prozedur *Ausgabe*

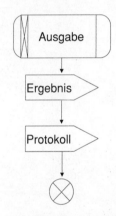

Abb. 4-55: Verfeinerte Spezifikation der virtuellen Prozedur *Ausgabe*

O Ein virtueller Eingabepunkt kann nur durch einen Eingabe- oder Sicherungspunkt ersetzt werden.
O Ein virtueller Sicherungspunkt kann nur durch einen Eingabepunkt oder durch mehrere parallele Eingabepunkte ersetzt werden.

Abb. 5-56 zeigt das Beispiel von Abb. 5-53 mit einer virtuellen Transition *Fehler*. Als *Default* wird bei einem Fehler eine Fehlerausgabe vorgenommen. Abb. 5-57 überschreibt diese Transition durch eine eigene Transition, die neben der Fehlerausgabe einen Protokolleintrag vornimmt.

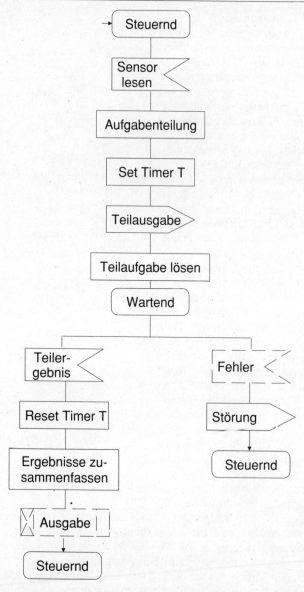

Abb. 5-56: Zustandsautomat mit virtueller Transition

5.11 OSDL

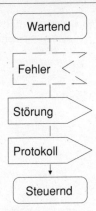

Abb. 5-57: Spezifikation einer virtuellen Transition

Spezialisierung bei Prozeduren
Das Überschreiben von Methoden beim objektorientierten Entwurf weist die Problematik auf, daß eine Methode durch eine inhaltlich vollkommen andersartige Methode überschrieben werden kann. Die beiden Methoden müssen lediglich den gleichen Namen haben. Zur Verbesserung dieser Problematik existiert in OSDL das Konzept der Prozedurspezialisierung.
Analog zur Spezialisierung von Prozessen durch virtuelle Prozeduren und durch virtuelle Transitionen können Prozeduren spezialisiert werden, so daß beim Überschreiben von Prozeduren zumindest ein Prozedurrahmen (z.B. Parameterschnittstelle sollte fest sein) übernommen werden muß. Es können somit nur Teile einer Prozedur überschrieben werden.

Spezialisierung bei Blöcken
Von einer Blockspezifikation kann eine Spezialisierung erzeugt werden. Bei der Blockspezifikation *Terminal* können z.B. mehrere Terminaltypen definiert werden. Bei einer Spezialisierung von *Terminal* kann dann eine Auswahl von Terminaltypen betrachtet werden.

Bemerkung
Virtuelle Prozeduren und virtuelle Transitionen unterscheiden sich durch die folgenden zwei Punkte:
○ Virtuelle Prozeduren können in einer Prozeßspezifikation mehrfach aufgerufen werden.
○ Bei der Verwendung von virtuellen Prozeduren bei der Prozeßspezifikation sind einige Teile des Prozesses für alle Unterprozesse gleich.

Lediglich die virtuellen Prozeduren ändern sich. Bei virtuellen Transitionen ist jedoch nur das Signal, welches eine Transition auslöst, gleich.

Literaturhinweise
/Belsnes, Dahle et. 87/ und /Mjølner/

5.12 Literatur

/Balzert 82/
 H. Balzert, *Die Entwicklung von Software-Systemen – Prinzipien, Methoden, Sprachen, Werkzeuge*, B.I.-Wissenschaftsverlag, 1982
/Belsnes, Dahle et. 87/
 D. Belsnes, H. P. Dahle, B. Møller-Pedersen, *Rationale and Tutorial on OSDL: An Object-Oriented Extension of SDL*, Mjolner Report Series N-EB-6, 1987
/Booch 87/
 G. Booch, *Software engineering with Ada*, Benjamin/Cummings Publishing Company, Inc., 1987
/Booch 91/
 G. Booch, *Object oriented design with applications*, Benjamin/Cummings Publishing Company, Inc., 1991
/Booch 91/
 G. Booch, *Object oriented design, Tutorial-Unterlagen*, OOPSLA Conference Phoenix Arizona, 10/1991
/Buhr 84/
 R. J. A. Buhr, *System Design with Ada*, Prentice Hall, 1984
/CASDA 87/
 CASDA User Guide, IDO-JCT, POP 16031, Jerusalem 1987
/CCITT 88/
 CCITT Blue Book, *Functional Specification and Description Language*, 1988
/Cooling 91/
 J. E. Cooling, *Software design for real-time systems*, Chapman and Hall, 1991
/Gomaa 84/
 H. Gomaa, *A Software Design Method for Real-Time Systems*, in Communications of the ACM, Nr. 9, 1984
/Gomaa 86/
 H. Gomaa, *Software Development of Real-Time Systems*, in Communications of the ACM, Nr. 7, 1986
/Gomaa, Taylor, 85/
 H. Gomaa, J. R. Taylor, *Software Design of a Robot Controller*, in Proceedings of the IEEE Conference on Industrial Electronics, 1985

5.12 Zitierte Literatur

/Gonzalez 77/
M. J. Gonzalez, *Deterministic processor scheduling*, Computing Surveys, Vol. 9., Nr. 3, 1977

/Heitz 87/
M. Heitz, *HOOD: Hierarchical Object Oriented Design for development of large technical and realtime software*, CISI Ingenierie, Direction Midi Pyrenees, 1987

/Hochgrefe 89/
D. Hochgref, *Estelle, Lotos und SDL, Standard-Spezifikationssprachen für verteilte Systeme*, Springer-Verlag 1989

/MASCOT 83/
MASCOT, *The Official Handbook of MASCOT, MASCOT II*, Issue 2, issued by the Joint IECCA (Inter-Establishment Committee on Computer Applications) and MUF (MASCOT Users' Forum) Committee on MASCOT (JIMCOM), 1983

/MASCOT 87/
MASCOT, *The Official Handbook of MASCOT, Version 3.1*, Issue 1, issued by JIMCOM, 1987

/Mendelbaum, Finkelman 89/
Mendelbaum H. G., Finkelman D., *CASDA: Synthesized Graphic Design of Real-Time Systems*, in IEEE Computer Graphics & Applications 1/89

/Mjølner/
Mjølner, *A High Efficient Programming Environment for Industrial Use*, Mjølner Report Nr. 1

/Muntz, Coffman 70/
R. R. Muntz, E. G. Coffman, *Preemptive scheduling of real-time tasks on multiprocessor systems*, Journal of the ACM, Vol. 17, Nr. 2, 1970

/Myers 78/
C. J. Myers, *Composite/structured design*, Van Nostrand/Reinhold, 1978

/Nielsen 90/
K. Nielsen, *Ada in distributed Real-Time Systems*, McGraw-Hill, 1990

/Nielsen, Shumate 87/
K. Nielsen, K. Shumate, *Designing Large Real-Time Systems With Ada*, Computer Practices, August 1987

/Nielsen, Shumate 88/
K. Nielsen, K. Shumate, *Designing Large Real-Time Systems With Ada*, McGraw-Hill, 1988

/Rockstrøm 85/
A. Rockstrom., *An Introduction to the CCITT SDL*, Televerket. Stockholm, 1985

/Steven, Myers et. 74//
W. P. Stevens, G. J. Myers, L. L. Constantine, *Structured design*, IBM SJ, Nr. 2, 1974

/Yourdon, Constantine 79/
E. N. Yourdon, L. L. Constantine, *Structured design*, Prentice Hall, 1979

Teil III
Ausgewählte Aspekte des Feinentwurfs

Es wird die Prozeßkoordinierung (Prozeß-Scheduling) auf dem Niveau des Entwurfs betrachtet.

6 Prozeßkoordinierung *(Scheduling)*

Beim Entwurf von komplexen Echtzeitsystemen spielt die Prozeßkoordinierung bzgl. einer vorgegebenen Rechnerarchitektur eine große Rolle. In diesem Kapitel wird das Problem der Prozeßkoordinierung definiert, die existierenden Probleme allgemein aufgezeigt und existierende Scheduling-Algorithmen beschrieben. Die Darstellung der Prozeßkoordinierung und der Scheduling-Algorithmen erfolgt aus der Sicht des Systementwerfers. Die Implementierung und die detaillierte Vorgehensweise der Scheduling-Algorithmen im konkreten Anwendungsfall wird hier nicht näher betrachtet.

Dem Systementwerfer werden Entscheidungshilfen für die Auswahl und für die Erstellung von anwendungsspezifischen Scheduling-Algorithmen gegeben, und es werden die Vor- und Nachteile der existierenden Scheduling-Algorithmen aufgezeigt.

6.1 Problemdefinition

Im Rahmen des Grobentwurfs entsteht eine Systemarchitektur bestehend aus Prozessen und Moduln, die durch Kommunikations- und Synchronisationsstrukturen gekoppelt sind. Diese Systemarchitektur muß auf eine Rechnerarchitektur abgebildet und anschließend ausgeführt werden, wobei die Rechnerarchitektur vorgegeben oder abgesehen von Randbedingungen frei wählbar ist. Diese Abbildung wird durch einen Scheduling-Algorithmus durchgeführt. Das Prozeß-Scheduling legt die Prozeßabarbeitungsreihenfolge unter Berücksichtigung
O der Prozeßkommunikation und Prozeßsynchronisation,
O des Prozeßmodells und
O der zugrunde liegenden Rechnerarchitektur
fest.

Das Festlegen einer Prozeßberechnungsreihenfolge ist gebunden an das Vergeben von Prioritäten unter den Prozessen (Keine explizite Vergabe von Prioritäten notwendig!). Zu einem Zeitpunkt t wird jeweils derjenige Prozeß aktiviert, der die höchste Priorität hat. Bei n Prozessoren werden jeweils die n Prozesse mit der höchsten Priorität aktiviert. Prozesse, die aufgrund von Zeitschranken oder durch Synchronisation nicht aktiviert werden können, erhalten keine Prioritäten zum Zeitpunkt t.

Die Aufgabe eines Scheduling-Algorithmus liegt nun darin, die Prioritäten von Prozessen in Abhängigkeit der Zeit (Programmlaufzeit) zu bestimmen.

Einen einfachen Lösungsansatz stellt das Prozeß-Scheduling mit **statischen Prioritäten** *(static priority, fixed priority)* dar. Der Entwerfer legt die Prioritäten von Prozessen bereits im Entwurf fest. Es muß nur noch zur Laufzeit sichergestellt werden, daß die Prozesse in der *Prioritätenreihenfolge* bearbeitet werden. Für diese Aufgabe können die Prozesse zum einen *per Hand* in eine Prozeßbearbeitungssequenz plaziert werden. Hierbei kann auch eine Prozeßdekomposition in einzelne Segmente, die nicht weiter teilbar sind, vorgenommen werden. Zum anderen kann die Systemumgebung oder eine Systemkomponente, die für den vorliegenden Fall entworfen werden muß, für die Prozeßaktivierung zuständig sein.

Aus softwaretechnischer Sicht stellt die Prozeßkoordinierung *per Hand* einen nichtakzeptablen Lösungsansatz dar, da die Entwurfsziele Verständlichkeit und Wartung nicht sichergestellt werden. Kleinste Änderungen innerhalb eines Prozesses können zum Versagen des gesamten Prozeßsystems führen.

Die Vergabe von statischen Prioritäten stellt einen *pragmatischen* Scheduling-Algorithmus für nebenläufige Systeme dar. Komplexe Echtzeitsysteme, bei denen die Prozeßkoordinierung durch dynamische Einflüsse der Systemumgebung und durch eine komplexe Prozeßkommunikation und Prozeßsynchronisation gekennzeichnet sind, sind mit diesem Verfahren schwer bzw. nicht zu koordinieren. Softwaresysteme, bei denen nur statisch erzeugte Prozesse Zeitschranken unterworfen sind, können durch eine statische Prioritätenvergabe koordiniert werden.

Scheduling-Algorithmen für komplexe Echtzeitsysteme sind i. allg. durch eine dynamische Prioritätenvergabe *(dynamic priority)* gekennzeichnet. Die Priorität eines Prozesses ist eine Funktion der Zeit. Mischformen zwischen statischen und dynamischen Prioritätenvergabe *(mixed scheduling algorithm)* sind in der Literatur bekannt. Sie werden im weiteren Verlauf des Kapitels behandelt.

Komplexe Echtzeitsysteme, die durch eine hohe Anzahl von Prozessen, Prozeßinteraktionen, durch dynamische Prozeßerzeugung, durch die Mischung von zeitkritischen und nicht-zeitkritischen Prozessen und durch einen Nichtdeterminismus bei der Programmausführung gekennzeichnet sind, benötigen Scheduling-Algorithmen, die die Prozeßkoordinierung soweit es möglich ist dynamisch zur Laufzeit bestimmen.

6.1 Problemdefinition

Der Begriff Scheduling-Algorithmus wird in der Literatur stets mit Bezug zu einen konkreten Prozeßmodell definiert (z.B. /Leinbaugh 80/). Unabhängig von konkreten Prozeßmodell kann der Begriff Scheduling-Algorithmus folgendermaßen definiert werden:

Scheduling-Algorithmus
Ein Scheduling-Algorithmus ist eine Menge von Regeln, die bestimmen, welcher Prozeß zu einer bestimmten Zeit oder in einer bestimmten Zeitspanne ausgeführt wird. Bei mehreren Prozessoren können mehrere Prozesse parallel ausgeführt werden. Der Scheduling-Algorithmus legt in diesen Fällen zusätzlich eine Prozeßplazierung für die zur Verfügung stehenden Prozessoren fest.

An einen Scheduling-Algorithmus für Echtzeitanwendungen werden folgende Anforderungen gestellt:
○ Voraussagbare Antwortzeiten bei zeitkritischen Prozessen:
  Alle zeitkritischen Prozesse sollen, wenn dies überhaupt möglich ist, so koordiniert werden, daß sie ihre Zeitschranken einhalten.
○ Hohes Maß an Ressourcenauslastung:
  Ein Scheduling-Algorithmus hat als primäres Ziel alle Prozesse so zu koordinieren, daß sie ihre Zeitschranken einhalten. Neben diesem Hauptziel existieren sekundäre Ziele, die es zu erreichen gilt. Sekundäre Ziele sind:
  – Maximale Prozessorauslastung
  – Minimierung der Prozessoranzahl
  – Minimierung der Gesamtberechnungszeit für alle Prozesse
  – Anwendungsspezifische Optimierung
○ Stabilität bei einer Prozessorüberlastung *(transient overload)*:
  Falls die gesamte Prozeßmenge nicht koordiniert werden kann, soll ein Scheduling-Algorithmus zumindest eine **partielle Prozeßkoordinierung** als Ergebnis liefern. Eine partielle Prozeßkoordinierung ist eine Koordinierung einer Teilmenge aller Prozesse. Die Prozesse innerhalb dieser Teilmenge halten ihre Zeitschranken ein. Der Scheduling-Algorithmus muß dafür sorgen, daß die *wichtigen* Prozesse innerhalb dieser Prozeßmenge liegen.
○ Effizient in der Ausführung
  Ein Scheduling-Algorithmus muß effizient ausführbar sein. Speziell bei Scheduling-Algorithmen, die zur Programmlaufzeit Prozeßkoordinierungen ermitteln (dynamisches Prozeß-Scheduling), gewinnt der Faktor Laufzeiteffizienz eine besondere Bedeutung.
  Dieser Anforderung widerspricht die Tatsache, daß eine große Anzahl

von Prozeß-Scheduling-Problemen **NP-vollständig** sind (s. Abschnitt 6.4 *Allgemeingültige Aussagen zum Prozeß-Scheduling*). Für solche Fälle müssen aus Effizienz **heuristische Scheduling-Verfahren**, die zumindest partielle Prozeßkoordinierung liefern, verwendet werden.

6.2 Graphische Darstellungen von Prozeßkoordinationen

Für die Darstellung von Prozeßkoordinierungen existieren
O *Gantt-Charts* und
O Zeitdiagramme.

6.2.1 Gantt-Chart

Ein Gantt-Chart stellt die Prozessorbelegung bzgl. der Zeit dar (/Heller 61/). Es findet eine Darstellung der Beziehung Prozeß – Prozessor – Zeit statt. Abb. 6-1 stellt ein Gantt-Chart für ein Zwei-Prozessorsystem dar.
Gantt-Charts eignen sich besonders zur Verdeutlichung von Prozeßkoordinationen bei mehreren Prozessoren.

6.2.2 Zeitdiagramme

Ein Zeitdiagramm stellt ein spezialisiertes Gantt-Chart dar. Es existiert nur ein Prozessor und es wird die zeitliche Prozessorbelegung für diesen Prozessor dargestellt (s. z.B. /Gonzalez 77/). Abb. 6-2 zeigt ein Zeitdiagramm für drei Prozesse.

6.2 Graphische Darstellungen von Prozeßkoordinationen

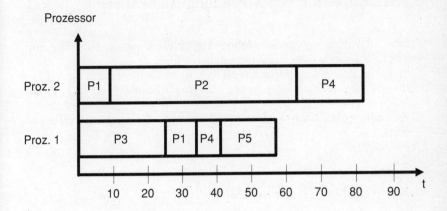

Abb. 6-1: Gantt-Chart

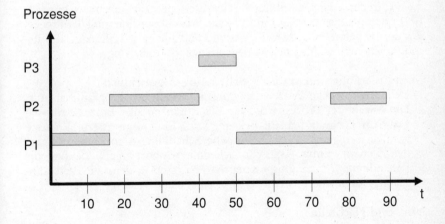

Abb. 6-2: Zeitdiagramm

6.3 Klassifikation von Scheduling-Algorithmen

Für die Klassifikation der Scheduling-Algorithmen aus der Sicht der Entwurfsphase werden folgende Kriterien betrachtet:
O Statische Scheduling-Algorithmen *(pre-run-time scheduling)* und dynamische Scheduling-Algorithmen *(run-time scheduling, on line scheduling)*.
O Scheduling-Algorithmen für einen Prozessor oder für mehrere Prozessoren.
O Prozeßmodell

6.3.1 Statische Scheduling-Algorithmen

Statische Scheduling-Algorithmen sind diejenigen Scheduling-Algorithmen, die eine Prozeßkoordinierung vor dem eigentlichen Programmablauf bestimmen. Diese Algorithmen erhalten als Eingabe eine Prozeßmenge, in der jeder Prozeß durch seine Zeitschranken gekennzeichnet ist. Als Ergebnis liefert der Algorithmus eine Prozeßkoordinierung der Prozesse oder er liefert eine Prozeßkoordinierung für eine Teilmenge der ursprünglichen Prozeßmenge (partielle Prozeßkoordinierung).

Voraussetzungen für statische Scheduling-Algorithmen
O Keine dynamische Prozeßerzeugung innerhalb des Programmablaufs. Die Anzahl der Prozesse und die Zeitschranken aller Prozesse müssen vor dem Programmablauf bekannt sein. Ereignisgesteuerte Prozesse können i. allg. nicht durch statische Scheduling-Algorithmen behandelt werden. Einige statische Scheduling-Algorithmen erlauben die Behandlung von ereignisgesteuerten Prozessen in dem die Zeitbedingungen für solche Prozesse fest mit eingeplant werden.

Vor- und Nachteile
O Die Verwendung eines statischen Scheduling-Algorithmus mit unterbrechbaren Prozessen führt i. allg. zu geringeren Prozeßwechseln bei der Prozeßkoordinierung als die entsprechende Prozeßkoordinierung mit dynamischen Scheduling-Algorithmen. Prozeßwechsel, die z.T. mit Auslagerungen auf Festspeichern verbunden sind, sind speziell bei zeitkritischen Anwendungen zu vermeiden.

○ Statische Scheduling-Algorithmen erzeugen keinen oder nur sehr geringen *Overhead* zur Programmlaufzeit. Der geringe *Overhead* besteht aus der zeitlich korrekten Prozeßaktivierung und Prozeßreaktivierung (unterbrechbare Prozesse). Die rechenintensive Bestimmung der Prozeßkoordinierung wird nur *einmal* ausgeführt.
○ Keine Behandlung von dynamischen Prozessen. Ereignisgesteuerte Prozesse können i. allg. nicht behandelt werden, da explizit alle Zeitschranken aller Prozesse vor dem Programmstart vorliegen müssen.

Bezug zur Entwurfsphase
Statische Scheduling-Algorithmen sind dynamischen Scheduling-Algorithmen vorzuziehen, insofern die vorliegende Prozeßmenge den Voraussetzungen für statische Scheduling-Algorithmen entspricht. In der Entwurfsphase ist folgendes zu berücksichtigen:
1) Das verwendete Prozeßmodell und die im Entwurf entwickelte Prozeßmenge muß daraufhin untersucht werden, ob ein statischer Scheduling-Algorithmus angewendet werden kann.
2) Falls ein statischer Scheduling-Algorithmus angewendet werden kann, muß mit geschätzten Zeitschranken und Berechnungszeiten eine *vorläufige* Prozeßkoordinierung berechnet werden. Hierzu wird ein Scheduling-Algorithmus verwendet, der dem Prozeßmodell entspricht. Für die Auswahl eines entsprechenden Algorithmus werden in den folgenden Abschnitten Scheduling-Algorithmen für einen Prozessor und für mehrere Prozessoren vorgestellt.

6.3.2 Dynamische Scheduling-Algorithmen

Dynamische Scheduling-Algorithmen ermitteln eine Prozeßkoordination zur Programmlaufzeit. Der dynamische Scheduling-Algorithmus wird zu bestimmten Zeitpunkten des Programmablaufs aktiviert. Er versucht alle bis zu diesem Zeitpunkt bekannten Prozesse zu koordinieren. Gebräuchliche Zeitpunkte für die Aktivierung des Scheduling-Algorithmus sind:
○ Aktivierung nach festen Zeitintervallen
○ Aktivierung nach jeder Prozeßerzeugung
○ Aktivierung nach jeder Prozeßbeendigung
○ Aktivierung nach jeder Prozeßkommunikation

6 Prozeßkoordinierung (Scheduling)

Voraussetzungen für dynamische Scheduling-Algorithmen
Dynamische Scheduling-Algorithmen sind universeller einsetzbar als statische Scheduling-Algorithmen. Sie weisen nicht so harte Einschränkungen bzgl. des Prozeßmodells auf wie statische Scheduling-Algorithmen. Nur wenn kein statischer Scheduling-Algorithmus angewendet werden kann, ist auf einen dynamischen Scheduling-Algorithmus zurückzugreifen. Dies ist stets der Fall, wenn die Prozesse des zu koordinieren Prozeßsystems nicht zum Programmstart bekannt sind (ereignisgesteuerte Prozesse).

Vor- und Nachteile
○ Die Prozeßmodelle von dynamischen Scheduling-Verfahren sind allgemeiner als die der statischen Scheduling-Algorithmen. Mit ihnen können ereignisgesteuerte Prozesse koordiniert werden.
○ Dynamische Scheduling-Algorithmen benötigen selbst Prozessor- und Ressourcekapazitäten zur Programmlaufzeit. Sie müssen in der Entwurfsphase berücksichtigt werden. Hieraus resultiert, daß dynamische Scheduling-Algorithmen außerordenlich effizient sein müssen. Aus diesem Grund sind bei einem Großteil der Anwendungen nur **heuristische Scheduling-Algorithmen** zu verwenden. Der Abschnitt 6.4 *Allgemeingültige Aussagen zum Prozeß-Scheduling* gibt nähere Auskunft über die Komplexität des Prozeß-Schedulings.
○ Dynamische Scheduling-Algorithmen führen bei einem Prozeßmodell mit unterbrechbaren Prozessen i. allg. zu einer höheren Anzahl von Prozeßwechseln als statische Scheduling-Algorithmen. Der *Overhead* steigt durch die Verwendung von dynamischen Scheduling-Verfahren.

Bezug zur Entwurfsphase
○ Es muß überprüft werden, ob das vorliegende Prozeßmodell nicht durch einen statischen Scheduling-Algorithmus behandelt werden kann. Liegen ereignisgesteuerte Prozesse vor, muß ein dynamischer Scheduling-Algorithmus verwendet werden.
○ Entwurf oder Auswahl eines geeigneten Scheduling-Algorithmus. In den folgenden Abschnitten werden dynamische Scheduling-Algorithmen vorgestellt, die hierbei in Frage kommen.
○ Integration des Scheduling-Algorithmus in die Systemarchitektur mit Berücksichtigung der Ressourcenbelegungen des Scheduling-Algorithmus.
○ Bei der Verwendung von dynamischen Scheduling-Algorithmen ist beim Entwurf der einzelnen Prozesse (speziell bei ereignisgesteuerten Prozessen) darauf zu achten, daß das Einhalten der Zeitschranken nicht garantiert werden kann. Es ist in der Entwurfsphase zu beach-

ten, daß durch das Nichterreichen von Zeitschranken keine Prozeßverklemmungen auftreten.

6.3.3 Scheduling-Algorithmen für einen Prozessor oder für mehrere Prozessoren

Generell unterscheiden sich Scheduling-Algorithmen für einen Prozessor oder für mehrere Prozessoren nur dadurch, daß bei n (n $\geq$ 2) Prozessoren n Prozesse parallel ausgeführt werden können. Bei Scheduling-Algorithmen für mehrere Prozessoren wird neben der Prozeßkoordinierung für jeden einzelnen Prozessor zusätzlich eine Aufteilung der Prozesse auf unterschiedliche Prozessoren vorgenommen. Das Prozeß-Scheduling auf einem Prozessor ist lediglich ein Speziallfall des Prozeß-Schedulings mit mehreren Prozessoren.

Im Rahmen der Entwurfsphase macht es Sinn zwischen Scheduling-Algorithmen für einen Prozessor oder für mehrere Prozessoren zu unterscheiden. Dies ist folgendermaßen begründet:
○ Die Rechnerarchitektur liegt bereits in der Entwurfsphase fest.
○ Scheduling-Algorithmen für einen Prozessor sind i. allg. laufzeiteffizienter. Es existieren **effiziente** und **optimale** Scheduling-Algorithmen (z.B. das Scheduling nach Zeitschranken). Scheduling-Algorithmen für mehrere Prozessoren sind i. allg. NP-vollständig. Dementsprechend sind für dynamische Scheduling-Verfahren nur heuristische Algorithmen zur Bestimmung der Prozeßkoordinierung zu verwenden.

Die dynamischen Scheduling-Algorithmen für mehrere Prozessoren untergliedern sich in die folgenden zwei Arten:
○ Zentrales Prozeß-Scheduling
○ Verteiltes Prozeß-Scheduling

6.3.3.1 Zentrales Prozeß-Scheduling

Beim zentralen Prozeß-Scheduling existiert genau ein Scheduling-Algorithmus, der alle existierenden Prozesse zu koordinieren versucht. Die Menge aller existierenden Prozesse dient ihm als Eingabe. Diese Prozeßmenge bildet der Scheduling-Algorithmus zeitlich auf die Prozessoren des Rechensystems ab.

Kennzeichen zentraler Scheduling-Algorithmen
○ **Ein** Scheduling-Algorithmus übernimmt die Prozeßkoordinierung auf **allen** Prozessoren. Neben der eigentlichen zeitlichen Prozeßkoordinierung findet eine Prozeßplazierung durch den Scheduling-Algorithmus statt.
○ Zentrale Scheduling-Algorithmen eigen sich besonders für Mehr-Prozessorsysteme (nicht für verteilte Systeme!).
○ Zentrale Scheduling-Algorithmen werden meist als statische Scheduling-Algorithmen realisiert.

6.3.3.2 Verteiltes Prozeß-Scheduling

Im Gegensatz zum zentralen Prozeß-Scheduling existiert zu jedem Prozessor ein eigener Scheduling-Algorithmus. Die Scheduling-Algorithmen auf jedem Prozessor sind **dynamische Scheduling-Algorithmen** für einen Prozessor.

Funktionsweise verteilter Scheduling-Algorithmen
Beim verteilten Prozeß-Scheduling existieren auf jedem Rechnerknoten 3 Untersysteme (/Ramamrithan Stankovic et. 90/ und /Zhao 85/). Zu jedem Prozessor gehört jeweils ein eigener
1) dynamischer Scheduling-Algorithmus,
2) einen Aktionator *(bidder)* und
3) einen Koordinator *(dispatcher)*.

Der **dynamische Scheduling-Algorithmus** wird jeweils bei Ankunft eines neuen Prozesses an dem Prozessor aktiviert. Er entscheidet, ob der neue Prozeß auf dem Prozessor angenommen wird. Der Prozeß wird nur dann angenommen, wenn seine Zeitbedingungen und die Zeitbedingungen aller bereits akzeptierten Prozesse eingehalten werden können. Dementsprechend befindet sich auf einem Prozessor zu jedem Zeitpunkt nur eine Prozeßmenge, die auch bzgl. ihrer Zeitbedingungen koordinierbar ist. Für die lokalen Prozeßkoordination können die Scheduling-Algorithmen, die mit einem Prozessor arbeiten, verwendet werden.

Der **Aktionator** übernimmt drei Aufgaben:
1) Er versendet Anfragen an andere Prozessoren für Prozesse, die auf dem *eigenen* Prozessor durch den lokalen Scheduling-Algorithmus abgelehnt worden sind.
2) Er empfängt Anfragen von anderen Prozessoren.
3) Er versendet Prozesse, die von dem *eigenen* lokalen Scheduling-Algorithmus nicht akzeptiert wurden, an den *besten* Prozessor. Den *besten* Prozessor hat der Aktionator durch Versenden von Anfragen an andere Prozessoren ermittelt.

Der **Koordinator** führt die Prozeßkoordinierung aus. Hierbei existieren zwei Möglichkeiten:
1) Die Prozeßkoordinierung ist vom lokalen Scheduling-Algorithmus beim Akzeptanztest bereits ermittelt worden. Somit muß der Koordinator nur noch die ermittelte Prozeßkoordinierung ausführen, in dem er gemäß der Prozeßkoordinierung die Prozesse startet und unterbricht.
2) Der lokale Scheduling-Algorithmus hat einen Akzeptanztest ohne Ermittlung der resultierenden Prozeßkoordinierung durchgeführt. In diesem Fall übernimmt der Koordinator zum einen die Ermittlung der Prozeßkoordinierung und zum anderen die zeitgerechte Prozeßaktivierung, Prozeßunterbrechung und Prozeßterminierung.

Zur Vereinfachung des verteilten Scheduling-Algorithmus kann die Aufgabe des Aktionators und Koordinators weggelassen werden. In diesem Fall existiert auf jedem Prozessor nur ein lokaler Scheduling-Algorithmus. Dieser empfängt neue Prozesse und ermittelt, ob der neue Prozeß mit den bereits auf diesem Prozessor existierenden Prozessen koordinierbar ist. Wenn dies der Fall ist, führt der lokale Scheduling-Algorithmus die Prozeßaktivierung, Prozeßunterbrechung und Prozeßterminierung gemäß der ermittelten Prozeßkoordinierung durch. Bei der Ankunft eines neuen Prozesses findet eine neue Prozeßkoordinierung statt. Kann der neue Prozeß nicht aktiviert werden, dann versendet der Scheduling-Algorithmus den Prozeß an einen neuen Prozessor. Hierbei ist nur zu beachten und sicherzustellen, daß ein Prozeß nur an Prozessoren verschickt wird, die er noch nicht besucht hat. Es muß sichergestellt werden, daß ein Prozeß, der auf keinen der Prozessoren akzeptiert werden kann, aus dem System entfernt wird. Er darf nicht erneut an die Prozessoren versendet werden.

Beispiel

Abb. 6-3 verdeutlicht die Funktionsweise des verteilten Scheduling-Algorithmus. Es existieren zwei Prozessoren, die jeweils einen eigenen lokalen Scheduling-Algorithmus, einen Aktionator und einen Koordinator besitzen. Prozeß P soll auf Prozessor$_1$ bearbeitet werden. Prozessor$_1$ kann P nicht bearbeiten und der Aktionator von Prozessor$_1$ wendet sich mit P an den Prozessor$_2$. Der Aktionator des Prozessors$_2$ akzeptiert P und teilt dies dem Aktionator von Prozessor$_1$ mit. Der Aktionator von Prozessor$_1$ versendet P an den Prozessor$_2$. Der lokale Scheduling-Algorithmus von Prozessor$_2$ akzeptiert P und teilt dies dem Koordinator mit.

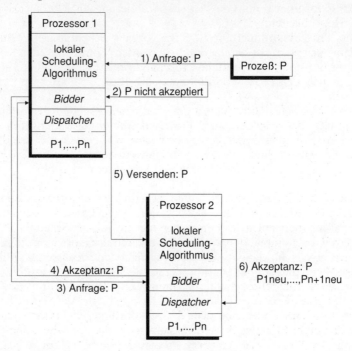

Abb. 6-3: Verteilter Scheduling-Algorithmus

Die Aufgaben des Koordinators können auch von dem lokalen Scheduling-Algorithmus übernommen werden. In diesem Fall existiert auf jedem Prozessor nur ein lokaler Scheduling-Algorithmus und ein Aktionator. ❑

Kennzeichen verteilter Scheduling-Algorithmen
○ Jeder Prozessor besitzt einen eigenen Scheduling-Algorithmus für die lokale Prozeßkoordinierung.
○ Verteilte Scheduling-Algorithmen eigen sich besonders für verteilte Systeme. Anwendungen bei Mehr-Prozessorsystemen sind denkbar.
○ Die lokalen Scheduling-Algorithmen der einzelnen Prozessoren werden als dynamische Scheduling-Algorithmen realisiert. Sie sind somit mit einem gewissen *Overhead* verbunden.

6.3.4 Prozeßmodell

Das Prozeßmodell aus Kapitel 3 *Grundkonzepte nebenläufiger Echtzeitsysteme* muß für die Prozeßkoordinierung verfeinert werden. Scheduling-Algorithmen hängen direkt vom Prozeßmodell ab. Entscheidene *Prozeßmodellkenndaten* sind hierbei:
○ Unterbrechbare – nichtunterbrechbare Prozesse *(preemptive, non-preemptive)*
  Bei unterbrechbaren Prozessen unterscheidet man, ob ein Prozeß beliebig unterbrechbar ist oder, ob der Prozeß nur an bestimmten Stellen unterbrechbar ist. Im zweiten Fall besteht ein Prozeß aus einer Sequenz von Segmenten. Die Segmente selbst sind nicht unterbrechbar. Eine Prozeßunterbrechung findet jeweils nur zwischen zwei Segmenten statt.
○ Zyklische – nichtzyklische Prozesse.
  Man unterscheidet hier gewöhnlich Prozesse mit konkreten Zeitschranken und ereignisorientierte Prozesse mit Anforderungen an das Antwortzeitverhalten.
○ Prozeßwanderung
  Unter der Prozeßwanderung versteht man, daß ein unterbrechbarer Prozeß nach einer Unterbrechung seine Berechnungen auf einem anderen Prozessor fortsetzen kann.

Echtzeitfähige Scheduling-Algorithmen für Prozesse mit komplexer Kommunikation und Synchronisation, wie es z.B. durch das synchrone Botschaftenkonzept ausdrückbar sind, sind nicht bekannt. Anwendungen dieser Art benötigen einen eigenen anwendungsspezifischen Prozeß-Scheduler, der die Prozesse mit Echtzeitanforderungen *behandelt*.

6.4 Allgemeingültige Aussagen zum Prozeß-Scheduling

In diesem Abschnitt werden Definitionen und allgemeingültige Aussagen zum Prozeß-Scheduling angeführt, die im späteren Verlauf des Kapitels benötigt werden. Die allgemeingültigen Aussagen zur Prozeß-Scheduling verdeutlichen dem Systementwerfer die Grenzen der Prozeßkoordinierung. Im allgemeinen Fall muß davon ausgegangen werden, daß das Einhalten von Zeitschranken nicht gewährleistet werden kann und der Fehlerfall durch zeitliches Versagen mit berücksichtigt werden muß. Nur bei wenigen Prozeßmodellen kann das Einhalten von Zeitschranken gewährleistet werden.

Die Definitionen lehnen sich an die Definitionen aus /Dertouzos, Mok 89/, /Liu, Layland 73/, /Xu, Parnas 90/ und /Zhao Ramamrithan et. 87/ an.

Prozeßkoordination *(schedule)*
Unter einer Prozeßkoordination versteht man die zeitliche Anordnung von Prozessen

Durchführbarer Prozeßkoordination *(feasible schedule)*
Eine Prozeßkoordination $P'=P_{i1},P_{i2},...,P_{in}$ bzgl. einer Prozeßmenge $P=P_1,P_2,...,P_n$ heißt **durchführbar** *(feasible)*, wenn alle Prozesse in der Prozeßmenge so koordiniert sind, daß sie ihre Zeitschranken einhalten.

Für die Prozeßkoordinierung werden also solche Scheduling-Algorithmen gesucht, die zu einer Prozeßmenge P stets eine durchführbare Prozeßkoordination erzeugen, wenn die Prozesse aus P koordinierbar sind.

Stabiler Scheduling-Algorithmus *(stable scheduling algorithm)*
Ein Scheduling-Algorithmus heißt **stabil** *(stable)*, wenn er bei einer transienten Überlastung des Prozessors von einer Prozeßmenge $P=P_1,P_2,...,P_n$ eine Teilmenge $P'=P_{i1},P_{i2},...,P_{im}$ mit $m \leq n$ durchführbar koordinieren kann.

Dies bedeutet, daß trotz Prozessorüberlastung zumindest eine Prozeßmenge P', bestehend aus m Prozessen, ihre Zeitschranken einhalten werden. In der Entwurfsphase muß sichergestellt werden, daß die *wichtigsten* Prozesse zu dieser Prozeßmenge P' gehören. Prozesse aus P' dürfen nicht durch Kommunikation und Synchronisation mit Prozessen, die sich nicht

6.4 Allgemeingültige Aussagen zum Prozeß-Scheduling

in P' befinden, blockiert werden. Findet eine Synchronisation zwischen zwei Prozessen statt, so müssen sich beide Prozesse in P' befinden.

Prozessorauslastungfaktor *(utilization factor)*
Bei einer Prozeßmenge $P=P_1,P_2,...,P_n$ ergibt sich der Prozessorauslastungsfaktor U für einen Prozessor in dem Zeitraum von t_1, t_2 mit $t_1 \leq t_2$ zu:

$$U = \sum_{i=1}^{n} \frac{C_i^{t_1,t_2}}{\Delta t}$$

mit:

$C_i^{t_1,t_2}$: Berechnungszeit für Prozeß$_i$ im Zeitintervall $[t_1,t_2]$

$\Delta t = t_2 - t_1$

Bei zyklischen Prozessen ergibt sich der Prozessorauslastungsfaktor U zu (siehe /Liu, Layland 73/):

$$U = \sum_{i=1}^{n} \frac{C_i}{T_i}$$

mit:

C_i : Gesamtberechnungszeit für Prozeß$_i$ im Zeitintervall T_i

T_i: Periodendauer für Prozeß$_i$

Optimaler Scheduling-Algorithmus *(optimal scheduling algorithm)*
Ein Scheduling-Algorithmus heißt optimal, wenn er immer zu einer Prozeßmenge $P=P_1,P_2,...,P_n$ eine durchführbare Prozeßkoordination liefert, wenn es eine durchführbare Prozeßkoordination gibt.

Ist eine Prozeßmenge koordinierbar, so findet ein optimaler Scheduling-Algorithmus eine Prozeßkoordinierung, die die Zeitschranken aller Prozesse in der Prozeßmenge berücksichtigt.

Theorem /Dertouzos, Mok 89/
Für n Prozessoren mit $n \geq 2$ existiert kein optimaler Scheduling-Algorithmus für eine Prozeßmenge $P=P_1,P_2,...,P_n$, wenn nicht
1) alle Anfangszeitschranken $S_1,S_2,...,S_n$,
2) alle Berechnungszeiten $C_1,C_2,...,C_n$ und
3) alle Endzeitschranken $D_1,D_2,...,D_n$
bekannt sind.

Mit dieser Aussage fällt die Hoffnung bei komplexen Mehr-Prozessor-Echtzeitsystemen einen optimalen Scheduling-Algorithmus zu finden, der alle Prozesse koordiniert, wenn dies möglich ist. Bei komplexen ereignisgesteuerten Echtzeitanwendungen sind insbesondere die Berechnungszeiten und die Startzeiten nicht bekannt. Der Entwurf eines komplexen Echtzeitsystems muß das Nichteinhalten von Zeitschranken und die damit verbundenen Komplikationen der Fehlerfortpflanzung bedingt durch fehlerhafte Prozeßkommunikation und Prozeßsynchronisation mit einbeziehen und entsprechend berücksichtigen. Dies ist jedoch nur dann möglich, wenn zur Komplexitätsminimierung die Prinzipien
O Aktionsabstraktion, Ressourceabstraktion,
O Prinzip der geringen Prozeßkopplung (Prozeßinteraktion) und das
O Prinzip der starken Prozeßbindung
angewendet werden.

Die oben angeführte Aussage gilt nicht für Echtzeitsysteme mit einem Prozessor. Für den Spezialfall, daß nur ein Prozessor verwendet wird, existieren optimale Scheduling-Algorithmen, die nicht die beiden Zeitschranken und die Berechnungszeiten der Prozesse benötigen. Das Prozeß-Scheduling nach Zeitschranken *(earliest deadline scheduling algorithm)* ist z.B. optimal für einen Prozessor und benötigt nur die Kenntnis der Endzeitschranken der Prozesse (/Dertozous 74/).

Komplexität von Scheduling-Algorithmen
Nach /Leung, Merril 80/ gilt für periodische und unterbrechbare Prozesse, die durch Zeitschranken und Berechnungszeiten gegeben sind, folgende Aussage:

Theorem
Ein Scheduling-Algorithmus, der entscheidet ob eine Prozeßmenge koordinierbar ist auf $m \geq 1$ Prozessoren, ist NP-vollständig.

Dieses Theorem hat für das Prozeß-Scheduling eine große Bedeutung. Im allgemeinen Fall ist die Bestimmung der Koordinierbarkeit einer Prozeßmenge NP-vollständig. Es existieren jedoch optimale Scheduling-Algorithmen, die nicht NP-vollständig sind. Bei diesen muß jedoch die Möglichkeit des Nicht-Einhaltens einer Zeitschranke berücksichtigt werden.

Dynamische Scheduling-Algorithmen müssen somit aus Effizienz mit heuristischen Verfahren kombiniert werden. Eine Vorhersage, ob eine Prozeßmenge koordiniert werden kann, ist bei diesen Scheduling-Algorithmen unmöglich.

Für spezialisierte Prozeßmodelle – z.B. Berechnungszeit C ist konstant für alle Prozesse und hat den Wert eins – existieren Scheduling-Algorithmen, die nicht NP-vollständig sind (/Leung, Merril 80/).

6.5 Scheduling-Algorithmen

In diesem Abschnitt werden Scheduling-Algorithmen für Echtzeitsysteme beschrieben. Sie werden aus der Sicht der Entwurfsphase dargestellt. Implementierungsaspekte und Algorithmendetails für einen konkreten Anwendungsfall werden nicht vorgestellt. Es werden die folgenden sechs Verfahren vorgestellt:

○ *Rate-Monotonic*-Prozeß-Scheduling
○ Prozeß-Scheduling nach Zeitschranken
○ Prozeß-Scheduling nach Spielraum
○ *Branch-and-Bound*-Scheduling-Algorithmen
○ Scheduling-Algorithmen basierend auf Flußanalysen
○ Prozeß-Scheduling und Fehlertoleranz

Kombinationen aus mehreren Verfahren und Abwandlungen einzelner Verfahren sind für konkrete Anwendungsfälle möglich. Auf Grund der Nähe an einen Anwendungsfall werden sie hier nicht behandelt.

Abb. 6-4 zeigt eine Einordnung der oben angeführten sechs Scheduling-Verfahren in das bereits vorgestellte Klassifikationsschema.

	Rate-Monotonic-P.-S.	P.-S. nach Zeitschranken	P.-S. nach Spielraum	Branch-and-Bound-P.-S.	P.-S. mit Flußanalysen	P.-S. und Fehlertoleranz
Algorithmuskennzeichen						
statisch	●	○			●	●
dynamisch		●	●	○	○	
Ein-Prozessor		●	●			●
Mehr-Prozessor				●	●	
Prozeßmodell						
statische Prioritäten	●				●	
dynamische Prioritäten		●	●			●
periodische Prozesse	●	●	●	●	●	●
nichtperiodische Prozesse	○	●	●	●	●	●
unterbrechbare Prozesse	●	●	●	●	●	
nichtunterbrechbare Prozesse	●	●	●	●	●	●
verwendete Zeitschranken	S, C, D	D	C, D	S, C, D	S, C, D	S, C, D
dynamische Prozeßerzeugung		●	●			
Prozeßinteraktion	●				●	●

Legende: ● → zutreffend; ○ → z.T. zutreffend; P.-S → Prozeß-Scheduling

Abb. 6-4: Überblick über Scheduling-Algorithmen

6.5.1 *Rate-Monotonic*-Prozeß-Scheduling

Prozeßmodell
○ Unterbrechbare *(preemptive)* Prozesse
○ Statische Prioritätenvergabe
○ Prozesse mit harten Zeitschranken sind periodisch mit konstanter Periodendauer T.
○ Ein periodischer Prozeß kann erst nach seiner Abarbeitung erneut gestartet werden.

○ Die periodischen Prozesse sind voneinander unabhängig.
○ Die Laufzeit C eines periodischen Prozesses ist bekannt und konstant (ohne Prozeßunterbrechungen).
○ Nicht periodische Prozesse haben keine harten Zeitschranken.
○ Keine dynamische Prozeßerzeugung
○ Ein-Prozessor-Prozcß-Scheduling

Das Prozeßmodell des *Rate-Monotonic*-Scheduling-Algorithmus ist speziell für Anwendungen in der Automatisierungstechnik zugeschnitten. Die hier beschriebene Variante stellt einen Basis-Algorithmus dar, der in zahlreichen Erweiterungen existiert. Die Prozesse haben untereinander keine expliziten Einschränkungen. Unter den Prozessen findet keine Kommunikation und Synchronisation statt. Indirekte Abhängigkeiten in der Prozeßberechnungsreihenfolge können nur durch die Perioden der Prozesse gegeben sein.

Die Einschränkung auf voneinander unabhängige periodische Prozesse ist für komplexe Echtzeitsysteme i. allg. nicht akzeptierbar.

In /Sha, Goodenough 90/ befindet sich eine ausführliche Beschreibung zum *Rate-Monotonic*-Prozeß-Scheduling.

Verfahren

Jeder zyklische Prozeß erhält eine statische Priorität. Die Prozeßpriorität ist indirekt proportional zu der Periodendauer des Prozesses.

$$Priorität_{Prozeß_i} = \frac{1}{T_i}$$

Dementsprechend haben Prozesse mit kurzer Periodendauer höhere Prioritäten als Prozesse mit langer Periodendauer.

Bei der Prozeßaktivierung wird jeweils der Prozeß mit der höchsten Priorität aktiviert. Ein Prozeß kann nur einmal während seiner Periode aktiviert werden. Somit ist die früheste Startzeit für einen Prozeß seine *Zeitschranke* der vorangegangenen Periode. Die Prozesse sind unterbrechbar, so daß jeweils derjenige Prozeß mit der höchsten Priorität, und dessen Startzeit verstrichen ist, aktiviert wird. Für die Prozeßunterbrechung werden keine Zeiten berechnet.

Eigenschaften

Theorem
Der *Rate-Monotonic*-Scheduling-Algorithmus ist optimal.

Falls somit eine Prozeßkoordination für eine Prozeßmenge existiert, die die Zeitschranken der Prozesse der Prozeßmenge beachtet, so ist die Prozeßmenge auch mit dem *Rate-Monotonic*-Scheduling-Algorithmus koordinierbar.

Theorem
Eine Menge von n unabhängigen periodischen Prozessen kann mit dem *Rate-Monotonic*-Scheduling-Algorithmus so koordiniert werden, daß **alle** Prozesse ihre Zeitschranken einhalten, wenn gilt (/Liu, Layland 73/):

$$\sum_{i=1}^{n} \frac{C_i}{T_i} \leq n\,(2^{1/n} - 1) = U(n)$$

Mit steigender Prozeßanzahl sinkt die maximale Prozessorauslastung, bei der die Prozeßmenge *auf jeden Fall* koordinierbar ist.
Für eine unendliche Prozeßmenge beläuft sich die Prozessorausnutzung mit dem *Rate Monotonic*-Scheduling-Algorithmus zu:

$$\lim_{n \to \infty} U(n) = ln(2) \approx 69\,\%$$

Die Formel aus dem Theorem stellt eine *Worst-Case*-Abschätzung bzgl. der koordinierbaren Prozeßanzahl dar. Dies läßt sich durch ein einfaches Beispiel zeigen:

Beispiel
Im Spezialfall für n=2 beläuft sich die Prozessorauslastung nach der obigen Formel auf 0,828. Prozeß$_1$ hat die Berechnungszeit C_1 und die Periode T_1. Prozeß$_2$ hat die Berechnungszeit C_2 und die Priode T_2: Es gilt:

$C_1 = 1/2\,T_1$
$C_2 = T_1$
$T_2 = 2\,T_1$

6.5 Scheduling-Algorithmen

Abb. 6-5 zeigt eine mögliche Prozeßkoordinierung der beiden Prozesse mit einer Prozessorauslastung von $U(2) = 1$. ❑

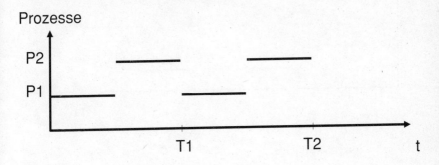

Abb. 6-5: Prozeß-Scheduling mit $U = 1$ bei zwei Prozessoren

Neben diesem sehr *pessimistischen* Theorem kann folgendes exaktes Theorem zu Bestimmung der Koordinierbarkeit von Prozessen verwendet werden.

Theorem
Sei P eine Menge von unabhängigen periodischen Prozessen. Halten alle Prozesse aus P ihre Zeitschranken ein, wenn sie alle zur gleichen Zeit gestartet werden, dann halten alle Prozesse aus P auch bei beliebiger Kombination der Startzeiten ihre Zeitschranken ein.

Mit Hilfe dieses Theorems ist eine Überprüfung der Durchführbarkeit des *Rate-Monotonic*-Scheduling-Algorithmus bei einer vorgegebenen Prozeßmenge gegeben.

Beispiel
Abb. 6-6 zeigt den zeitlichen Verlauf von 3 Prozessen, die durch folgende Daten gekennzeichnet sind:

$C_1 = 40 \quad T_1 = 100$
$C_2 = 40 \quad T_2 = 150$
$C_3 = 100 \quad T_3 = 350$

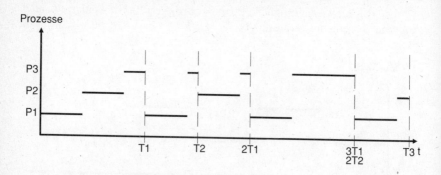

Abb. 6-6: Prozeß-Scheduling

Man betrachtet nun alle *Scheduling-Punkte*. Scheduling-Punkte sind die Zeitschranken und alle Vielfachen der Zeitschranken von jedem Prozeß. Der letzte zu betrachtende Scheduling-Punkt ist die Zeitschranke des Prozesses mit der größten Periodendauer. Jeder Scheduling-Punkt bildet eine Ungleichung. Der Schedulingpunkt muß größer sein als die Summe aller Prozeßberechnungszeiten, die vor diesem Scheduling-Punkt ihre Startzeit hatten.

$T_1 \geq C_1 + C_2 + C_3$
$T_2 \geq 2C_1 + C_2 + C_3$
$2T_1 \geq 2C_1 + 2C_2 + C_3$
$2T_2 \geq 3C_1 + 2C_2 + C_3$
$T_3 \geq 4C_1 + 3C_2 + C_3$

Ist zumindest **eine** Ungleichung wahr, so können alle Prozesse mit Hilfe des *Rate-Monotonic*-Scheduling-Algorithmus erfolgreich koordiniert werden. Im obigen Beispiel ist die Gleichung $2T_2 \geq 3C_1 + 2C_2 + C_3$ wahr und somit sind alle drei Prozesse koordinierbar, wie in Abb. 6-6. ❑

Das folgende Theorem stellt ein mathematisches Verfahren zur Überprüfung der Koordinierbarkeit einer Prozeßmenge dar.

Theorem
Gegeben seinen n unabhängige periodische Prozesse und der *Rate-Monotonic*-Scheduling-Algorithmus. Es werden alle Zeitschranken für alle Periodenphasen eingehalten genau dann wenn gilt:

$$\text{für alle } i, 1 \leq i \leq n, \quad \min_{(k,l) \in R_i} \sum_{j=1}^{i} C_j \frac{1}{l\, T_k} \left\lceil \frac{l\, T_k}{T_j} \right\rceil \leq 1$$

mit

$$R_i = \left\{ (k,l) \mid 1 \leq k \leq i, l = 1, \ldots, \left\lfloor \frac{T_i}{T_k} \right\rfloor \right\}$$

Kennzeichen

○ statische Prioritätenvergabe
○ Keine dynamische Prozeßerzeugung möglich.
○ Alle Zeitschranken und die Laufzeiten müssen bekannt sein.
○ Optimaler Scheduling-Algorithmus für einen Prozessor.
○ Stabiler Scheduling-Algorithmus.
○ Statischer Scheduling-Algorithmus.

6.5.1.1 Rate Monotonic Prozeß-Scheduling und transiente Prozessorüberlastung *(Overload)*

Prozeßmodell
○ Es wird das Prozeßmodell des Basis-Scheduling-Algorithmus verwendet. Der einzige Unterschied liegt darin, daß die Prozesse keine konstante Laufzeit C haben. C bezeichnet hier die Laufzeit im stochastischen Mittel.

Verfahren

Bei einem Großteil der Anwendungen sind nur stochastische Laufzeiten von Prozessen bekannt. Die *Worst-Case*-Laufzeiten können entschieden länger sein. Wird der *Rate-Monotonic*-Scheduling-Algorithmus mit stochastischen Berechnungszeiten ausgeführt und ist die Prozessorauslastung U hoch, so kann es durch verlängerte Berechnungszeiten zu einer kurzfristigen Prozessorüberlastung kommen. Einige Prozesse werden ihre Zeitschranke nicht einhalten können. Der *Rate-Monotonic*-Scheduling-Algorithmus stellt jedoch sicher, daß die Prozesse mit der höchsten Priorität koordinierbar sind (/Sha, Goodenough 90/).

Theorem
Der *Rate-Monotonic*-Scheduling-Algorithmus ist stabil *(stable)*.
Es existiert ein n, so daß jeweils die n Prozesse mit der höchsten Priorität ihre Zeitschranken einhalten werden. Für die Bestimmung dieser n Prozesse kann der *Rate-Monotonic*-Scheduling-Algorithmus auf die Prozeßmenge angewendet werden, wobei jeweils die *Worst-Case*-Laufzeit der Prozesse verwendet wird. Es muß vom Systementwerfer sichergestellt werden, daß die *wichtigsten* Prozesse zu dieser Prozeßmenge mit den höchsten Prioritäten gehören. Da jedoch wichtige Prozesse große Periodendauern haben können, ist zu diesem Zweck eine **Periodentransformation** bei diesen Prozessen nötig. Wichtige Prozesse mit niedriger Priorität bedingt durch lange Zykluszeit müssen durch eine Periodentransformation so manipuliert werden, daß sie zu der Menge der im *Overload*-Zustand koordinierbaren Prozesse gehören. Hierzu wird ein solcher Prozeß in mehrere Teile aufgesplittet. Jeder Teil wird für sich als ein Prozeß behandelt und erhält dementsprechend eine eigene Priorität. Die Prozeßaufsplittung ist so vorzunehmen, daß für jeden Prozeßteil eine Priorität entsteht, die auch bei einem Prozessor-*Overload* koordinierbar ist. Bei diesem Verfahren muß der *Rate-Monotonic*-Scheduling-Algorithmus sicherstellen, daß die einzelnen Berechnungsteile des *alten* Prozesses in der richtigen Reihenfolge ausgeführt werden.

Kennzeichen

○ Es gelten die Kennzeichen des *Rate-Monotonic*-Scheduling-Algorithmus.
○ Bei einer transienten Prozessorüberlastung existiert eine bestimmbare Menge von Prozessen, die ihre Zeitschranken einhalten werden.

6.5.1.2 Koordination von periodischen und nichtperiodischen Prozessen mit dem *Rate-Monotonic*-Scheduling-Algorithmus

Prozeßmodell
○ Es wird das Prozeßmodell des Basisalgorithmus verwendet. Zusätzlich existieren nichtperiodische Prozesse. Zu den nichtperiodischen Prozessen gehört jeweils eine maximale Antwortzeit.

Verfahren

Bei einer Kombination von periodischen und nichtperiodischen Prozessen unterliegen die nichtperiodischen Prozesse keinen Zeitschranken. Zur Handhabung von nichtperiodischen Prozessen existieren folgende Lösungsvorschläge (/Sha, Goodenough 90/):
○ Hintergrundprozesse
Die nichtperiodischen Prozesse werden als Hintergrundprozesse ausgeführt. Es werden zuerst alle periodischen Prozesse bearbeitet. Verbleibt noch Prozessorzeit, so werden die nichtperiodischen Prozesse ausgeführt. Diese Vorgehensweise führt zu hohen Antwortzeiten bei nichtperiodischen Prozessen.
○ Nichperiodischer Server *(aperiodic server)*
Nichtperiodische Prozesse dürfen für eine begrenzte Zeiteinheit die periodischen Prozesse unterbrechen. Für einen nichtperiodischen Prozeß (Nichtperiodischer Server), der innerhalb eines Zeitintervalls stochastisch aktiviert wird, kann ein **Zeitbudget** reserviert werden. Wird ein solcher nichtperiodischer Server aktiviert und ist sein Zeitbudget noch nicht verbraucht, so unterbricht dieser Server den zur Zeit laufenden periodischen Prozeß. Innerhalb seines Zeitbudgets führt nun der nichtperiodische Server seine Berechnungen durch. Anschließend kehrt die Kontrolle zu dem unterbrochenen periodischen Prozeß zurück. Hat der nichtperiodische Server seine Zeiteinheiten verbraucht, so kann er erst wieder im nächsten Zeitintervall aktiv werden. Sollten jedoch Zeiteinheiten in einem Zeitintervall frei sein, so kann der nichtperiodische Server zusätzlich im Hintergrund ausgeführt werden.

Im Gegensatz zur Verwendung von Hintergrundprozessen weist ein nichtperiodischer Server *bessere* Antwortzeiten auf.
○ Sporadischer Server *(sporadic server)*
Der sporadische Server ist eine Verbesserung des nichtperiodischen Servers. Der Unterschied zwischen diesen beiden Server-Arten liegt darin, daß das Zeitbudget eines nichtperiodischen Prozesses nicht nach festen Zeitintervallen, sondern bei der Nutzung des Zeitbudgets erneuert wird. Hierbei wird i. allg. das verbrauchte Zeitbudget nach einer festen Zeitspanne nach dem Verbrauchen erneuert. Eine Unterbrechung eines periodischen Prozesses durch einen sporadischen Server ist nur dann erlaubt, wenn das Zeitbudget des sporadischen Servers noch nicht verbraucht ist. Bei einem sporadischen Server ist eine zusätzliche Hintergrundbearbeitung nicht ausgeschlossen.
Ein sporadischer Server wird mit seinem Zeitbudget wie ein periodischer Prozeß behandelt. Er kann somit durch den *Rate-Monotonic*-Scheduling-Algorithmus betrachtet werden. Untersuchungen haben bei sporadischen Servern ergeben, daß bei einer durchschnittlichen nichtperiodischen Prozessorauslastung unter 70 % für den sporadischen Server eine Verkürzung der Antwortzeit auf ein sechstel im Vergleich zum *Polling* und ein zehntel im Vergleich zur Hintergrundberechnung existiert /Sha, Goodenough 90/.

Kennzeichen

○ Es gelten die Kennzeichen des *Rate-Monotonic*-Scheduling-Algorithmus.
○ Kombination von periodischen und nichtperiodischen Prozessen ist möglich. Hierbei unterliegen die nichtperiodischen Prozesse keinen Zeitschranken.

6.5.1.3 *Rate-Monotonic*-Prozeß-Scheduling und abhängige Prozesse

Prozeßmodell
○ Es wird das Prozeßmodell des Basisalgorithmus verwendet mit folgender Abänderung: Prozesse können gegenseitig voneinander abhängen. Sie können gemeinsame Ressourcen, die im wechselseitigen Ausschluß zu verwenden sind, benutzen.

Verfahren

Werden mit dem *Rate Monotonic*-Scheduling-Algorithmus untereinander abhängige Prozesse koordiniert, so entsteht das Problem, daß Prozesse mit geringer Priorität Prozesse mit höheren Prioritäten unterbrechen. Dieses Problem ist unter dem Namen **Prioritäteninversion** bekannt.

Beispiel
Die Prozeßmenge besteht aus den drei Prozessen Prozeß$_1$, Prozeß$_2$ und Prozeß$_3$. Die Prozesse haben folgende Berechnungszeiten und Periodendauern:

$$C_1 = 40 \quad T_1 = 100 \quad \text{Priorität}_1 = \frac{1}{100}$$

$$C_2 = 40 \quad T_2 = 110 \quad \text{Priorität}_2 = \frac{1}{110}$$

$$C_3 = 40 \quad T_3 = 200 \quad \text{Priorität}_3 = \frac{1}{200}$$

Prozeß$_1$ und Prozeß$_3$ benötigen eine gemeinsame Ressource. Abb. 6-7 zeigt eine Prozeßkoordination für den Fall, daß Prozeß$_1$ und Prozeß$_3$ keine gemeinsame Ressource verwenden. Abb. 6-8 zeigt eine mögliche Prozeßkoordination für den Fall, daß Prozeß$_1$ und Prozeß$_3$ eine gemeinsame Ressource verwenden. Hierbei ist zu beachten, daß ein Prozeß nicht ohne weiteres einen Prozeß mit geringerer Priorität unterbrechen kann. Ein Prozeß mit höherer Priorität kann einen Prozeß mit geringerer Priorität nur dann unterbrechen, wenn sie keine gemeinsame Ressource verwenden. Verwenden beide Prozesse **eine** gemeinsame Ressource, so kann der Pro-

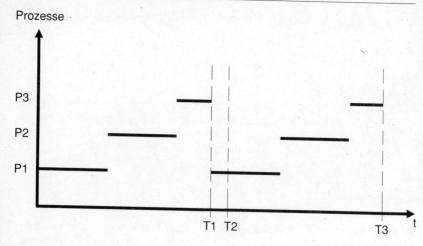

Abb. 6-7: Prozeß-Scheduling unabhängiger Prozesse

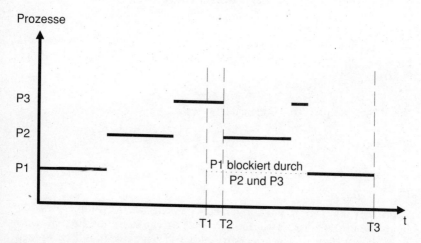

Abb. 6-8: Prozeß-Scheduling abhängiger Prozesse

zeß mit der höheren Priorität den Prozeß mit der geringeren Priorität nur dann unterbrechen, wenn dieser Prozeß zur Zeit nicht in einem kritischen Gebiet die Ressource bearbeitet. In Abb. 6-8 kann Prozeß1 Prozeß3 trotz höherer Priorität nicht unterbrechen, da Prozeß3 sich in einem kritischen

Gebiet befindet. Prozeß2 hat eine höhere Priorität als Prozeß3. Da beide Prozesse keine gemeinsame Ressource verwenden, kann Prozeß2 Prozeß3 unterbrechen. Somit wird Prozeß1 auch durch Prozeß2 zeitlich verzögert, obwohl Prozeß2 eine geringere Priorität als Prozeß1 hat.   ❑

Zur Eingrenzung der Prioritäteninversion kann nach /Sha, Goodenough 90/ eine *dynamische Prioritätenvergabe* verwendet werden *(priority ceiling protocol)*. Falls ein Prozeß einen Prozeß mit höherer Priorität unterbricht (bedingt durch gemeinsame Ressource), so erbt der Prozeß mit der geringeren Priorität für die Zeit der Unterbrechung die höhere Priorität. Dieses *Prioritäten-Protokoll* ist gekennzeichnet durch:
○ Keine wechselseitigen Verklemmungen von Prozessen
○ Eine begrenzte Prioritäteninversion. Es kann höchstens einmal ein Prozeß von einem Prozeß mit geringerer Priorität unterbrochen werden.

Zu diesem Zweck erhält ein kritisches Gebiet (oder ein Semaphor, der ein kritisches Gebiet bewacht) eine *dynamische* Priorität. Die maximale Priorität *(priority ceiling)* eines kritischen Gebiets entspricht der höchsten Priorität derjenigen Prozesse, die das kritische Gebiet blockieren können.

Wenn ein Prozeß T ein kritisches Gebiet nicht betreten kann, da es von einem Prozeß T' mit Priorität(T') < Priorität(T) belegt ist, erbt T' die Priorität von T. Damit kann der Prozeß T nicht nochmals durch einen Prozeß mit geringerer Priorität blockiert werden.

Für die Berücksichtigung von kritischen Gebieten beim *Rate-Monotonic*-Scheduling-Algorithmus ergibt sich nach /Sha, Goodenough 90/ folgende Randbedingung:

Theorem
Eine Menge von n periodischen Prozessen, die das *Priority Ceiling Protocol* verwenden, können durch den *Rate Monotonic*-Scheduling-Algorithmus koordiniert werden, wenn gilt:

$$\sum_{i=1}^{n} \frac{C_i}{T_i} + \max\left(\frac{B_1}{T_1}, \ldots, \frac{B_{n-1}}{T_{n-1}}\right) \leq n\,(2^{1/n} - 1)$$

Hierbei ist B_i die längste Zeit der Blockierung, die der Prozeß$_i$ durch andere Prozesse mit kleinerer Priorität erfahren kann. B ist null für den Prozeß mit der geringsten Priorität.

Beispiel
Gegeben ist eine Prozeßmenge mit drei Prozessen. Prozeß$_1$, Prozeß$_2$ und Prozeß$_3$ sind durch folgende Daten gekennzeichnet:

$C_1 = 20$ $T_1 = 100$
$C_2 = 40$ $T_2 = 150$
$C_3 = 100$ $T_3 = 350$

Prozeß$_1$ verwendet Ressource$_1$ und Ressource$_2$. Prozeß$_2$ verwendet Ressource$_1$ und Prozeß$_3$ verwendet Ressource$_2$. Die Benutzung von Ressource$_1$ und Ressource$_2$ nimmt jeweils zehn Zeiteinheiten in Anspruch. Für den vorgegebenen Fall beläuft sich B$_3$ zu null, da Prozeß$_3$ die geringste Priorität hat. B$_1$ ist von der Ressourcenverwendung der Prozesse Prozeß$_2$ und Prozeß$_3$ abhängig. Prozeß$_3$ kann Prozeß$_1$ für zehn Zeiteinheiten blockieren. Prozeß$_2$ kann Prozeß$_1$ ebenfalls für zehn Zeiteinheiten blockieren, da Prozeß$_2$ die Ressource$_2$ verwendet. B$_1$ beläuft sich somit zu zwanzig Zeiteinheiten. Prozeß$_2$ kann durch Prozeß$_1$ nur einmal blockiert werden. Dies ist der Fall, wenn Prozeß$_1$ die Ressource$_2$ verwendet und dabei die Priorität von Prozeß$_1$ erbt. B$_2$ beläuft sich auf zehn Zeiteinheiten. ❑

Kennzeichen

○ Es gelten die Kennzeichen des *Rate-Monotonic*-Scheduling-Algorithmus.
○ Geeignet für abhängige und unabhängige periodische Prozesse.
○ Keine dynamische Prozeßerzeugung möglich.

6.5.2 Prozeß-Scheduling nach Zeitschranken *(earliest deadline scheduling algorithm)*

Prozeßmodell
○ Unterbrechbare *(preemptive)* und nichtunterbrechbare *(nonpreemptive)* Prozesse
○ Dynamische Prioritätenvergabe

- Die Prozesse sind durch den spätesten Endzeitpunkt gekennzeichnet. Meistens wird von periodischen Prozessen mit konstanter Periodendauer T ausgegangen. Hierbei kann ein periodischer Prozeß erst nach seiner Abarbeitung erneut gestartet werden. Der Endzeitpunkt eines Prozesses fällt mit der jeweiligen Intervallgrenze zusammen.
- Die (periodischen) Prozesse sind voneinander unabhängig.
- Die Laufzeit C eines (periodischen) Prozesses ist konstant (ohne Prozeßunterbrechungen). Wird der Scheduling-Algorithmus nach Zeitschranken dynamisch *(run-time-scheduling)* zur Programmlaufzeit ausgeführt so wird die Laufzeit der Prozesse nicht benötigt. Beim statischen Prozeß-Scheduling *(pre-run-time-scheduling)* nach Zeitschranken kann durch die Laufzeiten das Einhalten der Zeitschranken berechnet werden.
- Die frühsten Startzeiten S der Prozesse müssen bekannt sein.

Das Prozeßmodell des Scheduling-Algorithmus nach Zeitschranken *(deadline driven scheduling algorithm)* für periodische Prozesse entspricht bis auf die dynamische Prioritätenvergabe dem Prozeßmodell des *Rate-Monotonic*-Scheduling-Algorithmus.

Verfahren

Jeder Prozeß erhält eine Priorität. Die Prozeßprioritäten werden dynamisch zur Programmlaufzeit den Prozessen zugeordnet. Zu einem festen Zeitpunkt t im Programmablauf erhalten alle Prozesse, deren Startzeit bereits überschritten wurde, eine neue Prozeßpriorität. Die Prozeßpriorität wird in Abhängigkeit der spätesten Prozeß-Endzeitpunkte vergeben. Je früher der späteste Endzeitpunkt eines Prozesses ist, desto höher ist seine Priorität.

Zu jedem Prozeßwechsel und beim Erreichen einer Startzeit eines Prozesses werden die Prioritäten neu vergeben.

Eigenschaften des Scheduling-Algorithmus nach Zeitschranken

Theorem
Der Scheduling-Algorithmus nach Zeitschranken ist bei einem Prozessor optimal (/Ghetto, Ghetto 89/).

Falls somit eine Prozeßkoordination für eine Prozeßmenge existiert, die die Zeitschranken der Prozesse der Prozeßmenge beachtet, so ist die Prozeßmenge auch mit dem Scheduling-Algorithmus nach Zeitschranken koordinierbar.

Theorem
Eine Prozeßmenge von n unabhängigen unterbrechbaren periodischen Prozessen kann mit dem Scheduling-Algorithmus nach Zeitschranken so koordiniert werden, daß **alle** Prozesse ihre Zeitschranken einhalten, genau dann wenn gilt:

$$\sum_{i=1}^{n} \frac{C_i}{T_i} \leq 1$$

Theorem
Beim Scheduling-Algorithmus nach Zeitschranken kann eine Prozessorüberlastung *(Overload)* erst nach einer hundertprozentigen Prozessorauslastung auftreten.
Somit existiert beim Scheduling-Algorithmus nach Zeitschranken kein Prozessorleerlauf *(idle time)* vor einer Prozessorüberlastung.

Beispiel
Gegeben ist eine Prozeßmenge bestehend aus den drei Prozessen Prozeß$_1$, Prozeß$_2$ und Prozeß$_3$. Die Prozesse haben folgende Laufzeiten und Periodendauern:

$C_1 = 15$ $T_1 = 30$
$C_2 = 25$ $T_2 = 70$
$C_3 = 15$ $T_3 = 200$

Der früheste Startzeitpunkt und der späteste Endzeitpunkt sind durch die Intervallgrenzen gegeben.
Abb. 6-9 zeigt die Prozeßverteilung durch den Scheduling-Algorithmus nach Zeitschranken. Eine Verlängerung von C_1, C_2 oder C_3 führt sofort zu einer Prozessorüberlastung. ❏

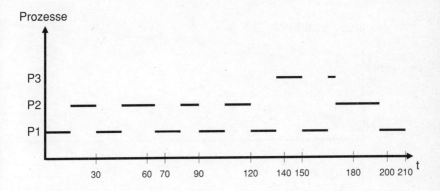

Abb. 6-9: Prozeßverteilung nach Zeitschranken

Prozeß-Scheduling nach Zeitschranken auf mehreren Prozessoren

Der Scheduling-Algorithmus nach Zeitschranken ist für mehrere Prozessoren nicht optimal. Er ist nur für einen Prozessor ein optimaler Scheduling-Algorithmus. Das folgende Beispiel verdeutlicht dieses.

Beispiel
Gegeben sind die Prozesse Prozeß$_1$, Prozeß$_2$ und Prozeß$_3$. Die Prozesse haben folgende Periodendauern und Laufzeiten:

$C_1=90$ $\quad T_1=90$
$C_2=30$ $\quad T_2=60$
$C_3=30$ $\quad T_3=60$

Der früheste Startzeitpunkt und der späteste Endzeitpunkt sind durch die Intervallgrenzen gegeben.
Die drei Prozesse werden auf zwei homogene Prozessoren abgebildet. Abb. 6-10 zeigt ein Prozeßverteilung, die alle Zeitschranken einhält, und die Prozeßverteilung mit dem Scheduling-Algorithmus nach Zeitschranken. Mit dem Scheduling-Algorithmus nach Zeitschranken können die drei Prozesse nicht erfolgreich auf die beiden Prozessoren abgebildet werden. ❏

Erfolgreiches Prozeß-Scheduling

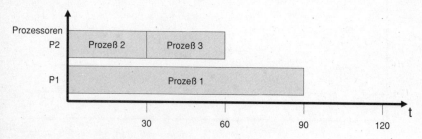

Erfolgloses Prozeß-Scheduling

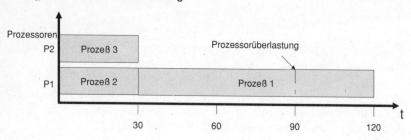

Abb. 6-10: Scheduling nach Zeitschranken bei zwei Prozessoren

Kennzeichen

- Optimaler Scheduling-Algorithmus für einen Prozessor. Bei mehreren Prozessoren ist der Scheduling-Algorithmus nach Zeitschranken nicht optimal.
- Zu einem Prozeß wird nur die Endzeitschranke zum Prozeß-Scheduling benötigt.
- Der Scheduling-Algorithmus kann bei unterbrechbaren, nichtunterbrechbaren, periodischen und nichtperiodischen Prozeßmodellen verwendet werden.
- Der Scheduling-Algorithmus kann statisch und dynamisch verwendet werden. Im allgemeinen wird er dynamisch verwendet.

6.5 Scheduling-Algorithmen

○ Dynamische Prozeßerzeugung kann mit dem Scheduling-Algorithmus nach Zeitschranken behandelt werden.
○ Dynamische Prioritätenvergabe.

6.5.2.1 Kombination des *Rate-Monotonic*-Scheduling-Algorithmus mit dem Scheduling-Algorithmus nach Zeitschranken

Prozeßmodell
○ Unterbrechbare Prozesse *(preemptive)*
○ Dynamische und statische Prioritätenvergabe
○ Prozesse mit harten Zeitschranken sind periodisch mit konstanter Periodendauer T.
○ Ein periodischer Prozeß kann erst nach seiner Abarbeitung erneut gestartet werden.
○ Die periodischen Prozesse sind voneinander unabhängig.
○ Die Laufzeit C eines periodischen Prozesses ist konstant (ohne Unterbrechungen).

Verfahren

Bereits /Liu, Layland 73/ haben den Scheduling-Algorithmus nach Zeischranken mit dem *Rate-Monotonic*-Scheduling-Algorithmus für einen Prozessor kombiniert. Eine Prozeßmenge besteht aus den Prozessen Prozeß$_1$ bis Prozeß$_m$. Die ersten k Prozesse werden mit dem *Rate-Monotonic*-Scheduling-Algorithmus bearbeitet. Prozeß$_{k+1}$ bis Prozeß$_m$ mit dem Scheduling-Algorithmus nach Zeitschranken. Vorrangig werden die ersten k Prozesse bearbeitet. Prozeß$_{k+1}$ bis Prozeß$_m$ erhalten jeweils nur diejenige Zeit, die beim *Rate-Monotonic*-Scheduling-Algorithmus nicht genutzt wurde.

Eigenschaften

A(t) bezeichne die Zeit, die in dem Zeitintervall von null bis t dem Scheduling-Algorithmus nach Zeitschranken für die Prozeßmenge Prozeß$_{k+1}$ bis Prozeß$_m$ zur Verfügung steht. A(t) bezeichnet das **Zeitbudget** für den Scheduling-Algorithmus nach Zeitschranken zu einer Zeit t.

Theorem
Ein notwendiges und hinreichendes Kriterium für das Prozeß-Scheduling einer Prozeßmenge mit Scheduling-Algorithmus nach Zeitschranken und der Zeitbudgetfunktion A(t) ist:

$$\sum_{i=k+1}^{m} \left\lfloor \frac{t}{T_i} \right\rfloor * C_i \leq A(t)$$

mit t: Vielfachen von T_{k+1}, ..., T_m

Dieses Theorem gibt ein mathematisches Verfahren zur Bestimmung der Durchführbarkeit einer Prozeßkoordinierung an.

Beispiel
Gegeben sind die drei Prozeß$_1$, Prozeß$_2$ und Prozeß$_3$. Die Prozesse sind durch folgende Periodendauern und Laufzeiten gekennzeichnet:

$T_1 = 30 \quad C_1 = 15$
$T_2 = 60 \quad C_2 = 20$
$T_3 = 90 \quad C_3 = 20$

Prozeß$_1$ wird mit dem *Rate Monotonic*-Scheduling-Algorithmus bearbeitet. Prozeß$_2$ und Prozeß$_3$ werden mit dem Scheduling-Algorithmus nach Zeitschranken behandelt. Prozeß$_1$ kann auf jeden Fall mit einem Prozessor bearbeitet werden. Zur Überprüfung des Schedulings von Prozeß$_2$ und Prozeß$_3$ müssen die Zeitpunkte t=60, t=90, t=120 und t=180 überprüft werden. Nach Abb. 6-8 ergibt sich:

$A(60) = 30 \quad A(90) = 45$
$A(120) = 60 \quad A(180) = 90$

Die entsprechenden Ungleichungen lauten:

$20 = \lceil 60/60 \rceil * 20 + \lceil 60/90 \rceil * 20 \leq 30 = A(60)$

$40 = \lceil 90/60 \rceil * 20 + \lceil 90/90 \rceil * 20 \leq 45 = A(90)$

$60 = \lceil 120/60 \rceil * 20 + \lceil 120/90 \rceil * 20 \leq 60 = A(120)$

$100 = \lceil 180/60 \rceil * 20 + \lceil 180/90 \rceil * 20 \leq 90 = A(180)$

Die letzte Ungleichung ist nicht erfüllt und somit können die drei Prozesse nicht zusammen auf einem Prozessor ausgeführt werden. Abb. 6-11 zeigt die Prozessorüberlastung an. ❑

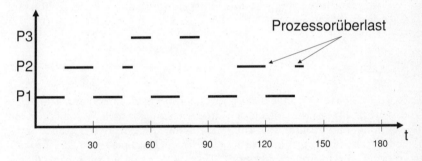

Abb. 6-11: Prozessorüberlastung

Kennzeichen

○ Es gelten die Kennzeichen des Scheduling-Algorithmus nach Zeitschranken.
○ Prozesse werden vorrangig mit dem *Rate-Monotonic*-Scheduling-Algorithmus behandelt.

6.5.3 Prozeß-Scheduling nach Spielraum

Prozeßmodell
○ Unterbrechbare *(preemptive)* und nichtunterbrechbare *(non-preemptive)* Prozesse
○ Dynamische Prioritätenvergabe
○ Prozesse sind gekennzeichnet durch eine früheste Startzeit R, durch eine konstante Laufzeit C und durch einen spätesten Endzeitpunkt D. Die Prozesse müssen nicht periodisch sein.
○ Die Prozesse sind voneinander unabhängig.

Der Scheduling-Algorithmus nach Spielraum kann bei unterbrechbaren und nicht-unterbrechbaren Prozessen angewendet werden. Der eigentliche Scheduling-Algorithmus ändert sich durch diese Voraussetzung nicht.

Zur Ermittlung des Spielraums sind Kenntnisse über die Laufzeiten und über die spätesten Endzeitpunkt aller Prozesse erforderlich.

Verfahren

Jeder Prozeß erhält eine Priorität. Die Prozeßprioritäten werden dynamisch zur Programmlaufzeit den Prozessen zugeordnet. Zu einem festen Zeitpunkt t im Programmablauf erhalten alle Prozesse, deren früheste Startzeit bereits überschritten wurde, eine neue Prozeßpriorität. Die Prozeßpriorität wird in Abhängigkeit des spätesten Prozeß-Endzeitpunktes D und der Prozeß-Laufzeit C vergeben. Hierzu wird der *Prozeß-Spielraum* betrachtet. Er ist nach /Dertouzos, Mok 89/ folgendermaßen definiert:

Definition Spielraum *(laxity)*
Unter dem Spielraum *(laxity)* L eines Prozesses zum Zeitpunkt t versteht man:
$$L(t) = D(t) - C(t)$$

Hierbei bezeichnet D(t) die Zeit von t bis zum spätesten Endzeitpunkt des Prozesses und C(t) die **noch** benötigte Laufzeit für den Prozeß.

Die Prioritätenvergabe für Prozesse erfolgt nach dem kleinsten Spielraum. Die Prozeßprioritäten werden indirekt proportional zum Spielraum der Prozesse vergeben.

6.5 Scheduling-Algorithmen

Die Prozeßprioritäten werden dynamisch zur Programmlaufzeit berechnet. Hierbei muß zwischen unterbrechbaren und nichtunterbrechbaren Prozessen unterschieden werden:
○ Unterbrechbare Prozesse
Bei unterbrechbaren Prozessen kann zu beliebigen Zeitpunkten eine neue Berechnung der Prozeßprioritäten stattfinden. Sinnvolle Zeitpunkt für die Prioritätenvergabe sind:
– Äquidistantes Zeitraster: Nach festen Zeitdauern findet eine erneute Prioritätenvergabe statt.
– Zeitschranken: Nach jeder verstrichenen Zeitschranke – frühster Startzeitpunkt, Endzeitpunkt, spätester Endzeitpunkt – findet eine erneute Prioritätenvergabe statt.
○ Nichtunterbrechbare Prozesse
Beim Erreichen einer Startzeit und bei der Beendigung eines Prozesses werden die Prioritäten neu vergeben. Ist der Prozessor beim Erreichen einer Startzeit noch mit einem Prozeß belegt, so findet keine erneute Prioritätenvergabe statt.

Beispiel
Es existieren die drei unterbrechbaren Prozesse Prozeß$_1$, Prozeß$_2$ und Prozeß$_3$. Die drei Prozesse sind durch folgende Berechnungszeiten und Zeitschranken gekennzeichnet:

$R_1=0 \quad C_1=15 \quad D_1 = 40$
$R_2=0 \quad C_2=35 \quad D_2 = 50$
$R_3=0 \quad C_3=5 \quad D_3 = 60$

Der Scheduling-Algorithmus nach Spielraum wird jeweils nach 5 Zeiteinheiten neu angewendet. Zur graphischen Veranschaulichung der Prozeßkoordinierung wird die Darstellung aus Abb. 6-12 verwendet. Sie hat folgende Bedeutung:
○ Ein Prozeß wird durch einen Punkt in dem Koordinatensystem symbolisiert. Die Abszizze des Koordinatensystems stellt den *Prozeß-Spielraum* und die Ordinate die Laufzeit in Abhängigkeit der Zeit dar.
○ Beim Prozeß-Scheduling nach Spielraum auf einem Prozessor kann nur jeweils derjenige Prozeß mit dem geringsten Wert des Spielraums eine Einheit nach unten bewegt werden. Alle anderen Prozesse bewegen sich eine Einheit nach links. Der ausgewählte Prozeß verändert seinen Spielraum nicht. Alle anderen Prozesse verkleinern ihren Spielraum. In der Abb. 6-12 wird dieses durch numerierte Pfeile angedeutet.

316 6 Prozeßkoordinierung (Scheduling)

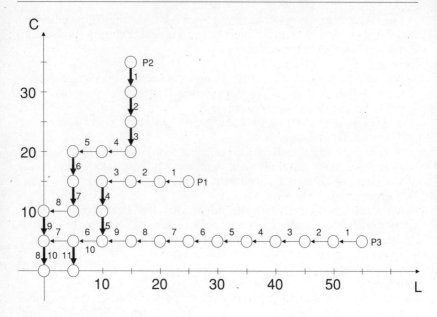

Abb. 6-12: Scheduling nach Spielraum

○ Bei jedem Scheduling-Schritt erhöht sich die Pfeilnumerierung um den Wert eins.
○ Durchbricht ein Prozeß die Ordinate bevor er die Abszisse erreicht hat, so kann er seine Endzeitschranke nicht einhalten und die Prozeßmenge ist durch den Scheduling-Algorithmus nach Spielraum nicht koordinierbar.
○ Erreichen alle Prozesse die Abszisse bevor sie die Ordinate durchbrechen, so ist die Prozeßmenge koordinierbar.

Die Pfeile, die von oben nach unten verlaufen (in Abb. 6-12 dick eingezeichnet), implizieren durch ihre Numerierung die Prozessorbelegung. Abb. 6-13 zeigt die Prozessorbelegung für das Beispiel auf.

Bei diesem Beispiel ist zu beachten, daß das Zeitraster ein Vielfaches der Berechnungszeiten der Prozesse ist. Startzeit und Periodendauer sind ebenfalls Vielfache des Zeitrasters. Es entstehen somit keine Zeitintervalle bei denen der Prozessor freiläuft. Ist dies nicht der Fall, müssen diese Freiläufe jeweils in der Berechnungszeit, der Startzeit und dem Endzeitpunkt berücksichtigt werden. ❏

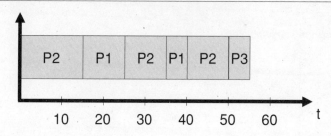

Abb. 6-13: Prozessorbelegung

Eigenschaften

Theorem
Der Scheduling-Algorithmus nach Spielraum ist für einen Prozessor optimal.

Falls somit eine Prozeßkoordination für eine Prozeßmenge existiert, die die Zeitschranken der Prozesse beachtet, so ist die Prozeßmenge auch mit dem Scheduling-Algorithmus nach Spielraum koordinierbar.

Prozeß-Scheduling nach Spielraum mit mehreren Prozessoren

Bei mehreren Prozessoren ist der Scheduling-Algorithmus nach Spielraum nicht optimal.

Beispiel
Gegeben sind die nicht unterbrechbaren und nicht zyklischen Prozesse Prozeß$_1$, Prozeß$_2$, Prozeß$_3$ und Prozeß$_4$. Die Prozesse haben folgende Periodendauern und Laufzeiten:

$R_1=0$ $C_1=65$ $D_1=90$
$R_2=0$ $C_2=5$ $D_2=10$
$R_3=0,$ $C_3=25$ $D_3=32$
$R_4=0,$ $C_4=26$ $D_3=31$

Die vier Prozesse werden auf zwei homogene Prozessoren abgebildet. Abb. 6-14 zeigt ein Prozeßverteilung, die alle Zeitschranken einhält, und die Prozeßverteilung mit dem Scheduling-Algorithmus nach Spielraum.

Erfolgreiches Scheduling

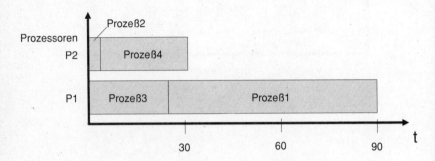

Scheduling nach Spielraum

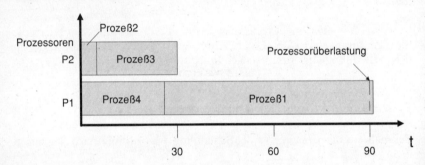

Abb. 6-14: Prozeß-Scheduling mit zwei Prozessoren

Mit dem Scheduling-Algorithmus nach Spielraum können die vier Prozesse nicht erfolgreich auf die beiden Prozessoren abgebildet werden. ❏

Kennzeichen

○ Optimaler Scheduling-Algorithmus für einen Prozessor. Bei mehreren Prozessoren ist der Scheduling-Algorithmus nach Spielraum nicht optimal.

○ Der Scheduling-Algorithmus kann bei unterbrechbaren, nichtunterbrechbaren, periodischen und nichtperiodischen Prozeßmodellen verwendet werden.
○ Zu einem Prozeß muß der späteste Endzeitpunkt D und die Laufzeit C bekannt sein.
○ Dynamische Prioritätenvergabe.
○ Dynamischer Scheduling-Algorithmus.
○ Der Scheduling-Algorithmus nach Spielraum eignet sich für das verteilte Prozeß-Scheduling.

6.5.4 *Branch-and-Bound*-Scheduling-Algorithmus

Prozeßmodell
○ Nichtunterbrechbare *(nonpreemptive)* Prozesse
○ Unter den Prozessen können explizite Berechnungsreihenfolgen *(precedence relation)* vorgegeben sein.
○ Prozesse sind gekennzeichnet durch den frühsten Startzeitpunkt R, durch eine konstante Laufzeit C und durch den spätesten Endzeitpunkt D. Prozesse müssen nicht periodisch sein. Die Prozesse und ihre Zeitbedingungen sind i. allg. zum Programmstart bekannt (statisches Prozeß-Scheduling).

Verfahren

Die Scheduling-Algorithmen, die nach dem *Branch-and-Bound*-Verfahren arbeiten, gehören i. allg. zu den statischen Scheduling-Algorithmen. Sie ermitteln eine Prozeßkoordination vor dem Programmablauf. Zu diesem Zweck müssen alle Prozesse, ihre frühsten Startzeitpunkte, die Laufzeiten und ihre spätesten Endzeitpunkte bekannt sein.
Der *Branch-and-Bound*-Scheduling-Algorithmus ist aus dem *Backtracking*-Verfahren abgeleitet worden. Hierzu wird die Ermittlung einer Prozeßkoordination aus einer festen Menge von Prozessen als ein Suchproblem aufgefaßt. Ausgangspunkt für den Scheduling-Algorithmus ist eine feste Menge von Prozessen (/Xu, Parnas 90/):

$P = \{P_1, P_2, ..., P_n\}$

Für jeden Prozeß $P_i \in P$ ist der frühste Startzeitpunkt R_i, die Laufzeit C_i und der späteste Endzeitpunkt D_i bekannt.
Unter den Prozessen kann eine implizite Berechnungsreihenfolge *(precedence relation)* existieren. Hierbei bedeutet

$$P_i \leftarrow P_j \quad mit: \quad 1 \leq i \leq n, \, 1 \leq j \leq n, \, i \neq j$$

daß Prozeß$_i$ vor Prozeß$_j$ berechnet werden muß.
Das Prozeß-Scheduling stellt nun eine Funktion Π mit folgenden Eigenschaften dar:

(1) $\Pi: P \rightarrow [\,0, \infty\,]$

(2) $R_i \leq \Pi(P_i) \wedge \Pi(P_i) + C_i \leq D_i \; mit: \; 1 \leq i \leq n$

(3) $P_i \leftarrow P_j \Rightarrow \Pi(P_i) + C_i \leq \Pi(P_j) \; mit: \; 1 \leq i \leq n, \, 1 \leq j \leq n, \, i \neq j$

Für die Prozeßmenge P muß die **Prozeßkoordinierungsfunktion** Π bestimmt werden. Π bildet einen Prozeß auf seine tatsächliche Startzeit S ab (1). Π muß den frühsten Startzeitpunkt (2), den spätesten Endzeitpunkt (2) und die Berechnungsreihenfolge (3) der einzelnen Prozesse berücksichtigen.
Die Ermittlung der Prozeßkoordination nach dem *Branch-and-Bound*-Scheduling-Algorithmus stellt ein Suchproblem dar. Das Suchen einer Prozeßkoordination läßt sich graphisch durch einen Suchbaum darstellen. Abb. 6-15 verdeutlicht diese Vorgehensweise. Abb. 6-16 zeigt die vom Scheduling-Algorithmus gefundene Prozeßkoordination. Jeder Knoten des Suchbaums beinhaltet eine Sequenz P' der Prozesse P:

$P' = (\,)$ *oder*

$P' = (P_{i_1}, \ldots, P_{i_k}) \quad mit: \; 1 \leq k \leq n \; und \; P_{i_j} \in P \; für \; 1 \leq j \leq k$

In einem Knoten sind die Prozesse geordnet. Die Prozeßordnung spiegelt die Prozeßkoordination unter Berücksichtigung der frühsten Startzeitpunkte, der Laufzeiten, der spätesten Endzeitpunkte und der Berechnungsreihenfolge wider.
Ein Scheduling-Algorithmus nach der *Branch-and-Bound*-Technik startet mit der leeren Prozeßmenge in der Baumwurzel. Jeder Sohn der Wurzel beinhaltet genau einen Prozeß. Hat die Prozeßmenge eine Kardinalität von n, so existieren n Söhne. Auf der nächsten Baumebene beinhaltet jeder

6.5 Scheduling-Algorithmen

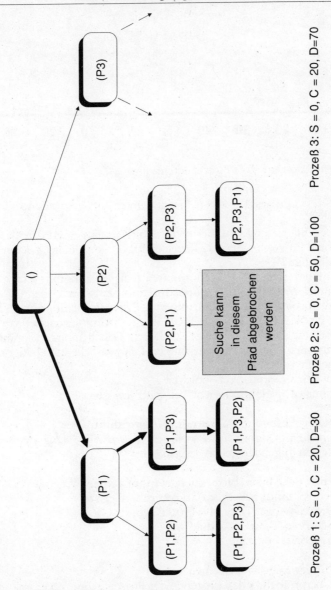

Abb. 6-15: Prozeßkoordination mit dem *Branch-and-Bound*-Verfahren

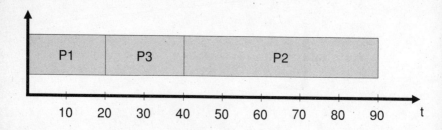

Abb. 6-16: Durchführbare Prozeßkoordination

Knoten zwei Prozesse. Somit hat jeder Knoten auf der zweiten Baumebene n-1 Söhne.
In den Blättern des Baumes befindet sich jeweils eine Prozeßkoordination von n Prozessen. Sie enthalten eine Prozeßkoordination der gesamten Prozeßmenge P.
Ziel eines Scheduling-Algorithmus ist die Bestimmung einer **durchführbaren** *(feasible)* **Prozeßkoordination**. Existieren mehrere gültige Prozeßkoordinationen, ist eine **günstige Prozeßkoordination** zu bestimmen. Hierbei ist eine günstige Prozeßkoordination diejenige Prozeßkoordination, die bezüglich eines festgelegten Gesichtspunkts optimiert ist. Gesichtspunkte für die Optimierung bei Echtzeit-Scheduling-Algorithmen für einen Prozessor sind:
O Minimale Gesamtberechnungszeit
O Minimaler Spielraum *(laxity)* bei den Prozessen

Genereller Aufbau des Scheduling-Algorithmus
Die Scheduling-Algorithmen nach dem *Branch-and-Bound*-Verfahren haben alle den folgenden generellen Aufbau:

procedure Scheduler (Prozeßmenge: **inout** ProzeßTyp;
　　Schedule: **inout** ScheduleTyp) **return** boolean **is**
　　　　Prozeßmenge_Temp, P': ProzeßTyp;
　　　　Schedule_Temp: ScheduleTyp;
　　　　Ergebnis: boolean;
begin
　　if Prozeßmenge /= leer **then**
　　　　Überprüfe für jeden Prozeß in der Prozeßmenge, ob er im
　　　　　　Schedule als nächster Prozeß aufgenommen werden kann.

6.5 Scheduling-Algorithmen

```
P' sei die Menge derjenigen Prozesse, die als nächstes im
   Schedule augenommen werden können.
if P' /= leer then
   loop für jeden Prozeß Pi in P' do
      Schedule_Temp:=Schedule;
      Prozeßmenge_Temp:=Prozeßmenge;
      Füge Pi in den Schedule_Temp ein;
      Entferne Pi aus der Prozeßmenge_Temp;
      Ergebnis := Scheduler(Prozeßmenge_Temp,
         Schedule_Temp);
      exit when Ergebnis
   end loop;
   if Ergebnis then
      Schedule := Schedule_Temp;
      Scheduler := true;
   else
      Scheduler:= false;
   end if;
  else
     Scheduler := false;
  end if;
else
   Scheduler := true;
end if;
end Scheduler;
```

Der hier vorgestellte allgemeine Aufbau der Scheduling-Algorithmen nach dem *Branch-and-Bound*-Verfahren ist zum besseren Verständnis rekursiv formuliert worden und bricht beim Finden der ersten durchführbaren Prozeßkoordination ab. Aus Effizienzgründen werden solche Algorithmen jedoch iterativ realisiert. Die Scheduling-Algorithmen durchsuchen den Suchbaum. Zweige, die zu keiner durchführbaren Prozeßkoordination führen, werden nicht näher betrachtet.

Beim Durchlaufen des Suchsbaum existieren die üblichen *Backtracking*-Durchlaufmethoden. Hier sind zu unterscheiden:
○ Breitendurchlauf *(breadth-first-search)*
   Der Suchbaum wird zuerst in der Breite durchsucht. Es werden zuerst alle Prozeßkoordinationen mit einer festen Größe m erzeugt, bevor eine Prozeßkoordination der Größe m+1 erzeugt wird. Die Größe

einer Prozeßkoordination bezeichnet hier die Anzahl der Prozesse, die koordiniert worden sind.
- Tiefendurchlauf *(depth-first-search)*
Der Suchbaum wird zuerst in der Tiefe durchsucht. Es wird im Suchbaum zuerst der Sohn eines Knotens besucht, bevor ein Knoten auf derselben Baumebene betrachtet wird. Bei den Scheduling-Algorithmus wird somit versucht, eine Prozeßkoordination zuerst zu vervollständigen. Erst wenn dies nicht möglich ist, wird eine Alternative auf höheren Baumebenen eingeschlagen.

Die Scheduling-Algorithmen stellen einen Tiefendurchlauf durch den Suchbaum dar.

Die Scheduling-Algorithmen nach dem *Branch-And-Bound*-Algorithmus stellen keine gewöhnlichen Suchalgorithmen dar. Vielmehr muß aus Günden der Effizienz (NP-vollständiges Problem) das Suchen im Baum abgekürzt werden. Zu diesem Zweck wird der allgemeine Scheduling-Algorithmus durch Hinzufügen von **Heuristiken** folgendermaßen abgeändert:

procedure Scheduler (Prozeßmenge: **inout** ProzeßTyp;
    Schedule: **inout** ScheduleTyp) **return** boolean **is**
        Prozeßmenge_Temp, P': ProzeßTyp;
        Schedule_Temp: ScheduleTyp;
        Ergebnis: boolean;
begin
  if Prozeßmenge /= leer **then**
    Überprüfe für jeden Prozeß in der Prozeßmenge, ob er im
    Schedule als nächster Prozeß aufgenommen werden kann.
    P' sei die Menge derjenigen Prozesse, die als nächstes im
    Schedule aufgenommen werden können.
    Wende auf P' eine heuristische Funktion H an;
    Ordne P' nach den Werten von H;
    if P' /= leer **then**
      loop für jeden Prozeß P_i in P' **do**
        (-- in der Reihenfolge der H-Werten
        Schedule_Temp:=Schedule;
        Prozeßmenge_Temp:=Prozeßmenge;
        Füge P_i in den Schedule_Temp ein;
        Entferne P_i aus der Prozeßmenge_Temp;
        Ergebnis := Scheduler(Prozeßmenge_Temp,
          Schedule_Temp);

```
        exit when Ergebnis
        end loop;
        if Ergebnis then
            Scheduler := Schedule_Temp;
            Scheduler := true;
        else
            Scheduler := false;
        end if;
    else
        Scheduler := false;
    end if;
else
    Scheduler := true;
end if;
end Scheduler;
```

Durch eine geeignete heuristische Funktion H kann die Programmlaufzeit des Schedulers i. allg. stark verkürzt werden. Bei existierenden Scheduling-Algorithmen stellen die heuristischen Funktionen meistens zur Minimierung des Rechenaufwands **lineare Funktionen** /XU, Parnas 90/ dar.

Prozeß-Scheduling mit mehreren Prozessoren

Der *Branch-and-Bound*-Scheduling-Algorithmus kann auch bei mehreren Prozessoren angewendet werden. Hierzu wird der Scheduling-Algorithmus auf jeden Prozessor einzeln angewendet. Eine Prozeßplazierung unter den Prozessoren findet nicht statt.

Dynamischer *Branch-and-Bound*-Scheduling-Algorithmus

Die dynamische Prozeßkoordinierung mit einem *Branch-and-Bound*-Scheduling-Algorithmus findet jeweils nach einem festen Zeitschema während des Programmablaufs statt. In diesem Fall werden alle zu einem festen Zeitpunkt bekannten Prozesse durch den Scheduling-Algorithmus behandelt. Nachträglich eintreffende Prozesse werden nicht berücksichtigt. Sie werden erst bei der nächsten Prozeßkoordination behandelt. Bei dynamischen *Branch-and-Bound*-Scheduling-Algorithmen sind folgende Dinge zu beachten (/Xu, Parnas 90/):

- Dieses Verfahren ist nur anzuwenden, wenn die auftretenden Prozeßmengen nicht von hoher Kardinalität sind.
- Es ist bei der Auswahl des Scheduling-Algorithmus auf Effizienz zu achten. Insbesondere sollten lineare heuristische Funktionen verwendet werden.
- Der Scheduling-Algorithmus muß nach einer gewissen Laufzeit abgebrochen werden können, und es muß in diesen Fällen mit Teilergebnissen bei der Prozeßkoordination weitergearbeitet werden können.
- Es ist im Entwurf zu berücksichtigen, daß der Scheduling-Algorithmus versagt und somit einige Prozesse ihre Zeitschranken nicht einhalten werden.
- Der Scheduling-Algorithmus selbst muß entworfen werden, und seine Systemanforderungen müssen berücksichtigt werden. Der Scheduling-Algorithmus ist für das vorliegende Problem abzustimmen. Insbesondere kann durch die Wahl einer geeigneten heuristischen Funktion die Prozeßkoordinierung verbessert werden.

Koordinierung von unterbrechbaren Prozessen mit dem Branch-and-Bound-Scheduling-Algorithmus

Prozeßmodellerweiterung
- Unterbrechbare Prozesse *(preemptive)*. Jeder Prozeß besteht aus einzelnen Segmenten, die nicht weiter verfeinert werden können. Die einzelnen Segmente sind nicht unterbrechbar.
- Unter den Prozessen kann ein Wechselseitiger Ausschluß bzgl. der Prozeßausführung *(exclusion relation)* existieren.

Für das erweiterte Prozeßmodell nach /Xu, Parnas 90/ müssen lediglich innerhalb des Schedulers folgende Änderungen durchgeführt werden:
- Es wird nun nicht mehr die Menge aller Prozesse betrachtet, sondern die Menge aller Segmente.
- Die Segmente eines Prozesses sind sequentiell geordnet. Dies impliziert eine *Precedence*-Relation unter den Segmenten, die vom Prozeß-Scheduler eingehalten werden muß.

Kennzeichen

○ Optimaler Scheduling-Algorithmus. Der Algorithmus ist jedoch NP-vollständig.
○ Der Scheduling-Algorithmus kann statisch oder in leicht veränderter Form dynamisch eingesetzt werden. Bei dynamischen Scheduling-Algorithmen müssen heuristische Funktionen zur Minimierung der Berechnungszeit verwendet werden.
○ Statische und dynamische Prioritätenvergabe möglich. Dies ist abhängig davon, ob der Scheduling-Algorithmus statisch oder dynamisch verwendet wird.
○ Der Scheduling-Algorithmus kann bei unterbrechbaren, nichtunterbrechbaren, periodischen und nichtperiodischen Prozeßmodellen verwendet werden. Die Prozesse müssen nicht voneinander unabhängig sein.
○ Wird der Scheduling-Algorithmus mit mehreren Prozessoren verwendet, eignet er sich für das verteilte Prozeß-Scheduling.

6.5.5 Scheduling-Algorithmen basierend auf Flußanalysen

Neben den bereits beschriebenen Scheduling-Algorithmen existieren viele Scheduling-Algorithmen für Systeme mit mehreren Prozessoren auf der Basis von Flußanalysen in Graphen. In diesem Abschnitt wird allgemein das Verfahren des Prozeß-Schedulings basierend auf Flußanalysen beschrieben.

Prozeßmodell
○ Statische Prozeßerzeugung
○ Prozesse sind durch einen frühsten Startzeitpunkt R, durch einen spätesten Endzeitpunkt D und durch eine Laufzeit C gekennzeichnet. Die Laufzeit C für einen Prozeß ist konstant.

Verfahren

Es wird eine statische Prozeßmenge $P = P_1, P_2, ..., P_n$ betrachtet. Die Prozesse haben eine früheste Startzeit, einen spätesten Endzeitpunkt und eine konstante Laufzeit. Die frühsten Startzeiten und die spätesten Endzeitpunkte aller Prozesse teilen die Zeitaschse in $2n-1$ Zeitintervalle. In jedem Zeitintervall ist die Anzahl der zur Verfügung stehenden Prozesse konstant. Ein Prozeß steht in einem Zeitintervall zur Verfügung, wenn seine früheste Startzeit verstrichen und sein spätester Endzeitpunkt noch nicht verstrichen ist.

Die Prozesse sollen auf $m \geq 1$ Prozessoren ausgeführt werden. Jeder Prozessor ist durch seine Geschwindigkeit S_i (für $i=1,2,...,m$) gekennzeichnet.

Die Prozeßmenge P läßt sich nun unter Berücksichtigung der $2n-1$ Zeitintervalle in einen Graphen umwandeln. Hierbei existieren folgende Knoten:

1) Prozeßknoten
   Für jeden Prozeß existiert ein eigener Knoten. Der Graph beinhaltet n Prozeßknoten.
2) Intervallknoten
   Für jedes Zeitintervall existiert ein eigener Knoten. Es existieren $2n-1$ Intervallknoten in dem Graphen.
3) Startknoten
   Der Graph enthält genau einen Startknoten S.
4) Endknoten
   Der Graph beinhaltet genau einen Endknoten T.

Für die Verbindung der Knoten durch Pfeile gilt folgendes:
1) Der Startknoten ist mit jedem Prozeßknoten verbunden, wobei die Verbindungspfeile vom Startknoten ausgehen und bei den Prozeßknoten enden.
2) Jeder Intervallknoten ist mit dem Endknoten verbunden. Die Pfeile gehen von den Intervallknoten aus und enden beim Endknoten.
3) Ein Prozeßknoten ist mit einem Intervallknoten verbunden, wenn der entsprechende Knoten in dem Intervall zur Verfügung steht. Die Pfeile gehen von den Prozeßknoten aus und enden in den Intervallknoten.

Abb. 6-17 zeigt einen Graphen für ein Prozeßsystem mit vier Prozessen.

Jeder Pfeil erhält eine Kantenbeschriftung. Eine Kantenbeschriftung (Fluß) ist eine Abbildung f, die die Menge aller Pfeile in die Menge der nichtnegativen reellen Zahlen abbildet. Mit folgender Definition kann f auf eine Menge X von Pfeilen angewendet werden:

6.5 Scheduling-Algorithmen

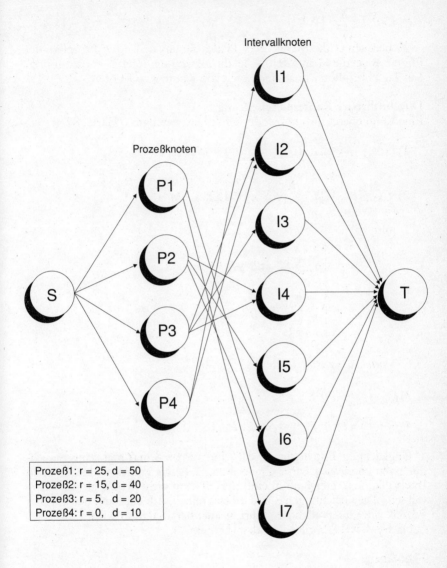

Abb. 6-17: Prozeßgraph

$$f(X) = \sum_{x \in X} f(x)$$

A_i bezeichnet die Menge aller Pfeile, die aus dem i-ten Prozeßknoten führen. B_j sei die Menge der Pfeile, die in den j-ten Intervallknoten führen. Ein Tupel (i,j) bezeichnet einen Pfeil von Knoten$_i$ zu Knoten$_j$.

Durchführbare Kantenbeschriftung
Eine Kantenbeschriftung f ist durchführbar, wenn gilt (/Martel 82/):

1) $f((s,j)) \leq C_j$, C_j : Laufzeit, $j = 1, 2, ..., n$

2) $\forall X \subseteq B_j, f(X) \leq \rho(X), j = 1, 2, ..., 2n-1$

mit:

$$\rho(X) = \begin{cases} \Delta j \sum_{i=1}^{|X|} S_i & \text{falls } |X| < m \\ \Delta j \sum_{i=1}^{m} S_i & \text{falls } |X| \geq m \end{cases}$$

und $\Delta_j = t_{j+1} - t_j$ für $i = 1, ..., 2n-1$

3) $f(s,j) = f(A_j), j = 1, 2, ..., n$

4) $f(j,t) = f(B_j), j = 1, 2, ..., 2n-1$

Ungleichung 1 stellt sicher, daß einem Prozeß maximal seine Berechnungszeit *zugewiesen* wird. Ungleichung 2 beschränkt den Fluß in einen Intervallknoten. Der Fluß in ein Intervall kann nicht größer als das Intervall sein. Die Gleichungen 3 und 4 beschreiben, daß ein Fluß, der in einen Prozeß- oder Intervallknoten führt, wieder herausgeführt wird.

Nach /Martel 82/ gilt folgendes Theorem:

Theorem
Eine durchführbare Prozeßkoordinierung entspricht einem durchführbaren Fluß und ein durchführbarer Fluß entspricht einer durchführbaren Prozeßkoordinierung.

6.5 Scheduling-Algorithmen

Der Wert einer Kantenbeschriftung entspricht der Laufzeit der entsprechenden Prozeßkoordinierung. Somit existiert eine durchführbare Prozeßkoordinierung, falls für den maximalen Fluß F gilt:

$$F = \sum_{i=1}^{n} C_i$$

Scheduling-Algorithmen, die nach dem Verfahren der Flußanalyse arbeiten, ermitteln bei ihren Berechnungen den maximalen Fluß in dem Berechnungsgraphen. Hierzu werden meist bekannte Algorithmen der Graphentheorie verwendet.

Kennzeichen

○ Statischer Scheduling-Algorithmus. Dynamisch kann dieser Scheduling-Algorithmus aus Effizienzgrüünden nicht verwendet werden.
○ Keine dynamische Prozeßerzeugung.
○ Zu einem Prozeß werden der früheste Startzeitpunkt, der späteste Endzeitpunkt und die Laufzeit benötigt.
○ Scheduling-Algorithmus für nichtunterbrechbare Prozesse.
○ Scheduling-Algorithmen, die nach dem Verfahren der Flußanalyse arbeiten, sind nur dann anzuwenden, wenn mehrere Prozessoren zur Verfügung stehen. Für Ein-Prozessorsysteme stellt z.B. das Prozeß-Scheduling nach Zeitschranken eine einfachere und optimale Lösung dar, da lediglich die Endzeitschranken zur Berechnung der Prozeßkoordination verwendet werden.

6.5.6 Prozeß-Scheduling und Fehlertoleranz

Im Abschnitt 4.4 *Fehlertolerante Echtzeitsysteme* stand bei der Fehlertoleranz die Funktionalität von Moduln und Prozessen im Vordergrund. Zeitliche Aspekte sind nicht betrachtet worden. /Liestman, Campbell 86/ erweiterten den Ansatz des fehlertoleranten Systemwurfs auf das Prozeß-Scheduling in dem bei der Fehlertoleranz auch zeitliche Aspekte mit berücksichtigt werden. Das Gebiet Fehlertoleranz und Prozeß-Scheduling steckt noch in den Kinderschuhen und die Zukunft läßt auf neue Konzepte für Echtzeitsysteme hoffen.

Die Kombination von Fehlertoleranz und Prozeß-Scheduling stellt der sogenannte Zeitschranken-Mechanismus *(deadline mechanism)* dar. Er kombiniert das Prozeß-Scheduling mit dem fehlertoleranten *Recovery Block*-Verfahren.

Prozeßmodell
○ Periodische Prozesse mit Periode T und konstanter Laufzeit C.
○ Statische Prozeßmenge
○ Dynamisches Prozeß-Scheduling
○ Ein-Prozessor-Scheduling

Verfahren

Jeder Prozeß wird zweifach realisiert. Zu einem Prozeß gehört eine Prozeßrealisierung A *(primary algorithm)* und eine Prozeßrealisierung B *(alternate algorithm)*. Die Prozeßrealisierung A weist eine *gute* Funktionalität auf. Sie ist jedoch zeitlich kritisch, da bei ihr die Effizienz nicht im Vordergrund steht. Bei ihr ist die Funktionalität ausschlaggebend. Die Prozeßrealisierung B weist eine *gerade noch zu akzeptierende* Funktionalität auf. Sie ist jedoch zeitlich effizienter als die Prozeßrealisierung A.

Ein Scheduling-Algorithmus versucht mit beiden Algorithmen eine **fehlertolerante durchführbare Prozeßkoordinierung** zu erzeugen.

Definition: Fehlertolerante durchführbare Prozeßkoordination
(fault tolerant feasible schedule)
Eine Prozeßkoordination P'= $P_{i1}, P_{i2}, ..., P_{in}$ bzgl. einer Prozeßmenge P = $P_1, P_2, ..., P_n$ heißt **fehlertolerant durchführbar** *(fault tolerant feasible)*, wenn alle Prozesse in der Prozeßmenge so koordiniert sind, daß sie ihre Zeitschranken einhalten. Sie können hierbei durch die Prozeßrealisierungen A oder B bereitgestellt werden.

In diesem Zusammenhang versteht man unter einem **optimalen fehlertoleranten Scheduling-Algorithmus** folgendes:

Optimaler fehlertoleranter Scheduling-Algorithmus *(optimal fault tolerant scheduling algorithm)*
Ein optimaler fehlertoleranter Scheduling-Algorithmus ist ein optimaler Scheduling-Algorithmus, bei dem die Prozeßkoordinierungen eine maximale Anzahl von Prozeßrealisierungen des Typs A beinhalten.

Ziel eines fehlertoleranten Scheduling-Algorithmus ist also die Erstellung einer durchführbaren Prozeßkoordination unter der primären Berücksichtigung der Prozeßrealisierungen des Typs A. Prozeßrealisierungen des Typs B sind nur im *Fehlerfall* zu berücksichtigen.

Die Erzeugung einer fehlertoleranten durchführbaren Prozeßkoordination erfolgt i. allg. in zwei Schritten:

1) Erzeugung einer fehlertoleranten Prozeßkoordinierung für ein festes Zeitintervall
   Hierbei werden für jeden Prozeß **beide** Realisierungen bearbeitet. Die fehlertolerante Prozeßkoordinierung enthält jeden Prozeß zweimal. Bei der Prozeßkoordinierung ist zu beachten, daß jeweils die Prozeßrealisierung A vor der Prozeßrealisierung B berücksichtigt worden ist.

2) Überarbeitung der Prozeßkoordination
   Die erste Prozeßkoordination beinhaltet jeden Prozeß zweimal. Wird jedoch bei der Prozeßausführung die Prozeßrealisierung A erfolgreich ausgeführt, ist die Ausführung der Prozeßrealisierung B nicht sinnvoll. Die Prozeßrealisierung B muß aus der Prozeßkoordination entfernt werden. Durch eine erneute Ermittlung einer Prozeßkoordination kann nun die *gewonnene Zeit* durch die Nichtausführung der Prozeßrealisierung B für die weitere Prozeßkoordinierung genutzt werden.

Kennzeichen

○ Scheduling-Algorithmus für einen Prozessor.
○ Dynamischer Scheduling-Algorithmus. Jedoch ist keine dynamische Prozeßerzeugung erlaubt.
○ Scheduling-Algorithmus für periodische Prozesse mit konstanter Berechnungszeit.
○ Zu jedem Prozeß müssen zwei Realisierungen entworfen werden.

○ Das fehlertolerante Prozeß-Scheduling wird dynamisch zur Programmlaufzeit durchgeführt. Die Ressourcebelegung des Scheduling-Algorithmus muß berücksichtigt werden.

6.6 Literatur

/Chetto, Ghetto 89/
H. Chetto, M. Chetto, *Some results of the earliest deadline scheduling algorithm,* IEEE Transaction on Software Engineering, Vol. 15, Nr. 10, 1989

/Dertouzos 74/
M. L. Dertouzos, *Control robotics: the control of physical processes,* in Proc. IFIP Conf. 1974

/Dertouzos, Mok 89/
M. L. Dertouzos, A. K.-L. Mok, *Multiprocessor on-line scheduling of hard-real-time tasks,* IEEE Transaction on spftware Engineering, Vol. 15, Nr. 12, 1989

/Gonzalez 77/
M. J. Gonzalez, *Deterministic processor scheduling,* Computing Surveys, Vol. 9, Nr. 3, 1977

/Heller 61/
J. Heller, *Sequencing aspects of multiprogramming,* J. ACM Nr. 8, Vol. 3, 1961

/Leinbaugh 80/
D. W, Leinbaugh, *Guaranted response times in a hard-real-time environment,* IEEE Transaction on software Engineering, Vol. 6, Nr. 1, 1980

/Leung, Merrill 80/
J. Y.-T. Leung, M. L. Merrill, *A note on preemptive scheduling of periodic, real-time tasks,* Information processing letters, Vol. 11, Nr. 3, 1980

/Liestman, Campbell 86/
A. L. Liestman, R. H. Campbell, *A fault tolerant scheduling problem,* IEEE Transaction on Software Engineering, Vol. 12, Nr. 11, 1986

/Liu, Layland 73/
C. L. Liu, J. W. Layland, *Scheduling algorithms fpr multiprogramming in a hard-real-time environment,* Journal of the ACM, Vol. 20, Nr. 1, 1973

/Martel 82/
C. Martel, *Preemptive Scheduling with release times, deadlines and due times,* Journal of the Association for Computing Machinery, Vol. 26, Nr. 3, 1982

/Ramamritham, Stankovic et. 90/
K. Ramamritham, J. A. Stankovic, P. Shiah, *Efficient scheduling algorithms for real-time multiprocessor systems,* IEEE Transaction on Parallel and distributed Systems, Vol. 1, Nr. 2, April 1990

6.6 Literatur

/Sha, Goodenough 90/
L. Sha, J. B. Goodenough, *Real-time scheduling theory and Ada*, IEEE Computer, April 1990

/Xu, Parnas 90/
J. Xu, D. L. Parnas, *Scheduling processes with release times, deadlines, precedence, and exclusion relations*, IEEE Transaction on Software Engineering, Vol. 16, Nr. 3, 1990

/Zhao, Ramamritham 85/
W. Zhao,K. Ramamritham, *Distributed scheduling using bidding and focused addressing*, Proc. IEEE Real-time System Symposium, 1987

/Zhao, Ramamrithan et. 87/
W. Zhao, K. Ramamritham, J. A. Stankovic, *Scheduling tasks with resource requirements in hard real-time systems*, IEEE Transaction on Software Engineering, Vol. 13, Nr. 5, 1987

Weiterführende Literatur

/Abbott 84/
C. Abbott, *Intervention schedules for real-time programming*, IEEE Transactions on Software Engineering, Vol. SE-10, No. 3, May 1984

/Agrawala, Tripathi et. 82/
A. K. Agrawala, S. K. Tripathi, G. Ricart, *Adaptive routing using a virtual waiting time technique*, IEEE Transactions on Software Engineering, Vol. SE-8, No. 1, 1982

/Alpern, Schneider 89/
B. Alpern, F.B. Schneider, *Verifying temporal properties without temporal logic*, ACM Transactions on Programming Languages, Vol. 11, No. 1, 1989

/Ancona, Dodera et. 90/
M. Ancona, G. Dodera, V. Gianuzzi, A. Clemantis, E. A. Fernandez, *A system architecture for fault tolerance in concurrent systems*, IEEE Computer, Nr. 10, 1990

/Anderson, Barrett et. 85/
T. Anderson, P. A. Barrett, D. N. Halliwell, M. R. Moulding, *Software fault tolerance: an evaluation*, IEEE Transactions on Software Engineering, Vol. SE-11, No. 12, 1985

/Andrews 83/
G.R. Andrews, F.B. Schneider, *Concepts and notations for concurrent programming*, Computing Surveys, Vol. 15, No. 1, März 1983

/Andrews, Schneider 83/
G. R. Andrews, F. B. Schneider, *Concepts and notations for concurrent programming*, Computing Surveys, Vol. 15, No. 1, 1983

/Avrunin, Dillon et. 89/
G.S. Avrunin, L.K. Dillon, J.C. Wileden, *Experiments with automated constrained expression analysis of concurrent software systems*, Software Engineering Notes, Vol. 14, No. 8, 1989

/Baker, Jeffay 87/
T. P. Baker, K. Jeffay, *Corset and lace, adapting ada runtime support to real-time systems*, Proceedings Real-Time Systems Symposium, Compiler Society of the IEEE, Dec 1-3, 1987

/Bal, Steiner et. 89/
H. E. Bal, J. G. Steiner, A. S. Tanenbaum, *Programming languages for distributed computing systems*, ACM Computing Surveys, Vol. 21, No. 3, September 1989

/Barnes 93/
J. G. P. Barnes, *Programming in Ada*, Addison Wesley, 1993

/Barry 91/
B. M. Barry, *Object-oriented real-time programming systems*, American Programmer, Nr. 10, 1991

/Baumann 84/
R. Baumann, *Datenverarbeitung unter Zeitbedingungen*, Informatik-Spektrum, Nr. 7, 1984

/Baumann 84/
R. Baumann, *Datenverarbeitung unter Zeitbedingungen*, Informatik-Spektrum, Nr. 7, 1984

/Bernard, Duda et. 89/
G. Bernard, A. Duda, Y. Haddad, G. Harrus, *Primitives for distributed computing in a heterogenous local area network environment*, IEEE Transactions on Software Engineering, Vol. 15, No. 12, 1989

/Bhatt, Ramanujan 87/
D. Bhatt, R. Ramanujan, *An instrumented testbed for real-time distributed systems development*, Proceedings Real-Time Systems Symposium, Compiler Society of the IEEE, Dec. 1-3, 1987

/Bidoit, Biebow et. 85/
M. Bidoit, B. Biebow, M.-C. Gaudel, C. Gresse, G.D. Guiho, *Exception handling: formal specification and systematic program construction*, IEEE Transactions on Software Engineering, Vol. SE-11, No. 3, 1985

/Birman, Joseph et. 85/
K.P. Birman, T.S. Joseph, T. Raeuchle, A.E. Abbadi, *Implementing fault-tolrent distributed objects*, IEEE Transactions on Software Engineering, Vol. SE-11, No. 6, 1985

/Black 90/
D. L. Black, *Scheduling support for concurrency and parallelism in the mach operating system*, IEEE Computer, May 1990

/Blake, Schwan 91/
B.A. Blake, K. Schwan, *Experimental evaluation of real-time schedule for a multiprocessor system*, IEEE Transactions on Software Engineering, Vol. 17, No. 1, 1991

/Blumofe, Hecht 88/
R. Blumofe, A. Hecht, *Executing real-time structured analysis specifications*, ACM Sigsoft Software Engineering Notes, Vol. 13, No. 7, 1988

/Bochman 90/
G.v. Bochman, *Protocol specification for osi*, Computer Networks and ISDN Systems 18 (1989/90)

/Bochman 90/
G.v. Bochman, *Specifications of a simplified transport protocol using different formal description techniques*, Computer Networks and ISDN Systems 18 (1989/90)

/Bokhari 81/
S.H. Bokhari, *A shortest tree algorithm for optimal assignments across space and time in a distributed processor system*, IEEE Transactions on Software Engineering, Vol. SE-7 No. 6, November 1981

/Bologna 86/
S. Bologna, N.G. Leveson, *Foreword reliability and safety in real-time systems*, IEEE Transactions on Software Engineering, Vol. SE-12, No. 9, 1986

/Browne, Lee et. 90/
J.C. Browne, T. Lee, J. Werth, *Experimental evaluation of a reusability-oriented parallel programming environment*, IEEE Transactions on Software Engineering, Vol. 16, No. 2, 1990

/Campbell, Kolstad 79/
R. H. Campbell, R. B. Kolstad, *Path expressions in Pascal*, in: Proc. 4th Int. Conf. on Software Eng., IEEE, 1779

/Carriero 89/
N. Carriero, D. Gelernter, *How to write parallel programs: a guide to the perplexed*, ACM Computer Surveys, Vol. 21, No. 3, September 1989

/Chu, Sit et. 91/
W.W. Chu, C.-M. Sit, K.K. Leung, *Task response time for real-time distributed systems with resource constraints*, IEEE Transactions on Software Engineering, Vol. 17, No. 10, 1991

/Computer 90/
Fault-tolerant systems, IEEE Computer Nr. 7, 1990

/Computer 91/
Real-time systems, IEEE Computer Nr. 5, 1991

/Cowell, Thompson 89/
W.R. Cowell, C.R. Thompson, *Tools to aid discovering parallelism and localizing arithmetic in fortran programs*, Software -Practice and Experience, Vol. 20, No. 1, 1989

/Cray, Woodside 90/
D.W. Cray, C.M. Woodside, *The rejection rate for tasks with random arrivals, deadlines, and preemptive scheduling*, IEEE Transactions on Software Engineering, Vol. 16, No. 10, 1990

/Cristian 85/
F. Cristian, *A rigorous approach to fault-tolerant programming*, IEEE Transactions on Software Engineering, Vol. SE-11, No. 1, 1985

/Cristian 91/
E. Cristian, *Understanding fault-tolerant distributed systems*, Communications of the ACM, Vol. 34, Nr. 2, 1991

/Czejdo, Elmasri et. 90/
B. Czejdo, R. Elmasri, M. Rusinkiewicz, *Agraphical data manipulation language for an extended entity-relationship model*, IEEE Computer, No. 3, 1990

/Davis, Vick 76/
C.G. Davis, C. R. Vick, *The software development system*, Requirements-Techniken, SERM, RSL

/de Champlain 90/
M. de Champlain, *Synapse: A small and expressive object-based real-time programming language*, SIGPLAN Notices, Vol. 25, No. 5, 1990

/Distante, Piuri 87/
F. Distante, V. Piuri, *Distributed architecture design to match optimum process allocation: a simulated annealing based approach*, Proceedings Real-Time Systems Symposium ,Computer Society of the IEEE, Dec. 1-3, 1987

/El-Rewini, Lewis 90/
H. El-Rewini, T.G. Lewis, *Scheduling parallel program tasks onto arbitrary target machines*, Journal of parallel and distributed Computing, No. 9, 1990

/Evangelist, Frances et. 89/
M. Evangelist, N. Francez, S Katz, *Multiparty interactions for interprocess communication and synchronization*, IEEE Transactins on Software Engineering, Vol. 15, No. 11, 1989

/Faulk, Parnas 88/
   S. R. Faulk, D. L. Parnas, *On synchronization in hard-real-time systems*, Communications of the ACM, Vol. 31, No. 3, 1988

/Fernandez-Baca 89/
   D. Fernandez-Baca, *Allocating modules to processors in a distributed system*, IEEE Transactions on Software Engineering, Vol. 15, No. 11, 1989

/Finkelstein, waters 89/
   A. Finkelstein, R. C. Waters, *Summary of the requirements elicitation, analysis and formalization track*, ACM Sigsoft Software Engineering Notes, Vol. 14, No. 5, 1989

/Gabrielian, Franklin 90/
   A. Gabrielian, M.K. Franklin, *Multi-level specification and verification of real-time software*, 12th International Conference on Software Engineering, 1990, Nizza

/Garey, Graham 75/
   M.R. Garey, R.L. Graham, *Bounds for multiprocessor scheduling with resource constraints*, SIAM J. Comput., Vol. 4, No. 2, June 1975

/Garey, Johnson 76/
   M. R. Garey, D. S. Jonhson, *Scheduling Tasks with nonuniform deadlines on two processors*, Journal of the ACM, Vol. 23, Nr. 3, 1976.

/Gonzalez, Sahni 76/
   T. Gonzalez, S. Sahni, *Open shop scheduling to minimize finish time*, Journal of the Association for Computing Machinery, Vol. 23, No. 4, October 1976

/Gonzalez, Sahni 78/
   T. Gonzalez, S. Sahni, *Preemptive scheduling ofuniform processor systems*, Journal of the Association for Computing Machinery, Vol. 25, No. 1, 1978

/Griffin, Wasserman et. 88/
   J.H. Griffin, H.J. Wasserman, L.P. McGravran, *A debugger for parallel processes*, Softawre - Practice and Experience, Vol. 18, No. 12, 1988

/Gupta, Soffa 90/
   R. Gupta, M.L. Soffa, *Region scheduling: an approach for detecting and redistributing parallelism*, IEEE Transactions on Software Engineering, Vol. 16, No. 4, 1990

/Haban, Wybranietz 90/
   D. Haban, D. Wybranietz, *A hybrid monitor for behavior and performance analysis of distributed systems*, IEEE Transactions on Software Engineering, Vol. 16, No. 2, 1990

/Hac, Mutlu 89/
   A. Hac, H.B. Mutlu, *Synchronous optical network and broadband isdn protocols*, IEEE Computer, No. 11, 1989

/Haigh, Kemmerer et. 87/
   J.T. Haigh, R.A. Kemmerer, J. McHugh, W.G. Young, *An experience using two covert channel analysis techniques on a real system design*, IEEE Transactions on Software Engineering, Vol. SE-13, No. 2, 1987

/Hansen 75/
   P. B Hansen, *The programming language concurrent pascal*, IEEE Transactins on Software Engineering, Vol. SE-1, No. 2, June 1975

/Harel 88/
   D. Harel, *On visual formalisms*, Communications of the ACM, Vol. 31, No. 5, 1988

/Hecht 76/
H. Hecht, *Fault-tolerant software for real-time applications*, Computing Survey, Vol. 8, No. 4, December 1976

/Hemmendinger 90/
D. Hemmendinger, *Specifying ada server tasks with executable formal grammars*, IEEE Transactions on Software Engineering, Vol. 16, No. 7 1990

/Hendricksen 89/
C. S. Hendrickson, *Augmented state-transition diagrams for reactive software*, ACM Sigsoft, Software Engineering Notes, Vol. 14, No. 6, October 1989

/Henn 78/
R. Henn, *Antwortzeitgesteuerte Prozessorverteilung unter stremgem Zeitbedingungen*, Computing, Nr. 19, 1978

/Herrtwich 89/
R.G. Herrtwich, *Echtzeit*, Informatik-Spektrum, Nr. 12, 1989

/Herzog, Reisig et. 84/
O. Herzog, W. Reisig, R. Valk, *Petri-Netze: ein Abriß ihrer Grundlagen und Anwendungen*, Informatik-Spektrum, Nr.7, 1984

/Hochbaum 87/
D.S. Hochbaum, D.B. Shmoys, *Using dual approximation algorithms for scheduling problems: theoretical and practical results*, Journal of the Association for Computing Machinery, Vol. 34, No. 1, 1987

/Höffner 89/
G. Höffner, L. Sator, *Eine Sprache für alle Phasen*, SICOMP-Info, Nr. 4, 1989

/Horn 74/
W. Horn, *Some simple scheduling algoritms*, Naval Res. Log. Q. 21, 1974

/Horowitz, Sahni 76/
E. Horowitz, S. Sahni, *Exact and approximate algoritms for scheduling nonidentical processors*, Journal of the ACM, Vol. 23, Nr. 2, 1976

/Houstis 90/
C. E. Houstis, *Module Allocation of real-time applications to distributed systems*, IEEE Transaction of Software Engineering, Vol. 16, Nr. 7, 1990

/Howes, Weaver 89/
N.R Howes, A.C. Weaver, *Measurements of ada overhead in osi-style communications systems*, IEEE Transactins on Software Engineering, Vol. 15, No. 12, 1989

/Huang 90/
S.-T. Huang, *A distributed deadlock detection algorithm for csp-like communication*, ACM Transactions on Progrmming Languages and Systems, Vol. 12, No. 1, 1990

/Iyer 89/
V.R Iyer, H.A. Sholl, *Software partitioning for distributed, sequential, pipelined applications*, IEEE Transactions on Software Engineering, Vol. 15, No. 10, 1989

/Jahanian, Mok 86/
F. Jahanian, A.K.-L. Mok, *Safety analysis of timing properies in real-time systems*, IEEE Transactions on Software Engineering, Vol. SE-12, No. 9, 1986

/Karam, Stanczyk et. 89/
G.M. Karam, C.M. Stanczyk, G.W Bond, *Critical races in ada programs*, IEEE Transactins on Software Engineering, Vol.15, No. 11, 1989

/Kavi 92/
K. M. Kavi, *Real-time Systems*, IEEE Computer society Press 1992

/Kim 89/
K.H.K. Kim, *An approach to experimantal evaluation of real-time fault-tolerant distributed computing schemes*, IEEE Transactions on Software Engineering, Vol. 15, No. 6, 1989

/Kirner 91/
T. G. Kirner, *Real-time systems specification: A process and a tool*, ACM Sigsoft Software Engineering Notes, Vol. 16, Nr. 1, 1991

/Kuo, Karimi 88/
F.-Y. Kuo, J. Karimi, *User interface design from a real time response perspective*, Comunications os the ACMVol. 31, No. 12., 1988

/Laranjeira 90/
L. A. Laranjeira, *Softawre size estimation of object-oriented systems*, IEEE Transactions on Software Engineering, Vol. 16, No. 5, 1990

/Lawler, Labetoule 78/
E.L. Lawler, L. Labetoule, *On preemptive scheduling of unrelated parallel processors by linear programming*, Journal of the Association for Computing Machinery, Vol. 25, No. 4, October 1978

/Lawler, Martel 81/
L. Lawler, U. Martel, *Scheduling periodically occurring tasks on multiple processors*, Information Processing Letters, Vol. 12, No. 1, February 1981

/Leveson, Melhart 89/
N. G. Leveson, B.E. Melhart, *Real-time, embedded and reactive systems session summary*, ACM Sigsoft Software Engineering Notes, Vol. 14, No. 5, 1989

/Leveson 91/
N. G. Leveson, *Software safety in embedded systems*, Communitcations of the ACM, Vol. 34, Nr. 2, 1991

/Levi 81/
P. Levi, Betriebssysteme für Realzeitanwendungen, Datakontext-Verlag, 1981

/Levi, Agrawala 90/
S.-T. Levi, A. K. Agrawala, *Real-time system design*, McGraw-Hill Publishing Company, 1990

/Levy, Tempero 91/
H.M. Levy, E.D. Tempero, *Modules, objects and distributed programming: issues in rpc and remote object invocation*, Software - Practice and Experience, vol. 21, No. Jan. 1991

/Liang 90/
L. Liang, S.T. Chanson, G.W. Neufeld, *Process groups and group communications: classifications and requirements*, COMPUTER, No. 2, 1990

/Liu, Shyamasundar 90/
L.Y. Liu, R.K. Shyamasundar, *Static analysis of real-time distributed systems*, IEEE Transactions on Software Engineering, Vol. 16, No. 4, 1990

/Ma, Lee et. 82/
P.Y.R. Ma, E.Y.S. Lee, M. Tsuchiya, *A task allocation model for distributed computing systems*, IEEE Transactions on Computers, Vol. C-31, No. 1, 1982

/Manacher 67/
G.K. Manacher, *Production and stabilization of real-time task schedules*, Journal of the Association for Computing Machinery, Vol. 14, No. 3, July 1967

//Mok, Amerasinghe et. 87/
A. K. Mok, P. Amerasinghe, M. Chen, S. Sutanthavibul, K. Tantisirivat, *Synthesis of a real-time message processing system with data-driven timing constraints*, IEEE Proceedings Real-Time Systems Symposium, Dez. 1987

/Ostroff, Wonham 87/
J.S. Ostroff, W.M. Wonham, *Modelling specifying and verifying real-time embedded computer systems*, Proceeding Real-Time Systems Symposium, Compiler Society of the IEEE, Dec. 1-3, 1987

/Ostroff 90/
J. S. Ostroff, *Deciding properties of timed transition models*, IEEE Transactions on Parallel an distributed Systems, Vol. 1, No. 2, 1990

/Perry 89/
D. E. Perry, *Session Report: abstraction and structure*, ACM Sigsoft Software Engineering Notes, Vol. 14, No. 5, 1989

/Peterson 77/
J. L. Peterson, *Petri nets*, Computing Surveys, Vol. 9, No. 3, 1977

/Pham 92/
H. Pham, *Fault Tolerant Software Systems – Techniques and Applications*, IEEE computer society Press, 1992

/Pinter, Wolfstahl 87/
S. S. Pinter, Y. Wolfstahl, *On mapping processes to processors in distributed systems*, International Journal of Parallel Programming, Vol. 16, No. 1, 1987

/Qin, Sholl 90/
B. Qin, H.A. Sholl, *A tool to minimize the time costs of parallel computations through optimal processing power application*, Software - Practice and Experience, Vol. 20(3), No. 3, 1990

/Rajlich 87/
V. Rajlich, *Refinement methodology for ada*, IEEE Transactins on Software Engineering, Vol. SE-13, No. 4, 1987

/Ramamritham, Stankovic 84/
K. Ramamritham, J.A. Stankovic, *Dynamic task scheduling in hard real-time distributed systems*, IEEE Software, July 1984

/Razouk, Gorlick 89/
R.R. Razouk, M.M. Gorlick, *A real-time interval logic for reasoning about executions of real-time programs*, Software Engineering Notes, Vol. 14, No. 8, 1989

/Real-time systems symposium 87/
Proceedings:Real-time systems symposium, IEEE Computer Society Press, 1987

/Real-time systems symposium 88/
Proceedings:Real-time systems symposium, IEEE Computer Society Press, 1988

/Real-time systems symposium 89/
 Proceedings:Real-time systems symposium, IEEE Computer Society Press, 1989
/Rice, Siegel 82/
 T.A. Rice, L.J. Siegel, *A parallel algorithm for finging the roots of a polyniomial*, Proceedings Second Workshop on Software Testing, Verification, and Analysis, Computer Society of the IEEE, July 1988
/Richter 84/
 G. Richter, *Netzmodelle für die Bürokommunikation*, Informatik-Spektrum, Nr. 7, 1984
/Robinson 88/
 P.J. Robinson, *HOOD MANUAL*, CISI Engineering, 1988
/Roman, Babb 89/
 G.-C. Roman, R. Babb, *Concurrency, coordination, and distribution*, ACM Sigsoft Software Engineering Notes, Vol. 14, No. 5, 1989
/Sahni, Cho 79/
 S. Sahni, Y. Cho, *Nearly on line scheduling of a uniform processor system with release times*, SIAM Journal of computing, Vol. 8, 1979
/Sahni, Cho 80/
 S. Sahni, Y. Cho, *Scheduling independet tasks with due times on a uniform processor system*, Journal of the Association for Computing Machinery, Vol. 27, No. 3, July 1980
/Schlichting 85/
 R.D. Schlichting, *A technique for estimating performance of fault-tolerant programs*, IEEE Transactions on Software Engineering, Vol. SE-11, No. 6, 1985
/Schrott 84/
 G. Schrott, *Fallstudie: Ein zeitkritischer Prozeß*, Informatik-Spektrum Nr. 7, 1984
/Schulz 88/
 A. Schulz, *CAS(E)-Systeme, ein Statusbericht*, AI, Nr. 12, 1988
/Serlin 72/
 O. Serlin, *Scheduling of time critical processes*, Spring Joint Computer Conference, 1972
/Shatz, Wang 89/
 S. M. Shatz, J.-P. Wang, *Distributed software engineering*, IEEE Computer Society Press, 1989
/Shaw 89/
 A.C. Shaw, *Reasoning about time in higher-level language software*, IEEE Transactions on Software Engineering, Vol. 15, No. 7, 1989
/Shepard, Gayne 91/
 E. Shepard, J.A.M. Gayne, *A pre-run-time scheduling algorithm for hard-real-time systems*, IEEE Transactions on Software Engineering, Vol. 17, No. 7, 1991
/Shi, Prywes et. 87/
 Y. Shi, N. Prywes, B. Szymanski, A. Pnuelli, *Very high level concurrent programming*, IEEE Transactions on Software Engineering, Vol. SE-13, No. 9, 1987
/Shieh, Ghosal et. 90/
 Y.-B. Shieh, D. Ghosal, P.R. Chintamaneni, S.K. Tripathi, *Modeling of hierarchical distributed systems with fault-tolerance*, IEEE Transactions on Software Engineering, Vol. 16, No. 4, 1990

Weiterführende Literatur

/Shin, Krishna 89/
K.G. Shin, C.M. Krishna, Y.-H. Lee, *Optimal dynamic control of resources ina distributed system*, IEEE Transactions on Software Engineering, Vol. 15, No. 10, 1989

/Silverman, Stuart 89/
R.D. Silverman, S.J Stuart, *A distributed batching system for parallel processing*, Software-Practice and Experience, Vol. 19(12), 1989

/Singhal 89/
M. Singhal, *Deadlock detection in ditributed systems*, Computer, No. 11, 1989

/Sneed 88/
H.M. Sneed, *State coverage of embedded realtime programs*, Proceedings Second Workshop on Software Testing, Verification, and Analysis, IEEE 1988

/Stankovic, Ramamritham 85/
J.A. Stankovic, K. Ramamritham, S. Cheng, *Evaluation of flexible task scheduling algorithm for distributed hard real-time systmes*, IEEE Transactions on Computers, Vol. c-34, No. 12, 1985

/Stankovic, Ramamritham 91/
J. A. Stankovic, K. Ramamritham, *Hard real-time systems*, IEEE Computer Society Press, 1991

/Steusloff 84/
H.U. Steusloff, *Realzeit-Programmiersprachen*, Informatik-Spektrum, Nr. 7, 1984

/Stoll 90/
J. Stoll, *Fehlertoleranz in vertzeilten Realzeitsystemen*, Springer Verlag 1990

/Stoyenho, Hansacher et. 91/
A.D. Stoyenho, V.C. Hansacher, R.C. Holt, *Analyzing hard-real-time programs for guaranteed schedulbility*, IEEE Transactions on Software Engineering, Vol. 17, No. 8, 1991

/Theilmann 84/
B. Theilmann, *Schnittstellenbetrachtungen bei der Ankopplung eines Prozeßrechners an ein technisches System*, Informatik-Spektrum, Nr. 7, 1984

/Tsai, Fang et. 90/
J.J.P. Tsai, K.-Y. Fang, H.-Y. Chen, *A noninvasive architecture to monitor real-time distributed systems*, IEEE Computer, No. 3, 1990

/Tseng, Szymanski 86/
J.S. Tseng, B. Szymanski, Y. Shi, N.S. Prywes, *Real-time software life cycle with the model system*, IEEE Transactions on Software Engineering, Vol SE-12, No. 2, 1986

/van den Bos, Plasmeijer et. 83/
J. van den Bos, M.J. Plasmeijer, P.H. Hartel, *Input-output tools: a language facility for interactive and real-time systems*, IEEE Transactions on Software Engineering, Vol. SE-9, No. 3, May 1983

/Wegner, Smolka 83/
P. Wegner, S.A. Smolka, *Processes, tasks, and monitors: a comparative study of concurrent programming primitives*, IEEE Transactins on Software Engineering, Vol. SE-9, No. 4, 1983

/Wilson 89/
G.A. Wilson, *Generic parameters in occam*, Software-Practice And Experience, Vol. 19(11), November 1989

/Wirth 77/
N. Wirth, *Toward a discipline of real-time programming*, Communications of the ACM, Nr. 8, 1977

/Wojcik, Wojcik 89/
B.E. Wojcik, Z.M. Wojcik, *Sufficient condition for a communication deadlock and distributed deadlock detection*, IEEE Transactins on Software Engineering, Vol. 15, No. 12, 1989

/Woodbury, Shin 90/
M.H. Woddbury, K.G. Shin, *Measurement and analysis of workload effects on fault latency in real-time systems*, IEEE Transactions on Software Engineering, Vol. 16, No. 2, 1990

/Woodcock 89/
J.C.P. Woodcock, *Formal techniques & operational specifications*, ACM Sigsoft Software Engineering Notes, Vol. 14, No. 5, 1989

/Woodside, Craig 87/
C. M. Woodside, D. W. Craig, *Local non-preemptive scheduling policies for hard real-time distributed systems*, IEEE Proc. Real-Time Systems, 1987

/Young, Taylor et. 89/
M. Young, R.N. Taylor, K. Forester, D. Brodbeck, *Integrated concurrency analysis in asoftware development environment*, Software Engineering Notes, Vol. 14, No. 8, 1989

/Zhao 86/
W. Zhao, *A heuristic approach to scheduling hard real-time tasks with resource requirements in distributes systems*, Ph. D. Dissertation Univ. Massachusetts, Amherst, 1986

Kurzbiographie

Dipl.-Inform. Thomas Hüsener, Ruhr-Universität Bochum; Wissenschaftlicher Mitarbeiter am Lehrstuhl für Software-Technik von Prof. Dr.-Ing. Helmut Balzert; Studium der Informatik an der Universität Dortmund mit Nebenfach Elektrotechnik.

Arbeitsschwerpunkte: Entwurf von komplexen Echtzeitsystemen unter Berücksichtigung von objektorientierten Ansätzen.

Personenregister

Anderson 165, 174 - 175, 177
Andler 66
Andrews 78, 121
Avizienis 169
Backus 83, 124
Balzer 72
Balzert 26, 93 - 94, 109, 141 - 142, 183, 215
Belsnes 272
Bernstein 73
Boehm 21
Booch 26, 96, 105, 128, 150, 265
Buhr 128, 130, 150, 157, 241
Campbell 66, 332
Chanson 145, 148
Coffman 195
Constantine 215
Convay 42, 44
Cooling 96, 226, 234
Dahl 44
Dahle 272
Dennis 42
Dertouzos 290, 292, 314
Dertozous 292
Dijkstra 43, 56, 63, 74
Etzrodt 23, 163
Finkelman 96, 101, 110, 205, 211
Flon 66
Gault 172, 178
Gehani 33
Gelernter 73
Ghetto 308
Gilb 21
Gomaa 96, 101, 110, 212, 215
Gonzalez 191, 195, 280
Goodenough 295, 300 - 302, 305

Habermann 66
Hansen 61 - 63, 78
Heitz 234
Heller 280
Herrtwich 36
Hoare 61, 63
Hochgrefe 203
Holding 175
Hommel 36
Jackson 109
Kale 82
Knight 165, 174 - 175, 177
Kohonen 83
Koo 172
Krishnan 82
Laplante 17
Lau 82
Lauer 66
Layland 290 - 291, 296, 311
Leinbaugh 279
Leler 83, 121, 124
Leung 292 - 293
Liang 145, 148
Liestman 332
Liggesmeyer 162
Liu 290 - 291, 296, 311
Martel 330 - 331
McGettrich 33
Mendelbaum 96, 101, 110, 205, 211
Merril 292 - 293
Mok 290, 292, 314
Mølner-Pedersen 272
Muntz 195
Myers 26, 94, 109, 215
Nielsen 96, 101, 109 - 110, 126,

128, 243, 250
Nygaard 44
Parnas 36, 290, 320, 325 - 327
Peterson 54
Ramamrithan 286
Ritchie 43
Rockstrøm 203
Scott 172, 178
Sha 295, 300 - 302, 305
Shaw 54
Shields 66
Shumate 96, 109 - 110, 126, 243, 250
Singh 82
Sneidewind 77, 125

Stankovic 18, 286
Steven 215
Syrbe 23, 161, 163
Tanenbaum 77, 125
Taylor 96, 215
Thompson 43
Toueg 172
Tyrell 175
van Horn 42
van Renesse 77, 125
Wirth 44, 63, 65
Xu 36, 290, 320, 325 - 327
Yourdon 215
Zhao 286, 290

Sachregister

Abstrakte Ressourceabstraktion 96, 105
Abstrakter Datentyp 96, 228
Abstraktion 26
Abstraktionsniveau 98
Accept-Anweisung 80
Access point 220
Activation rules 208
Active processing subsystem 218
Ada 116
Ada-Prozeßdiagramm 246
ADT 96, 228
Agent 150
Agent-Prozeß 157
Aktion 96
Aktionator 286
Aktions-Symbol 200
Aktionsabstraktion 96
Aktionsbindung 114
Aktives Element 122
Aktives Warten 32, 52 - 53, 120
Akzeptanztest 172, 287
Algorithmus, verzahnt 112
Alternate algorithm 333
Änderbarkeit 23
Antwortzeitverhalten 289
Anwendungsgebiet 17
Any-State-Symbol 203
Aperiodic server 301
Asynchrone Kommunikation 33, 70, 80, 119
Auftraggeber/Auftragnehmer-Modell 72 - 73
Ausgabe-Symbol 200
Ausgangs-Entwurfsdiagramm 218
Ausgangsprotokoll 54

Backtracking-Verfahren 320
Baumstrukturierung 141
Bedienungsfehler 161
Bedingte Ausführung 75
Bedingte Kommunikation 75
Bedingte kritische Gebiete 32, 52, 61, 120
Bedingungssynchronisation 50, 55, 59, 61, 63, 68, 75, 81, 87
Berechnungsreihenfolge 319
Betrieb, eingeschränkt 163
Betriebsmittelgruppe 61
Bidder 286
Bidirektionale Kommunikation 128, 151
Binärer Semaphor 57
Bindung, funktional 109
Bindung, informal 109
Bindung, kommunikativ 109
Bindung, logisch 109
Bindung, prozedural 109
Bindung, sequentiell 109
Bindung, zeitlich 109
Bindung, zufällig 109
Bindungsart 109
Block 196
Blockdiagramm 196
Blockspezialisierung 271
Boolesche Bedingung 61
Botschaftenkommunikationsmodul 214
Botschaftenkonzept 31, 49, 69
Botschaftentransparenz 147
Bottom-up 184
Branch-and-Bound-Scheduling-Algorithmen 293, 319

Breadth-first-search 324
Breitendurchlauf 324
Briefkasten 73, 159
Broadcast 71, 74, 125
Bug 162
Busy waiting 32, 52 - 53

C++ 82
CAM 83
CASDA 203
CCITT 196
Channel 70
Client-server-model 72 - 73
Clock-drifting 148
Clouds 239
Cobegin 42 - 43
Computation time 37
Concurrent Smalltalk 82
Conditional critical section 61
Consensus-Recovery-Block-
  Verfahren 168, 178
Content addressable memory 83
Context diagram 218
Conversation 175
Conversation-Konzept 168, 175
Crash 162
Cross-check-points 170

DARTS 211
Data dictionary 212
Data flow interface 208
Data store 212
Dateirestaurierung 150
Dateisystem, gespiegelt 150
Datenabstraktion 26, 93, 96, 104
Datenbank, echtzeitfähig 19
Datenbank, verteilt 149
Datenbereichselemente 218
Datenflußanalyse 206
Datenflußdiagramm 212, 243
Datenflußschnittstelle 208

Datenkonsistenz 148
Datenserver 154
Datentransfer 125
Datentransport 158
Deadline 37
*Deadline driven scheduling
  algorithm* 307
Deadline mechanism 332
Deadlock 136
Definition 21
Definitionsphase 21
Depth-first-search 324
*Design approach for real-time
  systems* 211
Detailed design 236
Detaillierter Entwurf 236
Device-Programmierung 18
Dienst 152
Direct naming 70
Direkte Adressierung 70 - 71
Dispatcher 153, 286
Domino-Effekt 174
Durchdringende Fehler 165
Durchführbar 290
Durchführbare Prozeßko-
  ordinierung 290
Dynamic priority 278
Dynamische Prozeßerzeugung 282
Dynamischer Scheduling-
  Algorithmus 282 - 283
Dynamisches Prozeß-Scheduling
  279
Dynamisches Scheduling-
  Algorithmus 286

Earliest deadline 292, 307
*Earliest deadline scheduling
  algorithm* 292, 307
Echtzeitbetrieb 17
Echtzeitsystem 17, 19
Echtzeitsys., ereignisgesteuert 36

Echtzeitsystementwurf 18
Edges-In 184
Effektivität 24
Effektivität im Großen 24
Effektivität im Kleinen 24
Ein-Prozessorsystem 123
Eingabe-Symbol 199
Eingabedaten 97
Eingangsprotokoll 54
Elementare Operation 98
Empfängerprozeß 128
Empfangsanweisung 70
Endknoten 193, 328
Entfernte Prozedur 33, 77
Entity Abstraction 227
Entry 79, 101, 239
Entscheidungs-Symbol 200
Entscheidungsalgorithmus 169
Entwurf 21
Entwurfsmethode 20, 26, 29, 141
 - 142, 183
Entwurfsmethode nach Booch 250
Entwurfsmethode nach Buhr 234
Entwurfsmethode nach Nielsen 242
Entwurfsmethode, datenorientiert 186
Entwurfsmethode, funktionsorientiert 186
Entwurfsmethode, objektorientiert 186
Entwurfsmethode, problemabhängig 184
Entwurfsmethode, problemunabhängig 184
Entwurfsphase 21
Entwurfsprinzip 20
Entwurfsprozeß 25
Entwurfssprache 252
Entwurfsziel 18, 22, 93
Ereignisgesteuerter Prozeß 282

Ergebnis-Symbol 200
Ergebnisvariable 82
Ergonomische Benutzungsoberfläche 161
Erreichbarkeit 149
Error 162
Eval-Operation 86
Exchange-Konzept 168, 177
Explizite Strukturierung 141
Explizite Synchronisation 80
Explizites Warten 81
External 165
Externe Fehler 165
Externes Speichermedium 172
Extrapolation 167

Fail soft 163
Failure 162
Fault 162
Fault tolerant feasible 333
Fault tolerant feasible schedule 333
Feasible 290
Feasible schedule 290
Fehler 160, 162
Fehlerausprägung 162
Fehlerbehandlung 164, 167
Fehlerbehebung 23, 167
Fehlerbehebungsstrategie 162
Fehlerdiagnose 164 - 165
Fehlerfortpflanzung 168
Fehleridentifizierung 162
Fehlerklassifizierung 165
Fehlerlokalisierung 162, 166
Fehlermaskierung 167
Fehlertolerant durchführbar 333
Fehlertolerante Hardware 161
Fehlertolerante Software 161
Fehlertoleranz 23, 39, 94, 159, 293, 332
Fehlertoleranz, Definition 163
Fehlerursache 162

Feinentwurf 22
Fenster 220
Field 259
Fixed priority 278
Flaschenhals 24
Flüchtige Fehler 162
Fluß 330
Fluß, maximal 331
Flußanalyse 293, 328
Fork 42
Frühester Startzeitpunkt 37
Functional abstraction 227
Funktion, linear 325
Funktionale Abstraktion 26, 93, 96, 99
Funktionale Bindung 26, 93
Future variable 82
Futures-Konzept 82

Gantt-Chart 280
Geheimnisprinzip 26, 93
Gemeinsame Speicherbereiche 31 - 32, 49, 119
Gemeinsame Variable 49
Gesamtberechnungszeit 279, 322
Geschlossener Pfadausdruck 68
Global design 235
Global naming 71
Globale Adressierung 71, 73
Globaler Entwurf 235
Graceful degradation 163
Graph 328
Graph, gerichtet 143
Grobentwurf 21, 29, 277
Gruppenkomponente 147
Gruppenmitglieder 147
Gruppenmitgliedsprozeß 149
Guarded command 74
Güte, Modularisierung 109

Hardware interface element 219
Hardwarearchitektur 123 - 124, 140
Hardwareausfall 163
Hardwareschnittstellenelement 219
Harte Zeitschranken 31, 38
Heuristik 324
Heuristischer Scheduling-Algorithmus 280, 284
Hierarchical coroutines 45 - 46
Hierarchical object oriented design 226
Hierarchische Koroutine 45 - 46
Hierarchische Strukturierung 141
Hierarchisierung 26
Hintergrundbearbeitung 302
Hintergrundprozeß 301
HOOD 226
Hybrid task 246

Idle time 309
Implementierung 21
Implizite Synchronisation 41 - 42
In-Operation 85
Informale Bindung 26, 93
Informale Prozeßbindung 115, 117
Information hiding module 214
Inhalts-adressierbarer Speicher 83
Initial design diagram 218
Inkarnation 105
Inkrementelles Entwicklungsmodell 21
Integrierte Dokumentation 26
Inter-Prozeßkommunikation 144
Interaktionsdiagramm 196
Intercommunication data area 218
Intermittente Fehler 162
Interne Fehler 165
Internes Gedächtnis 115

Interruptereignis 209
Interruptprogrammierung 18
Intervallgrenze 310
Intervallknoten 328
Intra-Prozeßkommunikation 144

Join 42
Junior-Ebene 228

Kanal 70
Kanaltyp 33
Kanaltyp, direkt 33
Kanaltyp, global 33
Kantenbeschriftung 330
Kantenbeschriftung, durchführbar 330
Kellerspeicher 106
Klassenbeziehung 255
Klassendiagramm 253
Kommentar-Symbol 200
Kommunikation 49, 51, 53, 55, 57, 59, 61, 63, 65, 67, 69, 71, 73, 75, 77, 79, 81, 83, 85, 87
Kommunikation, 1:1 131
Kommunikation, 1:N 133
Kommunikation, N:1 132
Kommunikation, N:M 133
Kommunikationsart 121
Kommunikationskanal 33, 70
Kommunikationskomponente 100
Kommunikationspartner 100
Kommunikationspunkt 79, 101 - 102
Kommunikationsquittierung 151
Kommunikationsschnittstelle 41, 105
Kommunikative Prozeßbindung 113
Komplexe Echtzeitsysteme 18 - 19
Komplexes Echtzeitsystem 19
Kontrollfluß 35

Koordinator 286
Kopplung, lose 158
Koroutine 40, 44 - 45
Koroutine mit Parametern 45, 48
Korrektheit 160
Kritisches Gebiet 50, 53

Laufzeit 37
Laxity 38, 314
Lebensdauer 18
Linda 83
Local area network 125
Logischer Entwurf 251
Lokalität 26
Lokalitätsprinzip 83

Mailbox 71, 73, 159
Manager 150, 157
Manager-Prozeß 157
MASCOT 216
Master 154
Master-Slave-Prozeßgruppe 149 - 150
Master-Worker-Prozeßgruppe 150
Mehr-Prozessorsystem 123
Mehrfache Ermittlung 165 - 166
Mehrfaches Warten 133
Mehrfachverwendung 26
Message communication module 214
Message passing 69
Metaklasse 253
Methode 29
Methoden 19
Methodik 17
Middle-Out 184
Mitgliedsprozeß 149
Mixed scheduling algorithm 278
Modula-2 44, 65
Modularisierung 26
Modularisierungsprinzip 93
Moduldiagramm 261

Modulkommunikation 126
Monitor 32, 33, 63, 101, 103, 120
Monitorkonzept 52
Multicast 71, 74, 125
Multimenge 83

N-Botschaftensendung 125
N-Typ-Prozeduraufruf-Symbol 200
N-Typ-Prozedurstart-Symbol 200
N-version-programming 169
N-Versionen-Programmierung 168 - 169
Namenstransparenz 147
Nebenläufige Echtzeitsysteme 29
Nebenläufige Programmiersprache 82
Nebenläufiger Block 43
Nebenläufigkeit 31, 100
Netwerk-Entwurf 218
Network design 218
Netzstrukturierung 141
Netzwerk 123
Netzwerkdiagramm 221
Netzwerkelement 223
Neustart 173
Nichtperiodischer Server 301
Nichtzyklische Prozesse 31, 35
Non-preemptive 289
NP-vollständig 280, 285, 293

Object definition skelton 232
Objektbeziehung 257
Objektdiagramm 256
Objektgruppe 144
Objektorientierte Analyse 250
Offener Pfadausdruck 68
On line scheduling 282
Optimal fault tolerant scheduling algorithm 333

Optimal scheduling algorithm 291
Optimaler Scheduling-Algorithmus 291
Ordnung, linear 143
Ordnung, strikt 143
OSDL 203, 265
Out-Operation 84
Overflow 64, 106
Overhead 123, 283 - 284
Overload 299

P-Operation 56
Parallelität im Kleinen 41
Parameterbehaftete Koroutine 45
Partielle Prozeßkoordinierung 279, 282
Passeeren 56
Passives Element 122
Path 220
Path expression 66
PDL 252
Perfektion 160
Performance-Engineering 18
Periodentransformation 300
Permanente Fehler 162
Pfad 220
Pfadausdruck 32 - 33, 52, 66, 101, 103, 120
Phasenmodell 21
Physikalische Fehler 161
Physikalischer Entwurf 251
Plausibilitätskontrolle 165
Polling 19, 302
Port 33, 70, 72
Pre-run-time-scheduling 282, 307
Precedence relation 319
Preemptive 289
Primary algorithm 333
Prinzip 25, 29, 93 - 94, 96, 98, 100, 102, 104, 106, 108, 110, 112, 114, 116, 118, 120, 122,

124, 126
Prinzip, Definition 93
Prinzipien 19
Prioritäten 277
Prioritäten-Protokoll 305
Prioritäteninversion 303
Prioritätenvergabe 18, 278, 305
Priority 277
Priority ceiling protocol 305
Problemgerechte Daten-
  kommunikation 126
Problemgerechte Prozeß-
  identifikation 94, 96 - 97,
  99, 101, 103, 105, 107, 109,
  111, 113, 115, 117
Problemgerechte Prozeß-
  kommunikation 94
Program design language 252
Programmablauf 35
Programmiersprache 82
Programmverifikation 160
Prozedurspezialisierung 271
Prozeß 31, 33, 35, 37, 39, 41, 43,
  45, 47, 49
Prozeß, Definition 33
Prozeß, ereignisgesteuert 35, 283
  - 284
Prozeß, nichtunterbrechbar 289
Prozeß, nichtzyklisch 289
Prozeß, unterbrechbar 283, 289
Prozeß, zyklisch 289
Prozeß-Scheduling 277
Prozeß-Scheduling nach Spiel-
  raum 293, 314
Prozeß-Scheduling nach Zeit-
  schranken 292 - 293, 307
Prozeß-Scheduling, heuristisch
  285
Prozeß-Scheduling, optimal 285
Prozeß-Sched. verteilt 285 - 286
Prozeß-Scheduling, zentral 285

Prozeß-Spielraum 314
Prozeßabarbeitungsreihenfolge
  277, 278
Prozeßabstraktion 41
Prozeßabzweigung 42
Prozeßaktivierung 35, 100, 283,
  287
Prozeßaktivierungsregel 208
Prozeßart 31
Prozeßauslagerung 282
Prozeßauslöser 97
Prozeßbeendigung 283
Prozeßbeschreibung 108
Prozeßbindung 96, 109
Prozeßbindung nach Zeit-
  schranken 113
Prozeßdarstellungsform 40
Prozeßdeklaration 40 - 41
Prozeßdiagramme 263
Prozeßentwurf, intern 215
Prozeßerzeugung 42, 100, 283
Prozeßerzeugungs-Symbol 200
Prozeßgruppe 96, 140, 144
Prozeßgruppe, datenhomogen 145
Prozeßgruppe, deterministisch 145
Prozeßgruppe, geschlossen 145
Prozeßgruppe, heterogen 148
Prozeßgruppe, nichtdeter-
  ministisch 145
Prozeßgruppe, offen 145
Prozeßgruppe, Operations-
  homogen 145
Prozeßidentifikation 25
Prozeßidentifikationsdiagramm
  243
Prozeßinteraktion 278
Prozeßklassifikation 31
Prozeßknoten 192, 328
Prozeßknoten, zeitbehaftet 195
Prozeßkommunikation 25, 31,
  127

Prozeßkommunikation, problem-
  gerecht 118 - 119, 121, 123, 125
Prozeßkoordination, Definition
  290
Prozeßkoordinierung 20, 277
Prozeßkoordinierung,
  Darstellungsformen 280
Prozeßkoordinierung, durch-
  führbar 290, 322
Prozeßkoordinierung, fehler-
  tolerant 333
Prozeßkoordinierung, günstig 322
Prozeßkoordinierung, per Hand
  278
Prozeßmodell 34, 279, 282, 289
Prozeßplazierung 168, 279
Prozeßpriorität 277, 295
Prozeßschablone 41
Prozesse, unabhängig 154
Prozeßsegment 327
Prozessor-Overload 300
Prozessorauslastung 279
Prozessorauslastungsfaktor 291
Prozeßstrukturdiagramm 244
Prozeßsynchronisation 25, 31
Prozeßsystem 19, 34
Prozeßterminierung 287
Prozeßtyp 41
Prozeßunterbrechung 287
Prozeßverwaltung 138 - 139
Prozeßwanderung 289
Prozeßwechsel 139, 282
Prozeßzustand 39
Pufferprozeß 150, 158

Qualitätseigenschaft 162
Qualitätsprüfung 161

Rate Monotonic-Prozeß-
  Scheduling 293 - 294
Rd-Anweisung 86

Rechenaufwand 325
Rechensystem 17
Rechnerarchitektur 277
Rechnerknoten, virtuell 248
Rechnerknotenverlust 168
Recovery-Block-Verfahren 168,
  172, 332
Redundanz 123, 168
Rekonfiguration 161
Release time 37
Reliability 23, 163
Remote procedure call 77 - 78
Rendezvous 79
Rendezvousempfänger 130
Rendezvouskonzept 33, 79, 116
Rendezvousstarter 130
Rendezvouszeit 130
Repräsentation, textuell 253
Resource-Anweisung 61
Ressource 96
Ressourceabstraktion 96, 101
Ressourcekapazität 284
Ressourcenauslastung 279
Restantwortzeit 37
Restauration 173
Restlaufzeit 38
Review 236
Roll-Back-Recovery-Verfahren 168
Run-time scheduling 282, 307

SA 211
Safety 23, 163
Schedule 290
Scheduler 150, 153, 157
Scheduling 277
Scheduling-Algorithmus 277
Scheduling-Algorithmus,
  Definition 279
Scheduling-Algorithmus, echt-
  zeitfähig 289
Scheduling-Alg., effizient 285

Sachregister

Scheduling-Algorithmus, optimal 291
Scheduling-Algorithmus, pragmatisch 278
Scheduling-Punkt 298
Scheduling-Strategie 157
Schloß 53
Schloßvariable 53 - 54
Schmale Datenkopplung 26, 93, 126
Schnittstellenbereite 126
Schnittstellenspezifikation 26, 93
SD 211
SDL 195
Secretary-Prozeß 157
Select-Anweisung 103
Selektive Ausführung 75, 129
Selektive Kommunikation 76
Semaphor 32, 56, 120
Semaphorkonzept 52
Send(Signal) 64
Sendeanweisung 70
Senderprozeß 128
Senior-Ebene 228
Sequence-chart 196
Sequentielle Kommunikation 71
Sequentielle Mehrfachberechnung 168
Sequentielle Prozeßbindung 111
Sequentieller Entwurf 25, 93
Server-Prozeß 127
Servergruppe 150, 152
Servergruppe, gekoppelt 152
Servergruppe, lose 152
Serverstruktur 150
Service 152
Shared 259
Sicherheit 23, 161, 163
Sicherungs-Symbol 200
Signal 63, 103
Simula 44

Slaves 154
Softwareentwicklungsmodell 21
Softwarefehler 161
Softwarekonfiguration 168
Softwaremanagement 183
Softwaresystem 17
Spätester Startzeitpunkt 37
Specification and Description Language 195
Speicheradresse 83
Speicherzelle 83
Spezifikation 22, 162
Spielraum 38, 314, 323
Spinlock 53
Spiralmodell 21
sporadic server 302
Sporadischer Server 302
Stabil 290
Stabiler Scheduling-Algorithmus 290
Stabilität 279
Stable 290
Stable scheduling-algorithm 290
Stack 106
Standards 26
Start time 37
Start-Symbol 199
Startknoten 193, 328
Startpunkt 172
Startzeit 35
Static priority 278
Statische Prioritäten 278
Statische Scheduling-Algorithmus 282
Statischer Scheduling-Algorithmus 282
Stimuli, extern 227
Stop-Symbol 199
Structured analysis 211
Structured design 211
Struktur 140

Strukturdiagramm 236
Strukturierung 26, 93, 96, 140
Strukturierungsformen 141 - 142
Subsystem, aktiv 218
Suchproblem 320
Suspend-Aufruf 48
Symbolischer Test 160
Symmetrische Koroutine 45
Synchrone Kommunikation 33, 70, 74, 119
Synchronisation 49, 51, 53, 55, 57, 59, 61, 63, 65, 67, 69, 71, 73, 75, 77, 79, 81, 83, 85, 87
Synchronisation, explizit 124
Synchronisationsgraph 190
Synchronisationsgraph, zeitbehaftet 192
Synchronisationsgraph, zeitlos 191
Synchronisationsimplementierung 63
Synchronisationsschnittstelle 41
Synchronous message passing 74
System-Service 151
Systemarchitektur 21, 93, 141, 277
Systemarchitektur, fehlertolerant 149
Systemeinheit 140
Systeminterrupt 209
Systemleistung 167
Systemumgebung 39
Systemzustand 167

Tatsächlicher Endzeitpunkt 37
Tatsächlicher Startzeitpunkt 37
Technischer Prozeß 34
Test 165
Test plan 235
Testplangenerierung 235
Testverfahren 160
Tiefendurchlauf 324

Time-out 76, 122, 137
Timer 203
Top-down 184
Transaktionsserver 153
Transform bubbles 212
Transient overload 279
Transiente Fehler 162
Transiente Prozessorüberlastung 299
Transportprozeß 150, 158
Tupelmuster 83
Tupelraumkonzept 31, 33, 49, 83, 119

Überdimensionierung 161
Übertragungsmedium 125
Uhr-Service 148
Underflow 64, 106
Unidirektionale Kommunikation 125, 151
UNIX 43
Unteilbare Operation 54
Utilization factor 291

V-Operation 56
Vergleichspunkt 170
Verklemmung 136
Verklemmung, Vermeidung 86
Verständlichkeit 23
Verteilerprozeß 150, 157
Verteiltes Prozeß-Scheduling 285
Verteiltes System 19
Verteiltheit 124
Virtuelle Prozedur 266
Virtuelle Strukturierung 141
Virtuelle Transition 269
Vrijgeven 56

Wait-Signal 64
Wartbarkeit 23
Wasserfallmodell 21

Wechselseitiger Ausschluß 50, 54, 57, 61, 63, 68, 74, 81, 86
Weiche Zeitschranken 31, 38
Wide area network 125
Wild-Card 83
Wolken-Symbol 239
Worst-Case-Abschätzung 296

X-Typ-Prozeduraufruf-Symbol 200
X-Typ-Prozedurstart-Symbol 201

Zeitanforderung 147
Zeitangaben 127
Zeitbedingung 18
Zeitbegrenzte Kommunikation 75
Zeitbegrenzung 75, 122
Zeitbudget 301, 312

Zeitbudgetfunktion 312
Zeitdiagramm 259, 280
Zeitereignis 209
Zeitintervall 283, 328
Zeitknoten 192
Zeitkritischer Prozeß 279
Zeitliche Prozeßbindung 110
Zeitraster, äquidistant 316
Zeitschranke 18, 31, 35 - 36
Zeitschranke, hart 114
Zentrales Prozeß-Scheduling 285
Ziel, Systementwurf 22 - 23
Zugriffsoperationen 115
Zustands-Symbol 199 - 200
Zustandsdiagramm 198, 205, 253
Zustandsübersichtsdiagramm 198
Zuverlässigkeit 23, 149, 161, 163
Zyklische Prozesse 31, 35